MORCEGOS NEGROS

LUCAS FIGUEIREDO

MORCEGOS NEGROS

3ª edição

Revista e ampliada

EDITORA RECORD
RIO DE JANEIRO • SÃO PAULO
2013

CIP-Brasil. Catalogação na fonte
Sindicato Nacional dos Editores de Livros, RJ.

F49m
3ª ed.
Figueiredo, Lucas
    Morcegos negros / Lucas Figueiredo. – 3ª ed. – Rio
de Janeiro: Record, 2013.

   Inclui bibliografia
   ISBN 978-85-01-40432-9

   1. Corrupção administrativa – Brasil. 2. Corrupção
na política – Brasil. 3. Brasil – Política e governo –
1994-   . I. Título.

00-0902
CDD – 354.8100994
CDU – 343.352(81)

Copyright © Lucas Figueiredo, 2000, 2013

Texto revisado segundo o novo Acordo Ortográfico da Língua Portuguesa.

Projeto gráfico de miolo:
Evelyn Grumach e Fernando Braga

Todos os direitos reservados. Proibida a reprodução, armazenamento ou transmissão de partes deste livro através de quaisquer meios, sem prévia autorização por escrito. Proibida a venda desta edição em Portugal e resto da Europa.

Direitos exclusivos de publicação em língua portuguesa para o Brasil adquiridos pela
EDITORA RECORD LTDA.
Rua Argentina, 171 – Rio de Janeiro, RJ – 20921-380 – Tel.: 2585-2000

Impresso no Brasil

ISBN 978-85-01-40432-9

Seja um leitor preferencial Record.
Cadastre-se e receba informações sobre nossos
lançamentos e nossas promoções.

EDITORA AFILIADA

Atendimento e venda direta ao leitor:
mdireto@record.com.br ou (21) 2585-2002.

A Maria Inês, minha mãe.

E aos jornalistas Edson Martins e Rui Nogueira.

AGRADECIMENTOS

À minha querida Mariana;

A Abnor Gondin, Alessandro Oppes, Clóvis Rossi, Daniela Machado, Emir Sader, Francisco de Assis e Silva, Giancarlo Summa, Jean Trepp, Jorge Araújo, Juca Varella, Reinaldo Azevedo, Vanessa Haigh, Marina Nihei, Walter Maierovitch, William França e vários outros cujos nomes não podem ser citados por questão de segurança.

SUMÁRIO

PREFÁCIO 11

PARTE 1
OPERAÇÃO CARTAGENA: A CONEXÃO BRASIL
1 Bassano del Grappa, Itália, janeiro de 1994 17
2 Maceió, junho de 1997 25
3 Maceió, junho de 1997 31
4 Gênova, Itália, janeiro de 1994 33
5 Borgaro Torinese, Itália, março de 1994 35
6 Florença, Itália, outubro de 1995 39
7 Brasília, junho de 1997 41

PARTE 2
O NOVO ESQUEMA PC
8 Brasília, fevereiro de 1997 47
9 Brasília, maio de 2000 53
10 Turim, Itália, abril de 1994 65
11 Turim, Itália, abril de 1994 71
12 Vale do Cauca, Colômbia, junho de 1995 79
13 Bogotá, Colômbia, outubro de 1997 85
14 Turim, Itália, abril de 1994 87
15 Roma, Itália, março de 1997 95

PARTE 3
OS SÓCIOS
16 Roma, Itália, março de 1997 105
17 Lugano, Suíça, março de 1997 111
18 Miami, EUA, março de 1997 115
19 Brasília, março de 1997 125
20 Buenos Aires, Argentina, outubro de 1996 127
21 São Paulo, junho de 1993 135
22 Nova York, EUA, fevereiro de 1989 145
23 Lugano, Suíça, junho de 1991 155
24 Buenos Aires, Argentina, outubro de 1996 159

PARTE 4
A MÁFIA VISÍVEL QUE NINGUÉM VÊ

25	Brasília, setembro de 1998	169
26	Arraial D'Ajuda, dezembro de 1996	179
27	Juazeiro, julho de 1993	185
28	Brasília, março de 1997	193
29	Brasília, outubro de 1992	203
30	Maceió, junho de 1996	215
31	São Paulo, dezembro de 1995	225
32	Brasília, março de 1997	233
33	Maceió, junho de 1996	237
34	Zurique, Suíça, julho de 1993	253
35	Maceió, junho de 1996	259
36	Maceió, agosto de 1996	267

PARTE 5
ROTAS QUE LEVAM A HOUSTON

37	Brasília, junho de 1996	271
38	Brasília, junho de 1998	273
39	Roma, Itália, maio de 1998	283
40	Brasília, junho de 1998	291
41	Houston, EUA, maio de 1998	297
42	Brasília, julho de 1998	303
43	Maceió, março de 1997	309
44	Brasília, julho de 1998	319
45	Houston, EUA, agosto de 1998	335

PARTE 6
O VOO DOS MORCEGOS

46	Brasília, dezembro de 1992	343
47	Maceió, fevereiro de 1998	349
48	São Paulo, junho de 1992	363
49	Brasília, setembro de 1997	375

EPÍLOGO

Brasília, setembro de 1998	381

POSFÁCIO À EDIÇÃO DE 2013	389
FONTE DE DOCUMENTOS OFICIAIS	407
BIBLIOGRAFIA	409
ÍNDICE	411

PREFÁCIO O livro que o leitor tem em mãos parece uma novela policial. Pena que não seja. Parece também uma novela política. Pena que também não seja.

É, sim, uma história política e uma história policial. Mas não é novela, não é ficção. É a dura e triste realidade a que foi reduzido o Brasil no período Fernando Collor de Mello: a política transformada em noticiário policial. Uma situação, aliás, de que o país não mais conseguiu emergir, pelo menos até o momento em que o livro do jornalista Lucas Figueiredo foi impresso.

Por isso mesmo, não se trata de uma peça de arqueologia jornalístico-literária, que revisita idos de um passado que já parece distante. Trata-se de uma espécie de dissecação das entranhas de um sistema de poder apodrecido ao ponto do inimaginável.

Li as provas do livro de uma tacada só, a bordo de um voo entre Buenos Aires e Auckland (Nova Zelândia). Ao terminar a leitura, a memória voou automaticamente para a Bolívia. Lá, nos anos 1980, um dos incontáveis golpes da história boliviana conduziu ao poder um sinistro personagem chamado Luis García Meza, coronel.

Logo descobriu-se que se tratava de um agente das organizações criminosas, que, talvez cansadas de intermediários, resolveram apossar-se diretamente do poder.

Acompanhei, como jornalista, os eventos que cercaram o antes, durante e depois do golpe de García Meza. Lembro-me de ter pensado à época, com assumido preconceito: "Essas coisas só acontecem na Bolívia."

Sou obrigado a admitir que não é assim. Acontecem também no Brasil.

O que à época se batizou como Esquema PC não passou, na verdade, da ocupação do poder — de todos os espaços possíveis de poder — pela máfia. Lucas Figueiredo reproduz o seguinte — e definitivo — trecho do chamado inquérito-mãe do caso PC Farias:

"A ação desse grupo acabou envolvendo funcionários públicos, empresários, industriais, comerciantes e particulares, num quadro de corrupção, concussão, exploração de prestígio, extorsão, usurpação de função, entre outros crimes, com total desapreço aos princípios que regem a administração pública."

Pois muito bem. Apesar dessa lista de crimes, o leitor verificará pela leitura do livro que "ninguém foi condenado em última instância: nenhum empresário, nenhum político, nenhuma autoridade".

Acaba sendo até um pecado neste livro o que deveria ser uma qualidade: a leitura é agradável, inclusive pelo formato de novela que o autor empregou. Não deveria ser agradável. Deveria funcionar como um soco na boca do estômago do leitor, pelo que revela não só de impunidade generalizada, mas também de incompetência, de má vontade ou falta de recursos para investigar o que quer que seja, de complacência com a criminalidade, de convivência de empresários supostamente de bem com esquemas inequivocamente mafiosos.

Não é o Brasil de ontem que está retratado no livro. É um Brasil ainda muito presente. É óbvio que a corrupção no país não começou com o Esquema PC. Mas o livro deixa claro que, nesse período, ela ganhou uma dimensão e um alcance extraordinários.

Por isso, mais a impunidade, persiste até hoje a sensação colhida pelo tenente-coronel Angioto Pellegrini, chefe da Direzione Investigativa Antimafia na Calábria, em frase que abre um dos capítulos: "O Brasil se tornou um santuário para os mafiosos."

Cabe ao leitor concluir, após a leitura do livro, se o tempo do verbo é adequado ou se seria melhor usar o presente.

Clóvis Rossi
Agosto de 2000

OPERAÇÃO CARTAGENA: A CONEXÃO BRASIL

1
Bassano del Grappa, Itália, janeiro de 1994

Não fossem os longos suspiros e algumas palavras ditas entre dentes num espanhol incompreensível, os guardas pensariam que Gustavo Delgado estava morto. E era assim que ele se sentia. Ele já estava na mesma posição havia horas, deitado na cama no fundo da cela, de costas para as grades, imóvel. O chefe da vigilância tinha recebido ordens de dar atenção especial a ele, mas Delgado não pedia coisa alguma. A prisão eliminara toda a sua vontade. Delgado já havia se acostumado aos prazeres que aquela pequena cidade lhe oferecia e agora sentia não poder mais desfrutá-los. Nunca mais iria caminhar pelas ruas de Bassano del Grappa, à beira do rio Brenta, como tantas vezes fizera nos últimos anos, desfrutando as delícias da vida na região da fronteira da Itália com a Áustria e a Suíça. Ao sair daquela cadeia, iria atravessar pela última vez a ponte Vecchio, o mais famoso monumento da cidade. Não sentiria mais o ar seco das noites de Bassano nem tornaria a jantar nos caros restaurantes que frequentava ao pé do monte Grappa, que dá nome à mais italiana das bebidas. Nem voltaria a ver os desenhos de Rembrandt e Antonio Canova expostos no museu da cidade.

No fundo de sua cela, a única coisa em que Delgado pensava eram nas palavras do procurador que o visitara pouco antes. Ele ainda tinha uma última escolha — o procurador havia sido claro — e era exatamente isso que o atormentava.

Delgado poderia deixar Bassano como um homem livre. Para isso, teria de delatar seus companheiros de negócio. Teria de contar segredos da organização, entregar nomes, descrever métodos, revelar quais eram os funcionários públicos corruptos que colaboravam com o esquema... enfim, mudar de lado. Nunca mais poderia colocar os pés em Bassano del Grappa, mas isso era um detalhe. Seria novamente livre. Ou quase livre, já que teria de abandonar tudo o que tinha — talvez até seu nome — e passaria o resto de seus dias se escondendo da morte, que certamente o perseguiria. A outra opção era encarar um longo período nas prisões italianas, hipótese que o deixava ainda mais deprimido.

O procurador tinha mostrado a Delgado que, caso não colaborasse com a Justiça, sua condenação era certa. As provas reunidas pela Procuradoria da República e pelo Tribunal de Florença contra ele eram assombrosas. Eles sabiam tudo sobre sua vida. Colombiano, formado em Direito, sua especialidade era a reciclagem dos recursos do narcotráfico. Conhecia como poucos os escaninhos do submundo da lavagem de dinheiro, era amigo de gerentes de bancos em três continentes e dominava as legislações de transferência de recursos da Europa, dos Estados Unidos, da América do Sul e do Caribe. Durante anos, tinha sido o principal tesoureiro do Cartel de Medellín e cuidara pessoalmente dos investimentos do líder da poderosa máfia colombiana, Pablo Emilio Escobar Gaviria, para quem lavava 8,5 milhões de dólares ao mês. Gustavo Delgado era o melhor e se orgulhava disso.

No início dos anos 1990, Delgado percebera que o cerco estava se fechando contra o Cartel de Medellín e tratou de buscar uma alternativa. Seu patrão tinha se tornado o símbolo de todos ao males da Colômbia, e o país não suportava mais os cotidianos desaparecimentos de ministros, juízes e jornalistas, mortos por sicários a soldo de Pablo Escobar. A "guerra total" ao narcotráfico, declarada pelo governo, concentrava-se nos barões de Medellín, enquanto o clã rival, o Cartel de Cali, era poupado pelo fato de adotar métodos mais brandos, optando pelo suborno das autoridades em vez do tradicional balaço na testa oferecido pela concorrência. Delgado então tratou de planejar sua transferência para o Cartel de Cali.

A escolha se mostrou acertada. Escobar foi morto pela polícia com dois tiros na cabeça, em cima de um telhado, em dezembro de 1993. O enterro no cemitério Monte Sacro foi acompanhado por uma multidão que cantava *Amigo*, de Roberto Carlos, mas Gustavo Delgado não estava lá para prestar as últimas homenagens ao ex-patrão. Tinha colocado sua banca contábil a serviço dos rivais de Escobar. O Cartel de Cali assumiu a liderança na indústria da droga e Delgado teve importante papel no crescimento dos negócios. Com a decadência do Cartel de Medellín, os novos patrões de Delgado passaram a deter 70% do mercado colombiano de cocaína, dominando todas as fases do processo — produção, transporte, distribuição no atacado e reciclagem do lucro. Também ampliaram suas bases fora da Colômbia, principalmente na Nicarágua e no Brasil. A desenvoltura de Delgado para reciclar dinheiro sujo tornou o Cartel de Cali ainda mais profissional, mais empresarial, dizia o dossiê preparado pelos agentes de inteligência italiana — um calhamaço embalado em capa dura que levava o nome de Operação Unigold. Delgado montou para a organização um esquema de administração financeira comparável ao de qualquer multinacional. Era um sistema complexo, sofisticado e quase imune à fiscalização financeira. As operações eram feitas entre meia dúzia de empresas de fachada, que compravam e vendiam ouro entre si até que, na ponta final, o dinheiro da droga saía limpo. Uma das empresas do esquema era a London Star Group, que pertencia, em partes iguais, a Gustavo Delgado e ao panamenho de origem iraniana Salim Murdock, cujos negócios de família abrangiam uma sociedade em narrorreciclagem com o ex-dirigente do Panamá e ex-colaborador da CIA, Manuel Noriega.

No dia em que esteve com Delgado na prisão, o procurador mostrou ao colombiano cópias de recibos de compras de ouro feitas pessoalmente por ele na Itália — 2 a 3 mil quilos de ouro por viagem — e comprovantes dos negócios feitos entre as empresas do esquema: UGE (Universe Gold Enterprise), ATI (Aurea Trading International), Simar Joyeros Mayoristas, Eurocatene e, é claro, a London Star Group, de Delgado. O procurador queria que o financista do Cartel de Cali não tivesse dúvida de que estava liquidado. Exibiu também um grande fluxograma com setas indicando movimentações bancárias feitas em meia dúzia de países sob comando de Delgado. A Guarda de Finanças havia conseguido recompor os caminhos do lucro na venda de cocaína e heroína do Cartel de Cali a partir de uma informação passada pela agência antidrogas dos Estados Unidos, a DEA. Os norte-americanos suspeitaram de uma transferência de 100 mil dólares de Atlanta, nos EUA, para Arezzo, na Itália, e avisaram seus colegas italianos. A partir daquela pista, agentes italianos especializados fizeram um trabalho minucioso, levantando boa parte das remessas feitas pelo Cartel de Cali. E elas agora estavam descritas ali, bem na frente de Gustavo Delgado, num bonito fluxograma com legenda em cores.

O documento mostrava como a movimentação dos recursos era feita numa velocidade impressionante. O dinheiro era mandado para bancos instalados na Itália (Banca Popolare Dell'Etruria e Del Lazio, Monte Dei Paschi Di Siena, Banca Popolare Vicentina e Credito Romagnolo Di Firenze), e de lá para instituições financeiras do Panamá (Multi Credit

Service, Banco National de Panama, South America Exchange e Astrocambio), da Suíça (SBS, UBS e Credit Suiss), dos EUA (Caja de Madrid, Algemene Bank Gibraltar, Chase Manhattan Bank e Delta Corporation) e da América do Sul (Sud America Express e Banco Intercontinental). Muitas vezes, o dinheiro passava por dois continentes e retornava ao país de origem no mesmo dia.

    No fundo da cela, Delgado não parava de pensar no impacto que as provas em poder do procurador causariam num tribunal. A possibilidade de passar os próximos anos trancado numa prisão italiana o apavorava. Ele tinha ouvido falar como era a vida nos presídios de segurança máxima nas ilhas de Pianosa e Asinara, reservados aos criminosos de primeira linha como ele. Aquilo era desumano. As visitas eram limitadas aos familiares, mesmo assim somente uma vez por mês, durante uma hora. Uma grossa chapa de vidro blindado separava o prisioneiro do visitante e eles tinham de usar telefones para se comunicar, apesar de estarem frente a frente. Atividades recreativas ou pequenos trabalhos em oficinas, nem pensar — o maior luxo a que tinham direito era o banho de sol diário de duas horas. Telefonar ou receber telefonemas era proibido, e as correspondências enviadas e recebidas passavam por uma rigorosa censura. Para cortar as unhas, os detentos recebiam uma tesoura com a ponta arredondada, dessas que as crianças usam em jardins de infância. E o pior de tudo: mesmo com todo esse aparato, os prisioneiros não estavam livres de atentados. Por isso, se quisesse ter a certeza de que não seria envenenado, Delgado teria de preparar a própria refeição num pequeno fogão elétrico instalado na cela. A comida seria guardada em um compartimento trancado. Só ele teria a chave e esta ficaria presa a um cordão metálico em volta de seu pescoço.

Dane-se o Cartel de Cali, dane-se a Máfia, ele iria falar. Mesmo que depois fosse amaldiçoado e perseguido por alguns dos maiores criminosos da Itália e da Colômbia. Ele não passaria um dia sequer naqueles presídios, essa possibilidade estava fora de cogitação. Delgado era apenas o cérebro contábil da organização, um especialista em finanças, um fraco. O colombiano tinha exatamente o que as autoridades italianas queriam. Naquele mesmo mês, um grande carregamento de cocaína estaria chegando à Itália, e Delgado sabia onde seria o desembarque. Seu trunfo valeria muito na mesa de negociações com o procurador.

A agonia de Gustavo Delgado chegava ao fim. Ele estava decidido a dar o passo que o tornaria um dos mais valiosos colaboradores da Justiça da Itália. E que iria revelar segredos da conexão da máfia italiana e do Cartel de Cali no Brasil.

Maceió, junho de 1997

O vigia estranhou a campainha da casa alugada no bairro Jatiúca soar tão cedo. Às seis e meia da manhã, nem o sol parecia ter despertado totalmente naquela quinta-feira na capital alagoana. A campainha é tocada de novo. O vigia se apressa, põe o revólver calibre .38 na cintura e vai ver quem é antes que seus patrões acordem. Ao abrir a porta, vê um homem exibindo um distintivo da Polícia Federal a um palmo do seu nariz, eliminando qualquer possibilidade de reação. Sem dar chance de o vigilante abrir a boca, o delegado se apresenta e manda chamar o dono da casa, o italiano naturalizado brasileiro Domenico Verde, dizendo que trazia uma ordem de prisão contra ele, emitida pelo Supremo Tribunal Federal, referente ao processo número 283-1. E emenda, desaconselhando qualquer resistência, que a casa estava cercada por 17 agentes da Polícia Federal. Minutos depois, Verde é algemado na porta de sua casa, ainda com a cara amarrotada de sono.

Antes das oito da manhã, Verde já estava na sede da PF em Maceió diante de dois delegados. Camisa aberta até quase o início da barriga, o italiano franzia a testa repetindo que havia um mal-entendido nas acusações que eram feitas contra ele.

— *Ma che* Máfia? Não tem Máfia nenhuma. Eu vivo de renda. Juntei dinheiro com o trabalho de toda a minha vida fazendo obras públicas — dizia, com acentuado sotaque.

Não era o que informavam as três páginas do fax transmitido ao Brasil pela Interpol de Roma, exatos três meses antes, com o pedido de prisão e extradição de Verde. Aquele simpático senhor de 56 anos, queimado de sol, havia sido enquadrado pela Procuradoria da República em Nápoles no artigo 416 bis do Código Penal Italiano. Ou seja, era acusado de ser mafioso.

"Domenico Verde está sendo procurado por ter participado de uma associação da Camorra (máfia napolitana), promovida, chefiada e organizada por Luigi e Vincenzo Magliulo, Carmine Alfieri, Antonio Bardellino e outros", dizia, em português precário, o fax enviado pelo escritório da Interpol em Roma. "Além disso", continuava o documento, "Verde perturbara, em concurso com outras pessoas, as licitações anunciadas pelo 'Compartimento FF.SS' (ferrovias italianas) de Nápoles por meio de corrupção, acordos e participando com falsas ofertas, o que permitira determinar as firmas que ganharam as ditas licitações. (...) O envolvimento de Verde ficara comprovado por declarações de colaboradores de Justiça e pela comparação dessas declarações com as investigações desenvolvidas pela polícia. Em particular, ressaltaram ligações de Verde com alguns mafiosos da família Maisto e, por isso, pode-se dizer que pertencera à Nova Camorra Organizada (NCO). (...) Depois que a NCO perdeu o poder, Verde passara para o clã chamado Nuvoletta primeiro e para o clã Casalesi depois." Após descrever toda a teia de relacionamentos de Verde no mundo do crime, o fax informava que o grupo de empresas controladas pelo italiano havia conseguido ganhar, de forma irregular, licitações da ferrovia de Nápoles no valor aproximado de 34 milhões de dólares.

O que não pôde ser investigado pelos agentes da Interpol romana ficara a cargo da Polícia Federal do Brasil. Como o tempo era curto, optou-se pelo método mais fácil e rápido de obter informações. Um grampo instalado pelos federais registrou uma conversa, em dialeto napolitano, de Verde com um generoso amigo na Itália, ao qual pedia 500 mil dólares além dos 500 mil mandados anteriormente. O dinheiro deveria sair da Itália para uma agência do banco Sudameris no Uruguai. De lá, seguiria diretamente para a Bolsa de Valores do Rio de Janeiro, por meio de um mecanismo conhecido como "Anexo 4", que permite a estrangeiros enviar recursos ao Brasil para aplicação em ações negociadas em Bolsa.

Agentes da Polícia Federal disfarçados tinham andado pelas ruas de Maceió fazendo perguntas sobre Verde e descobriram que o italiano estava construindo uma luxuosa casa no bairro de Guaxuma, três lotes depois da casa de praia onde o empresário alagoano Paulo César Farias havia sido morto um ano antes. Segundo o próprio Verde contou na cadeia, a obra já tinha consumido 200 mil dólares.

— Estou quebrado — choramingou, sem saber que os grampos instalados nos seus telefones tinham permitido à PF saber das movimentações na Bolsa do Rio.

Investigadores italianos que atuam no Brasil fizeram um levantamento mostrando que Domenico Verde tinha residência também no Rio, no edifício Dias de Castro, na avenida Atlântica número 2.150, e que era casado com uma brasileira 33 anos mais nova que ele, ex-miss Pará, com quem tivera um filho. Mas a principal informação sobre Verde não constava de qualquer documento da Itália ou do Brasil. Ainda estava sendo "trabalhada", como os agentes de polícia costumam dizer.

Em 1993, depois de passar dois meses preso em seu país e ainda com procuradores, policiais e juízes no seu calcanhar, Verde decidiu deixar a Itália e seguiu o exemplo de outros tantos compatriotas que haviam passado pelo mesmo embaraço: comprou um bilhete só de ida para a América do Sul. Mudou-se para o Brasil naquele ano, buscando uma nova vida, "enojado" com seu país, segundo suas próprias palavras. No dia 6 de dezembro, depois da mudança para o Brasil, Verde viajara para Bangkok, na Tailândia, onde teria se encontrado com seu futuro vizinho, PC Farias. Era lá que o ex-tesoureiro da campanha presidencial de Fernando Collor de Mello havia se escondido, depois de passar por vários países tentando escapar de uma ordem de prisão emitida pela Justiça brasileira. Um informante da Polícia Federal contou que Verde e PC ficaram sozinhos na capital tailandesa por pelo menos três dias, antes da chegada da mulher do empresário alagoano, Elma Farias.

O informe sobre o encontro de Verde e PC Farias também despertou o interesse das autoridades italianas. A pedido da Embaixada da Itália em Brasília, agentes italianos que operam em território tailandês tentaram obter provas do encontro de PC e Verde em Bangkok, mas foram barrados pelas autoridades do país, que se recusaram a mostrar seus arquivos de entrada e saída de estrangeiros.

Na cadeia, em Maceió, Verde reagia com irritação às perguntas sobre seu relacionamento com o finado Paulo César, negando tê-lo conhecido ou mesmo ter estado na Tailândia.

Mas por que PC teria se encontrado com um mafioso na Tailândia durante a sua fuga? Que tipo de relacionamento PC poderia ter com a Máfia? Essas eram perguntas para as quais as polícias da Itália e do Brasil não tinham resposta.

Maceió, junho de 1997

Era para ser uma comemoração, mas a notícia da prisão do mafioso Domenico Verde na capital alagoana manchara o primeiro teste do ex-presidente Fernando Collor de Mello nas ruas de Maceió após o *impeachment*. Ele tinha deixado Miami, onde estava vivendo havia quatro anos e meio, especialmente para participar da missa em memória de seu guru religioso, o frei Damião de Bozzano, na igreja do conjunto residencial Virgem dos Pobres, construída por Collor onze anos antes, quando governara Alagoas. Aquela teria sido uma volta arrebatadora, não fosse a embaraçosa publicação de uma reportagem sobre a prisão do italiano apontado como mafioso e suspeito de ter sido companheiro de viagem de Paulo César Farias na Tailândia.

Às 9h15, o ex-presidente e sua mulher, Rosane, chegaram à igreja, onde foram recebidos com aplausos por cerca de 4.000 pessoas. Muitos queriam tocá-lo, e os soldados da

Polícia Militar tiveram dificuldade em conter a multidão. À saída, o ex-presidente livrou-se dos seguranças e percorreu a pé os 150 metros que separavam a igreja do seu carro, abraçando moradores do bairro. A cena lembrava os melhores momentos da campanha presidencial de 1989. Collor repetiu o gesto feito tantas vezes durante a campanha, acrescentando seu novo mote. Levantou os braços e, de punhos cerrados, gritou para a multidão:

— Eu vou voltar!

Mas agora lá estavam eles, os urubus da imprensa, fazendo perguntas sobre Domenico Verde, um homem que Collor jurava nunca ter visto na sua vida.

— Nazistas! Temos de reagir! Os que falam que Alagoas é esconderijo de mafiosos são nazistas, e nós temos de repelir isso com vigor.

A claque aplaude ainda mais, sem ter a menor ideia sobre o que Collor estava falando. O ex-presidente acena para a multidão e entra no carro, que sai a toda pelas ruas de terra batida de Maceió.

4

Gênova, Itália, janeiro de 1994

Os *carabinieri* do ROS (Raggruppamento Operativo Speciale, um esquadrão de elite da polícia militar italiana) recebem um sofisticado treinamento para combater o crime organizado internacional que transita pela Itália. São testados durante anos, obrigados a estudar quilos de literatura criminal e a viajar com frequência a outros países para reciclar seus conhecimentos. Se a investigação requer espionagem eletrônica, os homens do ROS estão preparados para se infiltrar entre os criminosos e instalar transmissores do tamanho de uma cabeça de fósforo em abajures, paletós ou onde quer que seja. Não importa se as conversas grampeadas são em árabe, chinês ou iorubá. O esquadrão tem agentes que falam estas e outras línguas — muitos deles estrangeiros, como o brasileiro Bruno, que trabalha na divisão de Roma e é acionado quando as conversas grampeadas são em português. Atiradores de elite, especialistas em novas tecnologias de transmissão de dados, peritos em movimentação bancária em paraísos fiscais, homens que conhecem com intimidade nomes e métodos de máfias estrangeiras, como a Yakuza (japonesa), a Organizacija (russa) ou os cartéis colombianos e mexicanos. Tudo isso faz com que os *carabinieri* do ROS fiquem encarregados do osso das missões policiais na Itália. São relativamente bem pagos e não se queixam. Na verdade, eles adoram essa vida.

Aquela missão, batizada de Operação Cartagena, era diferente, uma barbada. Gustavo Delgado, um colombiano *pentito* (arrependido, em italiano, como são chamados os criminosos que colaboram com a Justiça), tinha facilitado as coisas para os *carabinieri* e boa parte do serviço da missão já estava pronta. Os especialistas em espionagem eletrônica e os tradutores foram dispensados mais cedo e até Bruno teve folga naquele sábado, 26 de janeiro, e não precisou viajar — apesar de o caso envolver vários brasileiros. Só foram chamados os *carabinieri* treinados para se infiltrar em grupos criminosos. Disfarçados de estivadores e fiscais, eles deveriam acompanhar o desembarque da carga de um certo navio no porto de Gênova. Gustavo Delgado entregara até o horário da chegada do navio e o local onde atracaria. Com tantas informações já disponíveis, era só esperar. Mais que ação, a Operação Cartagena ia exigir dos homens do ROS muita paciência.

Borgaro Torinese, Itália, março de 1994

Carabinieri disfarçados, em pontos estratégicos no porto de Gênova, deram o sinal combinado quando o navio atracou, vindo da cidade colombiana de Cartagena das Índias. Acompanharam o contêiner que interessava a eles ser desembarcado e levado para um dos armazéns do porto. Viram — e fotografaram — quando o contêiner foi colocado dentro de um caminhão e este tomou uma estrada em direção à fronteira com a Suíça.

O caminhão foi seguido de longe pelos *carabinieri* durante todo o percurso do porto de Gênova até Borgaro Torinese, próximo a Turim. Uma viagem curta. As marchas do caminhão foram reduzidas quando apareceu na autopista uma placa indicando uma entrada para Borgaro Torinese à esquerda. O motorista girou o volante, o caminhão tomou o desvio e seguiu até um depósito localizado numa área industrial da cidade. Os onze homens que aguardavam dentro do depósito começaram a se mexer assim que o caminhão encostou. Um deles, o mais velho, cumprimentou o motorista e distribuiu ordens para os demais. Logo o trabalho foi iniciado. O contêiner foi retirado do caminhão e as caixas que estavam dentro dele foram sendo levadas para o fundo do depósito, sob o olhar dos invisíveis *carabinieri*. Quando a última delas alcançou o alto da pilha, os *walk-talkies* receberam a ordem tão aguardada. Havia chegado o momento de agir.

Em segundos, o depósito foi invadido por dezenas de *carabinieri* com suas armas apontadas para as cabeças dos carregadores, do motorista e do velho que chefiava o grupo. O bando foi rendido aos berros, sem um único disparo.

Algemados os traficantes, as caixas foram desempilhadas, e a primeira delas, aberta pelo comandante da operação. Várias caixas menores dentro. O oficial pegou uma delas, colocou-a no chão e abriu. Todos puderam ver quando o oficial mergulhou a mão na caixa e dela retirou um belo par de sapatos masculinos de couro preto, bico fino e fivela de metal prateada. Outra tentativa. A segunda caixa é aberta e mais um par de sapatos é libertado pelo esquadrão do ROS. O falso suspense que tomava conta do cenário é substituído por segundos de angústia. A terceira caixa é aberta e aparece o primeiro pacote de cocaína, uma embalagem retangular coberta por plástico transparente, do tamanho de um tijolo, pesando pouco mais de 2 quilos. Um único mas estridente grito de comemoração é ouvido dentro do armazém e vários *carabinieri* passam a abrir as caixas. Sapato, cocaína, mais cocaína, sapato. Os pacotes com a droga vão formando uma nova pilha, enquanto os calçados são abandonados de forma desorganizada.

Terminada a seleção, um fotógrafo é chamado. Cinco *carabinieri* vestidos impecavelmente, com a tradicional faixa branca atravessada por fora do casaco, tomam posição atrás da pilha formada pelos pacotes de cocaína. Alguns pares de sapato são ajeitados em meio às embalagens com a droga para compor o quadro. Um dos policiais segura um cão farejador. Todos sérios. O retrato é transmitido por agências internacionais de notícias para jornais de todo o mundo com a seguinte legenda:

> Borgaro Torinese, 5 de março de 1994 — Policiais italianos posam em frente de 5.497 quilos de cocaína descobertos no norte do país na maior apreensão da droga já realizada na Europa.

Florença, Itália, outubro de 1995

O tribunal estava mais vazio que de costume. O julgamento estava terminando e somente alguns estudantes de Direito e outros tantos curiosos tinham suportado ficar até o final para saber o resultado.

Quando o juiz mandou que Gustavo Delgado se levantasse do banco dos réus para ouvir a sentença, o colombiano não parecia nervoso. Pelo contrário, demonstrava indiferença. Sem pressa, atendeu à ordem do juiz e enquanto se levantava fez questão de olhar fixamente os magistrados que cuidavam das acusações contra ele por lavagem de dinheiro do narcotráfico.

Em um discurso rápido, o juiz resumiu os fatos que embasaram sua decisão sobre o caso, agradeceu a colaboração de todos os presentes e proferiu a sentença: o réu era inocente.

Ainda hoje, correm boatos de que Delgado, após ser libertado, passou a se esconder da máfia italiana e do Cartel de Cali, que teriam montado um fundo para custear os gastos com a sua captura. A morte deveria ser lenta e dolorosa Outros contam uma história diferente. Paolo Refe, um mafioso do clã dos Fidanzati, jurou a magistrados de Milão que, quando estava preso em Bogotá, ouviu de chefões de Cali que Delgado dera as pistas do descarregamento de cocaína em Borgaro Torinese com a autorização do cartel. O sacrifício seria o preço da liberdade do homem responsável por uma contabilidade de centenas de milhões de dólares. Gustavo Delgado estaria exercendo sua cara liberdade em Florença e já estaria se enturmando novamente com gerentes de bancos locais. Nenhuma das versões jamais foi comprovada.

Após ouvir a sentença, Delgado cumprimentou seu advogado, deixou a sala do tribunal caminhando lentamente e nunca mais foi visto.

Brasília, junho de 1997

Meio-dia, sol a pino na capital federal. Os convidados começam a chegar à casa de Ronaldo Monte Rosa, ex-presidente da Embratur, para o churrasco do fim de semana. A garagem da casa, no elegante Lago Sul de Brasília, fica pequena e quem chega por último tem de estacionar do lado de fora. Primeiro um Jaguar, depois uma Mercedes. Logo depois, uma BMW, outra Mercedes, duas Cherokee, um Honda Civic, um Subaru e um Peugeot. Pouco mais da metade dos trinta convidados aparece, incluindo o jornalista Sebastião Nery, que na semana anterior havia feito chegar às redações de jornais, TVs e rádios a notícia do convescote. Sucessos internacionais da década de 1970 tocam no aparelho de som levado para perto da churrasqueira. As mesas dispostas de forma casual em volta da piscina vão sendo ocupadas, e os garçons começam a circular as bandejas com copos de cerveja, guaraná, água e generosas doses de uísque. A picanha maturada está magnífica.

Mas ainda falta o homenageado. Às três da tarde, uma hora depois do horário marcado, finalmente ele chega. Os jornalistas que o aguardam do lado de fora se atropelam enquanto gritam pedindo uma entrevista, mas o Tempra preto que traz o convidado de honra cruza o portão eletrônico da casa, aberto antes mesmo que o carro despontasse no início da rua, e ocupa a vaga reservada a ele. De *blazer*, camisa bege e calça cinza, Fernando Collor sai do carro, veste seu melhor sorriso e acena para os repórteres. *Flashes*, muitos *flashes*. O portão é fechado, e os jornalistas, mantidos do lado de fora.

— Momentos vão surgir em breve para que ele fale — anuncia um assessor do ex-presidente.

Os jornalistas ensaiam um protesto. Para que o chamado se Collor não iria falar? Os fotógrafos, com mais sorte, recebem a dica sobre um certo muro no qual poderiam subir sem ser incomodados e de onde teriam um bom ângulo da festa. Ou melhor dizendo, de Collor. Dez minutos depois, mais *flashes* pipocam e os fotógrafos salvam o dia, registrando o ex-presidente comendo carne e bebendo cerveja na companhia de amigos.

O singelo churrasco era mais um passo para criar novos símbolos para Collor e extinguir aqueles que marcaram os 932 dias em que esteve à frente da Presidência da República. Do atraso à entrada triunfal, da roupa casual chique ao silêncio, cada detalhe havia sido milimetricamente estudado como parte da campanha para reconstruir sua imagem. Os jornalistas deveriam ser mantidos a distância para evitar possíveis perguntas sobre o italiano preso em Maceió na semana anterior — se bem que o assunto perdia a importância na imprensa, ocupando um ou outro pé de página de jornal.

Collor e o país tinham sofrido bastante, mas nada como o tempo para decantar más lembranças. Já havia se passado quatro anos e meio desde que Collor fora sacado da Presidência da República numa votação histórica no Congresso, ficando impedido de concorrer a cargos públicos por oito anos. Depois do *impeachment*, em dezembro de 1992, Collor transformara toda a sua força em resignação. Partiu para o autoexílio em Miami, onde deixou à mostra a dor fingida que deveras sentia, como diria o poeta.

Também tinha conseguido vitórias. No final de 1994, fora absolvido pelo Supremo Tribunal Federal da acusação de corrupção passiva. Podia se dizer um homem abonado pela Justiça de seu país. Para alívio de Collor, até PC Farias, a pior de todas as sombras, saiu de cena em junho de 1996, quando foi morto em Maceió com um tiro no peito. Ninguém mais perguntava sobre o destino do dinheiro desviado por PC durante a curta gestão de Collor. O caso tinha entrado para a longa lista dos mistérios da história político-criminal brasileira. Quase ninguém mais falava de PC e era só ter um pouco mais de paciência que logo a história do mafioso preso em Maceió também seria esquecida. Sempre é assim.

— No exercício da política, meu filho, são fundamentais três coisas: paciência, paciência, muita paciência.

O conselho do pai-político, Arnon de Mello, fora absorvido pelo ex-presidente, que tinha esperado anos por uma nova chance — e ele continuaria a fazê-lo pelo tempo que fosse necessário. Mas já era hora de iniciar o retorno. O laboratório para o novo personagem já havia começado. A primeira apresentação oficial, no entanto, só aconteceria depois do ano 2000, quando o ex-presidente recuperaria o direito de se candidatar novamente. Por enquanto, bastava um churrasco na casa de amigos, à beira da piscina, para Fernando Collor iniciar seu calculado processo de renascimento político. O recomeço, este deveria ter a marca da humildade.

O NOVO ESQUEMA PC

Brasília, fevereiro de 1997

Eles haviam ganhado alguns quilos e outros tantos fios de cabelo branco desde que trabalharam juntos, cinco anos antes. Continuavam em plena forma, só um pouco mais pesados. A aposentadoria no serviço público já deixara de ser para eles um sonho distante. Estava logo ali à frente, quase podia ser tocada. Em família ou nas rodas de amigos, falavam com orgulho de suas atuações no caso PC-Collor. Esqueciam detalhes e injetavam adrenalina extra em algumas passagens, afinal era uma história do passado.

E exatamente por ser aquela uma história do passado é que a notícia os surpreendera tanto. As informações que haviam chegado da Itália ainda estavam confusas, desencontradas e nenhum deles tinha a real dimensão do que significavam. Tudo o que sabiam era que alguns anos antes um colombiano chamado Gustavo Delgado tinha se tornado colaborador de Justiça e seus depoimentos levaram ao desmantelamento da maior rede de tráfico de cocaína da Europa. E durante a apuração os investigadores descobriram algo sobre Paulo César Farias. Os italianos não tinham explicado muito a seus colegas no Brasil, disseram apenas que as informações que dispunham sobre PC estavam relacionadas com droga, corrupção e muito dinheiro.

Aqueles três homens estalavam de ansiedade com o confuso recomeço do caso — e voltavam a se fazer uma pergunta que os atormentara no passado: onde está o dinheiro de PC? Oficialmente, a Polícia Federal calcula que Farias reuniu — com doações de campanha, achaques e corrupção — 1 bilhão de dólares no período de 1989 (campanha presidencial de Fernando Collor) a 1992 (*impeachment* de Fernando Collor). A cifra é exagerada. Quem conhece a fundo o caso faz uma conta mais realista: 600 milhões de dólares. Numa hipótese mais que conservadora, o butim teria chegado a no mínimo 400 milhões de dólares. Tomemos este último valor como referência. É dinheiro que não acaba mais. Ou melhor, demoraria 666 anos e oito meses para acabar — isso no caso de seu dono colocar tudo debaixo do colchão, sem aplicar um centavo, e gastar 50 mil dólares por mês.

Cinco anos antes, por força dos cargos que ocupavam na hierarquia do serviço público, os três tinham tentado recuperar esse dinheiro. O acreano Pedro Paulo Castelo Branco fora o juiz que decretou a prisão de PC em julho de 1993. O ex-tesoureiro de Collor fugiu, rodou o Brasil e o mundo tentando evitar que a ordem do juiz fosse cumprida, mas finalmente foi preso em Bangkok, na Tailândia. Quando Farias voltou ao Brasil, Pedro Paulo Castelo Branco condenou-o a quatro anos de prisão por sonegação fiscal.

O delegado João Carlos Abraços é o policial federal com maior conhecimento no país sobre mecanismos de lavagem de dinheiro. Discreto, voz aveludada, jeito de padre, Abraços fez parte da equipe que rastreou as frenéticas transações financeiras de PC Farias pelo mundo, até que elas se tornaram rápidas demais e o dinheiro sumiu. Mas antes que isso acontecesse, Abraços levantou pistas da sua passagem pela Suíça, França, Inglaterra, pelos Estados Unidos, pelas Bahamas, por Aruba, pelo Panamá, pelas Ilhas Cayman e Ilhas Virgens Britânicas. Com o fim do caso, passou a ensinar aos mais novos a arte da investigação financeira.

Especialista em planejamento, o delegado da PF Ney Cunha e Silva foi o homem responsável por algumas das mais importantes missões do caso PC-Collor. Coordenou equipes em todo o país, fazendo com que dezenas de agentes e delegados trabalhassem com o sincronismo de um balé aquático. As diligências comandadas por esse apaixonado criador de cabras fizeram com que a CPI do Congresso que investigou Collor e seu tesoureiro obtivesse provas do esquema da dupla. A partir da sua experiência no caso, perturbou toda a cúpula da Polícia Federal avisando que a corporação precisava se preparar para a luta com os bandidos *high-tech* do fim de milênio. De sua cabeça saiu o projeto da Divisão de Combate ao Crime Organizado e Inquéritos Especiais da PF.

O juiz Pedro Paulo e os delegados Abraços e Ney só perdiam em conhecimento sobre os desvios da dupla PC-Collor para Paulo Lacerda, o delegado da Polícia Federal que, este sim, tinha sido o cérebro de toda a investigação do caso. Mas a participação de Lacerda na nova caçada ao dinheiro do Esquema PC — se é que a Itália tinha mesmo alguma pista dele — estava fora de cogitação. O delegado tinha se aposentado precocemente.

Os magistrados italianos que viajaram a Brasília para negociar o repasse das informações haviam falado bem menos do que sabiam e tinham feito uma série de exigências para revelar o resto. O governo brasileiro teria de mandar uma comitiva a Roma e Turim se quisesse ter acesso aos documentos do caso. E teria de ser uma missão chefiada por autoridades com real poder de negociação. Os italianos exigiam a presença do número dois do Ministério da Justiça brasileiro (o secretário executivo, Milton Seligman) e também do diretor-geral da Polícia Federal, delegado Vicente Chelotti. Os dois estariam lá e seriam acompanhados pelos delegados Abraços e Ney. O juiz Pedro Paulo ficaria em Brasília para tomar as medidas que fossem necessárias. Tudo deveria correr no mais absoluto sigilo, frisaram os magistrados italianos pelo menos uma dezena de vezes. Ninguém deveria saber o real motivo da viagem, nem mesmo os diplomatas da Embaixada do Brasil em Roma. Os documentos que seriam mostrados à missão brasileira estavam guardados sob segredo de Justiça na Itália. Legalmente, os papéis só poderiam ser mostrados com autorização das justiças dos dois países, num processo demorado e cheio de burocracia. O não cumprimento desse requisito tornava aquela missão absolutamente fora dos padrões. Como se não bastasse tanto suspense, os procuradores mencionaram ainda que o caso envolvia a morte misteriosa de um traficante carioca no Brasil — um dos pontos principais daquela investigação. O traficante teria se suicidado, segundo a versão oficial, mas os italianos desconfiavam da versão.

Um quebra-cabeça gigante, ainda com poucas peças disponíveis.

O juiz Pedro Paulo e os policiais federais Abraços e Ney desejaram que o delegado Paulo Lacerda ainda estivesse na ativa.

Brasília, maio de 2000

O cartório da 10ª Vara da Justiça Federal de Brasília, no Setor de Autarquias Sul, é uma sala ampla que fica fechada a chave durante todo o tempo. Funciona como um depósito de documentos e processos, guardados em grandes estantes que cobrem todas as paredes e o centro da sala e que vão do chão até quase o teto. Poucos são os que têm autorização para entrar lá, e menos ainda os que têm algum interesse em fazê-lo. O cheiro de mofo naquele arquivo gigante é forte, e o calor e a falta de ventilação incomodam. A sala abriga uma das maiores concentrações de ácaro por metro quadrado da capital federal, e um punhado de pequenas baratas encontrou no meio de tantos papéis o ambiente ideal para viver e se reproduzir.

Dentre os milhares de papéis arquivados em pastas de papelão e plástico duro, está o resultado de quatro anos de trabalho do delegado da Polícia Federal designado para presidir o inquérito do Esquema PC — a rede de tráfico de influências comandada pelo empresário alagoano à sombra do governo Collor. Não seria exagero dizer que boa parte das vidas de PC Farias e do delegado Paulo Lacerda estão naquela sala da 10ª Vara Federal de Brasília.

Magro, tímido, o tom de voz sempre baixo, o delegado dedicou-se quase integralmente ao caso naqueles quatro anos, ouvindo mais de uma centena de pessoas, de traficantes de droga aos maiores empresários do país. A apuração comandada por Lacerda entre maio de 1992 e maio de 1996 foi registrada em 38 volumes e 1.088 apensos, totalizando 267 mil folhas numeradas. Uma das peças produzidas pelo delegado Paulo Lacerda, a que o mofo vai progressivamente conferindo uma coloração esverdeada, é o relatório final das investigações. É um calhamaço de 184 páginas que sintetiza o *modus operandi* do Esquema PC. O documento é um dos mais esclarecedores para entender a ascensão e queda de PC Farias em oito anos de aventura pelo universo da política.

A estreia de Paulo César como tesoureiro de campanhas eleitorais aconteceu em 1984, quando as dificuldades nos negócios fizeram com que ele se interessasse pela política. Naquele época, para um empresário de meia-idade, Paulo César Farias não tinha chegado muito longe. A Planal (Planejamento e Assessoria de Alagoas), que pertencia a ele, havia sido fechada e sua revendedora de tratores, a Tratoral, entrara em concordata. Restava a Florag, uma empresa criada com incentivos fiscais para plantar coco. O ex-seminarista só viu suas perspectivas melhorarem quando se tornou tesoureiro regional em Alagoas da campanha de Paulo Maluf na última eleição indireta para a Presidência da República no país. Maluf perdeu para Tancredo Neves a disputa realizada no Colégio Eleitoral, mas PC Farias fez vários amigos que lhe seriam valiosos no futuro. Um deles era o jovem deputado federal Fernando Collor de Mello, também entusiasta da candidatura Paulo Maluf.

A amizade com Fernando Collor cresceu e com ela cresceram os interesses comuns. Em 1986, Collor saiu candidato ao Governo de Alagoas pelo PMDB e convocou PC para arrecadar dinheiro de seus colegas empresários para viabilizar a campanha. O tesoureiro trabalhou como nunca e daquela vez estava do lado certo: Fernando Collor foi eleito e a dupla se viu projetada no cenário nacional. Paulo César se tornou um dos principais homens do *staff* de Collor e, como prêmio por seu bom desempenho, conseguiu nomear o irmão Augusto Farias como secretário de Obras em Alagoas. Apesar do sucesso na política, o fracasso como empresário continuava. PC liquidou outra de suas empresas, a Terral (Terraplenagem de Alagoas), e foi impedido pelo Banco Central de operar com crédito rural por causa de irregularidades cometidas com esse tipo de operação.

Quando Collor deixou o Governo de Alagoas pela metade, em 1989, para tentar a sorte na campanha à Presidência da República, mais uma vez PC estava a seu lado cuidando do dinheiro da campanha. O discurso do pai dos descamisados conquistou o Brasil, Collor saiu do último lugar nas pesquisas para o primeiro e de repente se viu catapultado como única esperança do empresariado para deter a candidatura do petista Luiz Inacio Lula da Silva. O dinheiro então jorrou na campanha collorida, e Paulo César passou a ser procurado por alguns dos maiores empresários do país, interessados em fazer doações.

Eleito presidente, Collor deu ainda mais poderes a PC, que indicou o irmão Luiz Romero Farias para a Secretaria Executiva do Ministério da Saúde, o ex-diretor do Banco Econômico Lafaiete Coutinho para a presidência da Caixa Econômica Federal e um diretor da construtora Tratex para a Secretaria de Transportes. Naquela época, dinheiro não era mais problema para PC. Ele tinha conseguido reunir o suficiente para abrir contas em bancos da América do Sul, do Caribe, da Europa e dos Estados Unidos, comprar um jato avaliado em 10 milhões de dólares, o famoso *Morcego Negro*, e se preparava para montar um jornal em Maceió, a *Tribuna de Alagoas*, um investimento de 5 milhões de dólares.

Mas como foi possível a um empresário especialista em fechar empresas reunir tanto dinheiro em tão pouco tempo? Quem explica é o delegado Paulo Lacerda no seu relatório:

> Por tratar-se de pessoa intimamente ligada ao presidente Fernando Collor, de quem fora um dos principais colaboradores nas vitoriosas campanhas eleitorais de 1986,

ao Governo de Alagoas, e de 1989, para a Presidência da República, o empresário Paulo César Farias utilizara toda a influência e prestígio para montar um amplo e bem estruturado esquema ilegal de apropriação de recursos mediante atos criminosos a envolver órgãos da Administração Pública Federal. A rede de traficantes de influência contava com a participação de pessoas de confiança colocadas estrategicamente em altas funções do governo federal, submetidas ao comando oficioso de Paulo César Farias, num autêntico "Ministério Paralelo", que se convencionou denominar de Esquema PC. A ação desse grupo acabou envolvendo funcionários públicos, empresários, industriais, comerciantes e particulares, num quadro de corrupção, concussão, exploração de prestígio, extorsão, usurpação de função, entre outros crimes, com total desapreço aos princípios que regem a administração pública.

O relatório de Lacerda — escorado em depoimentos, comprovantes de movimentações financeiras, perícias criminais e notas fiscais frias — desmontou a lógica do esquema:

- PC Farias e seus representantes pediam "doações" a empresários. Na campanha presidencial, utilizavam o argumento de que era preciso eleger Fernando Collor ou, do contrário, a esquerda chegaria ao poder com Lula. No ano seguinte, com Collor já eleito, a desculpa passou a ser a necessidade de formar uma forte bancada federal para apoiar o governo nas mudanças que estariam a caminho (privatização, modernização do Estado, reformas, abertura do mercado etc.). Em alguns casos, os empresários eram simplesmente achacados: ou davam dinheiro, ou teriam dificuldades em conseguir a liberação de pagamentos de contratos firmados com o governo federal. Fosse qual fosse o argumento utilizado, os empresários se mostravam generosos e eram poucos os que se negavam a entrar no esquema;

- A maior parte das "doações" era legalizada por um mecanismo simples. Empresas de fachada do Esquema PC expediam notas fiscais frias para os "doadores", justificando o pagamento que eles faziam com recibos de serviços que nunca haviam sido de fato prestados, como assessoria ou transporte aéreo. As contas do esquema foram engordadas com depósitos de empresas nacionais e estrangeiras, como Mercedes-Benz, Credicard, Sharp, Andrade Gutierrez, Grupo Votorantim, Tratex, CR Almeida, Queiroz Galvão, Norberto Odebrecht, White Martins, Rhodia, Copersucar, Tintas Coral, Sid Informática, Encol, Viação Itapemirim, Indústria Brasileira de Formulários, Cetenco Engenharia, entre outras. O dinheiro foi depositado em 24 contas em nomes de pessoas que nunca existiram ou de correntistas de aluguel, os "laranjas";

- Apenas uma parte do dinheiro arrecadado foi de fato utilizada em campanhas eleitorais. Os reais beneficiários eram pessoas próximas de Fernando Collor. A secretária particular do então presidente, Ana Maria Acioli, recebeu diversos pagamentos e redirecionou o dinheiro para custear gastos de Collor e de sua família, incluindo esposa e filhos. Integrantes da CPI que investigou o esquema calculam que o ex-presidente tenha sido beneficiado com pelo menos 10,6 milhões de dólares somente com pagamento de despesas pessoais. Outros favorecidos à época foram Zélia Cardoso de Mello (ministra da Economia), Marcos Coimbra (secretário-geral da Presidência, casado com Leda, irmã de Collor), Cláudio Humberto Rosa e Silva (porta-voz), Cláudio Vieira (secretário particular da Presidência), Vitor Werebe (superintendente da Receita Federal em São Paulo) e Dario Cavalcante (assessor especial da Presidência);
- Outra parte do dinheiro arrecadado pelo esquema foi retirada ilegalmente do país. O meio mais utilizado para essa tarefa foram as contas CC-5 — exclusivas para estrangeiros que estão morando temporariamente no Brasil e precisam receber e enviar dinheiro para seus países de origem. PC e seus comparsas não tiveram dificuldade em arregimentar estrangeiros interessados em "alugar" suas contas para as movimentações

do esquema. No total, 15 contas CC-5 foram usadas, em agências no Panamá, nas Ilhas Virgens Britânicas, no Uruguai e no Paraguai. Outra forma de mandar os recursos do Esquema PC para bancos no exterior eram os falsos contratos de *leasing* (aluguel com opção de compra do bem no final do contrato). Uma empresa do esquema no Brasil, a Brasil Jet Táxi Aéreo, fez falsos contratos de *leasing* de um avião com outra empresa da rede nos Estados Unidos, a Miami Leasing. Sem saber que as duas empresas pertenciam a Paulo César Farias, o Banco Central permitia que a Brasil Jet enviasse dinheiro para fora do país como pagamento pela suposta utilização dos aviões da Miami Leasing;

- Milhares de dólares também foram comprados no mercado paralelo com o dinheiro arrecadado. O relatório de Paulo Lacerda lista 20 contas bancárias no Brasil e no Paraguai que foram usadas para este fim.

Apesar das evidências do envolvimento de dezenas de pessoas com o Esquema PC levantadas pelo delegado Lacerda, o resultado do caso na Justiça foi um traque. Uma banca de advogados de primeira linha conseguiu absolver Paulo César da principal acusação: corrupção ativa. Em janeiro de 1994, Farias foi condenado a quatro anos de prisão, em regime aberto, por sonegação fiscal. Em dezembro do mesmo ano, foi condenado por falsidade ideológica em razão das operações com contas bancárias fantasmas. A pena desta vez foi de sete anos de prisão em regime fechado (mais tarde diminuída para quatro anos e oito meses pelo Supremo Tribunal Federal). Três integrantes secundários do esquema também foram condenados. O piloto Jorge Bandeira, braço direito de Paulo César, pegou um ano e dois meses de cadeia por falsidade ideológica, mas a pena foi diminuída posteriormente pelo Supremo Tribunal Federal e depois foi considerada extinta. Rosinete Melanias e Ricardo Campos, funcionários de PC, levaram a pena de dois anos e oito meses em regime de prisão aberta.

Mais ninguém foi condenado em última instância, nenhum empresário, nenhum político, nenhuma autoridade.

Rosane Collor, a mulher do ex-presidente, chegou a ser condenada, em abril do ano 2000, a 11 anos e quatro meses de prisão sob acusação de corrupção passiva e peculato, em processo referente à compra superfaturada de 1,5 tonelada de leite em pó pela LBA (Legião Brasileira de Assistência). Meses depois, a sentença emitida pela 12ª Vara da Justiça Federal em Brasília foi anulada pelo Tribunal Regional Federal.

Um mês após proferir a sentença de Rosane Collor, a mesma 12ª Vara Federal de Brasília condenou, a 13 anos e quatro meses de prisão, a ex-ministra da Economia de Collor, Zélia Cardoso de Mello, por corrupção passiva — em dezembro de 1990, ela autorizara o reajuste das tarifas de ônibus interestaduais após receber dinheiro de uma associação de empresas de transporte rodoviário. Em 2006, contudo, o

Tribunal Regional Federal de Brasília derrubou a sentença e absolveu Zélia. Outro ex-ministro de Collor, Rogério Magri, que ocupou a pasta do Trabalho e da Previdência Social, recebeu sentença de dois anos de prisão por receber propinas.

Magri recorreu. Em 2013, continuava em atividade, sem nunca ter sido preso.

As investigações feitas pelo delegado também serviram de base para o Ministério Público acusar Collor de corrupção. Mesmo com o rico material de Lacerda nas mãos, o então procurador-geral da República, Aristides Junqueira, produziu uma peça de denúncia contra Collor considerada fraca no meio jurídico, chegando a ser classificada como "de difícil compreensão" por um dos ministros do Supremo Tribunal Federal encarregado de apreciá-la. O resultado é que Collor se livrou de todas as acusações no Supremo, incluindo a de corrupção passiva. O ex-presidente comemorou sua absolvição com uma festa na sua residência em Brasília, a Casa da Dinda, regada a uísque e cerveja. À meia-noite, o animado grupo liderado por Collor foi até a margem do lago Paranoá e soltou 75 rojões.

Depois da condenação de Paulo César Farias e três de seus funcionários por crimes menores e da absolvição de Collor, a tramitação dos inquéritos que apuravam as irregularidades do Esquema PC foi sendo desacelerada dentro da própria Polícia Federal, no Ministério Público, na Justiça Federal e no Supremo Tribunal Federal. O delegado Paulo Lacerda foi ficando isolado na batalha contra o esquema. Vendo o trabalho de anos escorrer pelos dedos, sem possibilidade de reação, Lacerda perdeu a graça e a paciência e se aposentou no auge da sua carreira, aos 50 anos de idade.

No ano 2000, tramitavam na Justiça cerca de 60 processos abertos a partir das informações levantadas no chamado inquérito-mãe, presidido por Lacerda. A maioria estava parada ou se arrastava pelos escaninhos da burocracia.

Paulo Lacerda não conseguiu se manter afastado das grandes investigações criminais do país. Dois meses após se aposentar, prestou assessoria para a PF na montagem de uma delegacia especializada em crimes financeiros no Rio e depois foi trabalhar no Senado, tornando-se um dos principais assessores das CPIs dos Precatórios, dos Bancos e do Narcotráfico. No futuro, voltaria à Polícia Federal como diretor-geral.

Até hoje o delegado não se conforma com o final frustrado das investigações do Esquema PC.

10
Turim, Itália, abril de 1994

Naquela idade, Antonio Scambia deveria estar em casa na companhia da mulher e dos netos, aproveitando o *dolce far niente* da aposentadoria. No inverno, poderia viajar para o Mediterrâneo fugindo do frio, onde teria a companhia de outros tantos italianos da sua idade. Ou então para o Brasil, país que conhecia e amava. Mas aos 63 anos aquele calabrês estava vivendo seus piores momentos. Um mês antes, tinha passado pelo vexame de ser preso em flagrante em Borgaro Torinese com 5,5 toneladas de cocaína. Agora estava naquele pequeno quarto do Tribunal de Turim — uma fortaleza cercada de policiais e câmeras de circuito interno — sendo massacrado pelos procuradores Marcello Maddalena e Francesco Ausiello.

    Os procuradores suspeitavam de que era difícil fazer com que aquele barão da 'Ndrangheta (máfia calabresa) quebrasse o pacto de silêncio dos mafiosos, a *omertà*. Havia horas Maddalena e Ausiello estavam diante de Scambia, num ritual que vinha se repetindo diariamente, gastando todos os argumentos tentando fazer com que o mafioso falasse. Intimaram Scambia a contar a verdade, dizendo que o futuro dele dependia disso. Mostraram com didatismo que as acusações contra ele eram gravíssimas — o flagrante eliminava qualquer possibilidade de defesa — e ainda apelaram para o sentimentalismo do mafioso, lembrando que sua família na pequena Motta San Giovanni, na Calábria, ainda dependia dele.

Scambia resistia, nada o fazia ceder. Os procuradores decidiram recorrer ao último recurso que tinham e pronunciaram vagarosamente a palavra mágica: i-mu-ni-da-de. Em troca das inconfidências, os procuradores ofereceram liberdade e proteção. O mafioso ouviu a oferta e, antes de responder, tomou um gole d'água. Scambia pousou o copo na mesa, sem pressa, ignorou a presença de Ausiello e olhou no fundo dos olhos de Maddalena — o mais graduado da dupla de procuradores. Depois agradeceu a segunda oferta (proteção) e aceitou a primeira (liberdade). E então, durante horas, cantou uma doce melodia nos ouvidos dos procuradores.

A história começava em 1990. Scambia era, então, um dos expoentes da 'Ndrangheta, cujas famílias dominavam o tráfico de cocaína na Europa e já apareciam com destaque no ramo de importação de heroína. O mafioso tinha bons contatos que o levavam até o pó branco fabricado na Colômbia e o negócio ia muito bem. Naquele ano, Scambia tinha sido persuadido por um colega mafioso que morava na América

Latina a se unir num novo projeto: a formação de um *pool* de famílias da 'Ndrangheta para trazer a droga da Colômbia. Assim poderiam unificar suas estruturas internas, aumentando a segurança do negócio, e diminuir custos, permitindo lucros ainda maiores para os clãs mafiosos da Calábria.

Insuflado pelo parceiro, Scambia convenceu dois dos maiores barões da máfia calabresa de que era o momento de modernizar os negócios. Se as empresas convencionais tinham se entregado à realidade das grandes fusões, dos cartéis, por que o mundo do crime não poderia fazer o mesmo? Giuseppe Mazzaferro, de 53 anos, e Giuseppe Morabito, de 56 — chefes das famílias que levavam seus respectivos sobrenomes —, concordaram, não sem uma ponta de saudosismo, que o tráfico de drogas exigia novas técnicas e que seus métodos da década de 1960 estavam ultrapassados. Selaram o acordo para formação do *pool* e previram grandes lucros. Com a carta de apresentação de Mazzaferro e Morabito, Scambia procurou outros chefes da 'Ndrangheta e os convenceu a participarem da aventura. Nascia então o mais poderoso grupo de narcotráfico da Europa, genuinamente italiano (calabrês!). Mas com *shape* de empresa globalizada, com inserção em vários países, uma transnacional.

A "diretoria" do grupo era formada por lendas vivas da 'Ndrangheta — todos ilustres cidadãos de uma região famosa pela qualidade de seus mafiosos e pela falta de criatividade de seus pais: Giuseppe Barbaro, 42 anos, Giuseppe Cataldo, 52,

Giuseppe Ierino, 39, Giuseppe Pesce, 36, Giuseppe Scibilia, 41, além de Giuseppe Mazzaferro, Giuseppe Morabito e Antonio Scambia. Ao todo, o núcleo do conglomerado era composto de 43 pessoas. O mais novo da quadrilha era Andrea Lia, de 18 anos. O mais experiente, o próprio Antonio Scambia, então com 60 anos.

Feitas as apresentações, o grupo precisava formar uma empresa de fachada para trazer a cocaína da Colômbia. A firma faria contratos de importação de um produto qualquer e a droga seria escondida nos carregamentos. Foi então aberta, na Suíça, a General Unternehmungs-Anstalt-vaduz. Agora, era só fazer o contato com os colombianos. Era aí que entrava o parceiro de Scambia que idealizara o projeto.

Com a bênção de seus colegas, o calabrês fez a mala com roupas leves e partiu para Curaçau, a ensolarada ilha no mar das Antilhas, ao norte da Venezuela. O encontro aconteceu numa praça pública, cercada de belos casarões construídos pelos holandeses. Conversaram animadamente, sentados num banco de cimento, e depois saíram a caminhar, sem pressa. Enquanto andavam, Scambia deu notícias de todos na Itália — Vincenzo Mazzaferro não estava bem de saúde —, falaram do passado, deram boas risadas, relembrando aventuras de vinte anos atrás.

— Quem era o contato em Curaçau? — quiseram saber os procuradores.

Scambia sabia que em algum momento Maddalena e Ausiello fariam essa pergunta. E ele estava pronto para dar a resposta. Tomou mais um gole de água — os procuradores já haviam aprendido que aquele gesto era sempre acompanhado de boas informações — e depois disse o nome do seu parceiro, alguém mais importante que todos os outros mafiosos do grupo juntos: Alfonso Caruana.

Caruana, 46 anos, mafioso da Cosa Nostra (máfia da Sicília), estava entre os três criminosos mais procurados na Itália. Fugindo dos mandados de prisão 306/86, 1.389/94, 1.443/94 e 128/a, emitidos pelos tribunais de Palermo, Turim e Roma, mudou-se para a Venezuela no início dos anos 1970, encontrando abrigo e compreensão no poder político local. Lá, costurou a parceria dos cartéis colombianos com a Máfia no mercado das drogas. Também comprou amizades, aprendeu espanhol e aos poucos foi construindo uma fachada legal para seus negócios. Viajando constantemente ao Brasil, Canadá e Estados Unidos, Alfonso Caruana tornou-se um dos maiores traficantes do mundo e o dono da maior lavanderia de dinheiro do planeta. Antes de ser descoberto na Venezuela por agentes italianos, em 1985, quando caiu na clandestinidade mais uma vez, Caruana tinha carteira de identidade para estrangeiros, quatro automóveis no seu nome (dois Fiat, um Mitsubishi e um Ford Sierra), residência fixa em Valença, telefone em nome da mulher, Giuseppina Caruana, contas nos bancos Mercantil, Consolidado, Unión e Metropolitano, cartões de crédito American Express e Diners. Também era sócio em duas empresas de exportação e numa recauchutadora de pneus.

Naquele banco de praça em Curaçau, Scambia e Caruana combinaram todos os detalhes do esquema e definiram participações e porcentagens de cada um dentro do consórcio. Caruana seria o número um da rede, afinal de contas o plano e os principais contatos na América Latina eram dele. Scambia vinha logo abaixo no organograma da quadrilha, seria uma espécie de gerente.

Caruana ficou encarregado de fazer o contato com os traficantes do Cartel de Cali (ele já tinha um nome em mente) para negociar a compra da cocaína. Também cuidaria do despacho da droga. Por medida de segurança, a cocaína não deveria sair da Colômbia diretamente para a Itália; passaria antes por um entreposto, um país qualquer da região, onde seria maquiada. Caruana escolheria os produtos que seriam utilizados como fachada para o negócio. Caberia a Scambia receber a droga no país escolhido como entreposto, preparar o carregamento e supervisionar a entrega da cocaína na Itália. O consórcio pagaria ao Cartel de Cali 5.000 dólares pelo quilo da cocaína — uma pechincha! — e revenderia a atacadistas na Europa por 18.750 dólares, uma margem de lucro de 275%. Era o melhor negócio do mundo. Caruana e Scambia selaram o novo negócio com um aperto de mão e, antes de se despedirem, planejaram um teste para checar se o esquema iria funcionar bem.

O primeiro carregamento com a droga sairia do Brasil.

17

Turim, Itália, abril de 1994

O primeiro carregamento era um teste, coisa pequena, apenas 140 quilos de cocaína. Depois daquele encontro em Curaçau, Scambia viajou para o Brasil a fim de cuidar da sua parte no negócio. As páginas do processo 1.389/94 do Tribunal de Turim registram as palavras do mafioso alcaguete:

— Confirmo que fui ao Rio e depois a São Paulo para definir os detalhes do envio (da droga) e para os contatos telefônicos.

Scambia e Caruana pensaram em mandar a cocaína para a Itália escondida num carregamento de suco de laranja. Ideia ruim. A vigilância sanitária era rigorosa tanto no Brasil quanto na Itália, e um simples exame de rotina poderia estragar os planos. Acabaram desistindo do suco de laranja como produto de fachada. Caruana teve então uma ideia genial. A General Unternehmungs-Anstalt-vaduz importaria um contêiner carregado com as populares balas Juquinha para vender na Suíça. Quem poderia desconfiar?

A cocaína chegou ao porto de Santos na data combinada, conforme Caruana havia prometido. Agora era a vez de Scambia agir. É ele próprio quem conta:

— Fui de ônibus a um local a cerca de 100 ou 150 quilômetros de São Paulo, perto de um aeroporto privado, onde, em um galpão, se preparava o contêiner.

Uma equipe de brasileiros, comandada por um certo Ricardo, fazia o que Scambia chamava de "preparar o contêiner". Primeiro os pacotes com a cocaína eram distribuídos pelo piso do contêiner. Depois chapas de aço eram cuidadosamente colocadas por cima e soldadas, isolando a droga.

— O contêiner, já com a cocaína colocada no fundo falso, ia para a empresa de balas, onde era carregado, e os documentos de viagem, preenchidos. A própria empresa, que ignorava tudo, providenciava o transporte até o porto — contou Scambia aos perplexos procuradores.

No porto de Santos, o contêiner UFCU 613.473-0, com o carregamento de cocaína escondido, foi embarcado no navio *Pelagos*, da companhia Lloyd Brasileiro, rumo à Itália. Atravessou o oceano Atlântico, entrou no mar Mediterrâneo pelo estreito de Gibraltar, passou pelas ilhas da Sardenha e da Córsega e por fim seguiu pelo golfo de Gênova até atingir seu destino a 5.900 milhas do ponto de partida. No final de 1990, era desembarcado no porto de Gênova um carregamento de 140 quilos da mais pura cocaína colombiana.

Fiscais corruptos ajudaram a desembaraçar a mercadoria do *Pelagos* na alfândega. O contêiner foi então colocado dentro do caminhão placa PV 556233 e seu motorista, Alessandro Longo, tomou a estrada rumo a Cadenazzo, na Suíça, destino final das balas Juquinha, conforme diziam os papéis referentes à importação. Na estrada, o caminhão tomou um desvio na rota e seguiu para um depósito na cidade de Borgaro Torinese, onde fez uma parada de algumas horas — tempo suficiente para que o contêiner fosse esvaziado, o fundo falso, desmontado, e a cocaína, retirada. Rapidamente a partilha da droga foi feita e 30% do carregamento de cocaína seguiu para a Calábria. O contêiner foi novamente carregado com as caixas de bala, colocado de volta na carroceria do caminhão e continuou sua viagem rumo a Cadenazzo, onde chegou na data prevista na papelada da importadora.

A operação foi um sucesso. A cocaína foi vendida mais rápido que pãozinho quente, garantindo liquidez e altos lucros para a rede de famílias da 'Ndrangheta. E o produto de fachada se mostrou perfeito: a General Unternehmungs-Anstalt-vaduz vendeu na Suíça todo o carregamento de balas Juquinha. Impressionante! Os procuradores queriam saber mais. Daí em diante, foi uma festa, contou Scambia.

O segundo carregamento teve o mesmo roteiro (Colômbia-Brasil-Itália), mas foi um pouco maior: 250 quilos.

Desta vez optou-se por rechear o contêiner com café solúvel, comprado da Intermares Marketing Internacional, Importação e Exportação. No início de 1991, também no porto de Santos, a droga escondida no fundo falso do contêiner embarcou no navio *Stena Trader*, da companhia Grimaldi Group, rumo à Itália. Tudo correu como na operação anterior, com uma diferença. O café encalhou e teve de ser doado à Cruz Vermelha da Suíça.

No mesmo ano, partiu o terceiro carregamento, com 150 quilos de cocaína. Já mais experiente, Caruana voltou a usar as balinhas brasileiras como carga de fachada. O contêiner com a cocaína no fundo falso foi então abastecido com balas Chupa-chups e embarcado no navio *Zim Buenos Aires*. A cocaína encontrou ávidos compradores no mercado italiano, e as balas, no suíço.

No quarto carregamento, surgiu um problema que obrigou a rede a mudar toda a sua estratégia operacional. O ano era 1992 e os jornais brasileiros tinham publicado uma estranha notícia. Tinha se tornado realidade a lenda urbana de que baleiros que trabalham em portas de escolas vendiam doces com cocaína dentro.

— Como no Brasil uma empresa de balas tinha pensado em rechear seu próprio produto com cocaína, Caruana teve de se dirigir a um outro lugar para organizar a partida do contêiner — relatou Scambia aos procuradores italianos.

Fugindo de uma possível *blitz* em carregamentos de balinhas brasileiras, os precavidos mafiosos direcionaram a carga de cocaína para um entreposto no Panamá, e, de lá, para a Itália. Mais uma vez a droga — 600 quilos — encontrou mercado com facilidade, mas as camisetas que vieram no mesmo contêiner encalharam, para a alegria da Cruz Vermelha suíça.

O quinto e o sexto carregamentos saíram da Venezuela, cada um com 680 quilos de cocaína escondidos em contêineres carregados com óleo mineral.

A operação seguinte, a sétima feita pelo consórcio, foi um desastre. O grupo havia decidido voltar a operar no Brasil, desta vez utilizando couro e solas de sapato como carga de fachada. Era uma partida grande de cocaína, 3.000 quilos, mas que foi apreendida em Pinhais, no Rio Grande do Sul, em julho de 1993.

— Perdemos tudo o que foi pago antecipadamente, sem que isso nos induzisse a desistir da operação — disse Scambia.

O mafioso relatou que policiais federais brasileiros que efetuaram a apreensão roubaram parte da cocaína.

— O carregamento era de 3.000 quilos, mas a apreensão foi autuada como se fosse de 2.100 quilos. A parte restante evidentemente ficou com a polícia brasileira — contou Scambia, às gargalhadas, no depoimento prestado aos procuradores.

O oitavo carregamento de cocaína partiu diretamente da Colômbia, do porto de Cartagena das Índias, camuflado numa carga de sapatos. Scambia contou que tudo funcionou bem (o embarque do contêiner, desta vez sem fundo falso, o desembarque no porto de Gênova, a viagem de caminhão até

Borgaro Torinese), até que um bando de *carabinieri* armados entrou no depósito gritando "no chão, todos no chão".

— Foi assim — Scambia arrematou sua história.

Os procuradores rabiscaram alguns números e palavras soltas num papel que estava em cima da mesa. De 1990 a 1994, o consórcio de famílias da 'Ndrangheta liderado por Caruana e Scambia tinha importado 11 toneladas de cocaína — contando com os 3.000 quilos perdidos no Rio Grande do Sul e os 5.497 quilos apreendidos em Borgaro Torinese. Ao todo, gastaram 55 milhões de dólares. O grupo tinha conseguido vender 2.503 quilos de cocaína — o que efetivamente chegou às mãos dos mafiosos — a 18.750 dólares o quilo, totalizando uma receita de 46,9 milhões de dólares. Resultado da empreitada: um prejuízo de 8,1 milhões de dólares. Fora os danos financeiros, mais de 50 integrantes da quadrilha já tinham sido presos e a lista crescia a cada dia. Nada mau. Os *carabinieri* do ROS, os procuradores Marcello Maddalena e Francesco Ausiello e os juízes do Tribunal de Turim tinham honrado seus salários.

Conhecida a estrutura das operações de narcotráfico, os magistrados agora encaravam o desafio de entender como funcionava a contabilidade da rede. Os avanços na luta contra o tráfico internacional dependiam mais do garrote nos financiadores que das fantásticas apreensões de droga.

Em poucos dias, Scambia seria solto, prometeram os procuradores. Mas antes tinham algumas perguntas a fazer sobre o homem que fizera todo aquele dinheiro circular sem despertar a curiosidade dos órgãos de fiscalização financeira de duas dezenas de países em dois continentes.

— Fale-nos de Angelo Zanetti — disse um dos procuradores.

Scambia tomou mais um gole d'água.

12

Vale do Cauca, Colômbia, junho de 1995

As melhores folhas, com até 2,25% de concentração de alcaloide, vêm de arbustos plantados na Bolívia e no Peru e são reunidas a outras folhas, de qualidade inferior, produzidas no próprio local. A montanha de folhas é colocada ao sol para secar e recebe uma solução de carbonato de potássio, ou, na falta do produto, cinza vegetal ou cal. Os sais de cocaína presentes na folha então se transformam em carbonato de cocaína, e este por sua vez é dissolvido com o querosene adicionado em seguida. Indígenas e camponeses da região passam uma noite inteira — nunca de dia — pisoteando a mistura. O resultado do trabalho pode ser visto ao nascer do sol: um líquido esverdeado e oleoso. Tudo é coado para enormes vasilhas e recebe uma solução de ácido sulfúrico, que é acrescentada lentamente — esse é o segredo — para separar a cocaína em forma de sulfato. Tem-se então uma matéria pastosa e pegajosa, da qual se deixa escorrer o líquido. Mais um banho de sol e está terminada a primeira das três fases do processo, com a cocaína já em pasta.

Na segunda etapa, a pasta — contendo impurezas dos produtos utilizados na sua fabricação, como o ácido e o querosene — precisa ser purificada para se obter a cocaína em base. Dois processos podem ser utilizados para este fim. Num deles, a pasta é encharcada em ácido sulfúrico diluído, agitada, embebida numa solução de permanganato de potássio, filtrada e misturada com a adição simultânea de amoníaco. Depois é novamente filtrada e colocada para secar. No método alternativo para se chegar à cocaína em base, a pasta é dissolvida em éter e recebe uma mistura de carbonato de sódio e álcool. A massa é levada ao fogo brando, e, à medida que vai esquentando, joga-se ácido sulfúrico por cima. Mais um pouco de amoníaco, novas filtragem e secagem ao sol.

Antes de chegar ao consumidor ainda é preciso dissolver o sulfato de cocaína. A base é tratada com acetona ou éter, depois mergulhada em ácido clorídrico e álcool e colocada para descansar três ou quatro dias. A última filtragem, a última secagem e, por fim, o refino. A cocaína ($C_{17}H_{21}NO_4$) está pronta.

Os laboratórios controlados por Henry Loaiza Ceballos — conhecido como El Alacrán (o Escorpião) — no vale do Cauca, no oeste da Colômbia, têm capacidade de produção semanal de cerca de 2 toneladas daquele pó amargo, de cor branca, que, aspirado ou injetado nas veias, estimula e narcotiza. Essa é a última vez que El Alacrán aprecia o funcionamento da sua indústria. Por uma decisão pessoal, tomada com razão e sofrimento, ele decidiu deixar o negócio. Sentado numa cadeira, ele observa a agitação dos homens na produção.

Desde que entrara no ramo, a demanda do produto nunca caíra. Pelo contrário, crescia a cada dia. Como dizem os camponeses do Cauca, *"el polvo* (pó) *se lo venden a los gringos, que lo pagan muy bien"*. O mercado começou a se expandir por volta de 1965, quando a cocaína foi levada para os Estados Unidos por imigrantes colombianos. Nos anos 1970, o consumo explodiu nas classes média e alta. Na década seguinte, foi considerada *chic* no *jet-set* europeu e norte-americano, alargando o número de usuários. Um dos clientes cativos de Henry Loaiza Ceballos era o mafioso siciliano Alfonso Caruana, que frequentemente lhe encomendava grandes quantidades de cocaína. Pouco mais de um ano antes, o colombiano tinha entregado 5,5 toneladas do produto a Caruana. Foi uma de suas melhores vendas. Tinha gasto com matéria-prima 750 dólares para produzir cada quilo de cocaína e vendido a produção a 5.000 dólares o quilo — uma margem de lucro bruto de 566%, que resultou na entrada de mais de 21 milhões de dólares no seu caixa.

Uma parte do dinheiro foi utilizada para pagar seu pessoal (os encarregados de operações e transportes, os pilotos, copilotos, motoristas, seguranças, operários, químicos, especialistas em investimentos de dinheiro sujo e advogados).

Outra parcela dos recursos foi para um fundo destinado ao que ele chamava de *el ají* (a pimenta), *la palada* (a paulada) ou *la mordida*, sinônimos de suborno. Ceballos tinha uma longa lista de contribuições para policiais, autoridades e políticos. No mesmo ano daquela venda de cocaína para Caruana, houve eleição para a Presidência da Colômbia e há indícios de que El Alacrán tenha contribuído com 200 milhões de pesos para a campanha vitoriosa do candidato liberal, Ernesto Samper.

As 5,5 toneladas de cocaína vendidas a Caruana tinham sido o maior negócio de Ceballos nos últimos tempos. No mesmo momento em que a cocaína era entregue em Cartagena das Índias — "a cidade mais bela do mundo", segundo o escritor colombiano Gabriel García Márquez —, ordens de pagamento foram emitidas por bancos suíços e as contas de Henry Loaiza Ceballos amanheceram abarrotadas de dinheiro. Entretanto a organização à qual El Alacrán pertencia estava passando por uma de suas piores crises. O Cartel de Cali ainda exportava centenas de toneladas de cocaína e heroína para os Estados Unidos e a Europa, liderando um mercado que movimentava cerca de 3 bilhões de dólares ao ano na economia colombiana, o equivalente a 4% do Produto Interno Bruto do país. Mas a perseguição contra seus integrantes era feroz. A Itália, o Reino Unido e os Estados Unidos estavam ajudando o governo colombiano a acossar o cartel. Seus chefes estavam desnorteados e a fragilidade da organização tinha disseminado traições internas, provocando uma guerra entre seus membros. El

Alacrán e seus parentes agora eram perseguidos pela polícia da Colômbia e por antigos parceiros. Sua companheira, Sandra Castañeda, estava jurada de morte.

O vale do Cauca tornara-se um campo minado para Ceballos — um homem bonito, jovem, dono do maior exército particular da Colômbia e de uma grande cadeia de farmácias, a Superbarata. O Escorpião tinha chegado ao seu limite. Se dependesse dele, a guerra tinha chegado ao fim. No dia 19 de junho de 1995, El Alacrán entregou-se às autoridades do seu país.

13

Bogotá, Colômbia, outubro de 1997

Do pavilhão de segurança máxima do Presídio Nacional Modelo, El Alacrán encomenda, por telefone, ao Hatsuhana — o restaurante japonês mais caro e elegante da capital colombiana —, sushi para 40 pessoas. Paga em dinheiro o equivalente a 2.500 dólares. Dentro de sua cela, vive com segurança e conforto. Do lado de fora, a guerra continua. Em junho do ano anterior, seu primo José Alcides Loaiza fora executado com cinco tiros na cara enquanto fazia compras num supermercado. Quatro meses antes, ex-parceiros de El Alacrán haviam cumprido outra ameaça: assassinaram sua companheira, Sandra.

14

Turim, Itália, abril de 1994

Enquanto o taquígrafo do Tribunal de Turim se esforça para reproduzir as declarações de Antonio Scambia, para registro no processo 1.389/94, os procuradores Marcello Maddalena e Francesco Ausiello sorvem cada palavra do mafioso *"pentito"*, deliciando-se com as suas inconfidências.

— Angelo Zanetti dizia ser capaz de conseguir qualquer coisa.

A pedido dos procuradores, Scambia começara a falar do italiano naturalizado suíço que fora elevado ao posto de tesoureiro do consórcio. Antes de entrar em detalhes sobre como Zanetti movimentava os recursos, Scambia traça um perfil do financista — o único romano numa associação dominada por calabreses e comandada por um siciliano.

— A respeito da atividade de Zanetti, declaro que ele garantia ser capaz de fazer desaparecer toda a documentação das operações, ou, pelo menos, fazer com que não pudesse chegar aos interessados. Tive como verificar pessoalmente que Zanetti sabia efetivamente mover-se no mundo bancário.

Os procuradores não quiseram estragar a imagem que Scambia fazia de Zanetti e fingiram acreditar que o tesoureiro da rede realmente tinha poderes para fazer sumir registros bancários. Mas isso não era verdade. Autoridades suíças já haviam garantido a seus colegas italianos que os dados referentes às contas do consórcio poderiam ser facilmente localizados e que um pedido formal da documentação seria prontamente atendido. Os suíços geralmente têm fobia a pedidos de quebra de sigilo bancário, mas, depois de anos de pressão da comunidade italiana, passaram a ser mais flexíveis com seus obstinados vizinhos.

Maddalena e Ausiello se entenderiam com os suíços mais tarde. O importante agora é ouvir o que Scambia tem a dizer sobre Angelo Zanetti.

— Zanetti dizia ser capaz de conseguir qualquer coisa, inclusive armas, mas nunca me dizia de que modo e de quem. Em certa ocasião, Vincenzo Mazzaferro me perguntou se era possível conseguir um lança-mísseis e outras armas. Eu passei o pedido a Zanetti, que disse ser capaz (de atender o pedido) e ficou de me trazer uma lista das armas das quais poderia dispor. Entre elas, lembro-me que tinha indicado as metralhadoras Uzi.

O ítalo-suíço também fora um dos precursores de um crime que anos mais tarde seria um dos principais alvos das polícias de todo o mundo: a clonagem de telefones celulares. Scambia contou que comparsas de Zanetti na companhia telefônica forneciam a ele números de códigos sigilosos para acessar celulares de terceiros. O trabalho era completado com um *chip* especial que ele trazia da Inglaterra. Assim, Zanetti fazia chamadas utilizando seu aparelho celular sem que as ligações fossem registradas — pelo menos não na conta dele. A clonagem de celulares significava para ele a certeza da impunidade. O sistema eliminava grampos indesejáveis e registros de ligações, que poderiam se tornar valiosas provas nos tribunais.

Diante dos procuradores, Scambia se gabou de ter descoberto o ítalo-suíço e de tê-lo colocado no negócio. Zanetti representava de fato um achado. Numa ocasião, relata Scambia, Zanetti contou que havia recebido a informação de uma fonte no serviço secreto italiano de que um magistrado faria uma viagem secreta aos Estados Unidos para interrogar o mafioso Gaetano Badalamenti, preso naquele país. Qual não foi a surpresa de Scambia quando, alguns dias depois, uma emissora de TV exibiu uma reportagem sobre o interrogatório de Badalamenti nos Estados Unidos.

Scambia revelou que Zanetti não era somente tesoureiro do grupo. O ítalo-suíço tinha o contato no porto de Gênova que fazia com que os contêineres fossem liberados na alfândega sem maiores complicações. Os procuradores tinham em mãos cópia do depoimento dado por outro mafioso da organização, Arturo Martucci, que confirmava a declaração de Scambia.

— Os documentos (referentes à alfândega) deveriam ser colocados à disposição do ítalo-suíço, já que era ele quem cuidava dessas coisas — havia declarado Martucci alguns dias antes.

Zanetti, o faz-tudo do grupo, também tinha se envolvido no comércio da droga. Segundo Scambia, pelo menos em duas ocasiões Zanetti entrara com dinheiro no negócio e participara das cotas. Em uma das operações, recebera 10 quilos de cocaína, e em outra, 50. A revelação de Scambia agregava mais uma acusação contra Zanetti (a mais grave delas). Agora, além de evasão de divisas, associação mafiosa e lavagem de dinheiro, o ítalo-suíço poderia ser processado por tráfico internacional de drogas. Sem dúvida as coisas se complicavam para Zanetti. A não ser que ele colaborasse com a Justiça quando fosse preso...

A informação sobre as cotas de cocaína de Zanetti também seria valiosa nos próximos passos da Operação Cartagena. Era essencial quebrar o sigilo das contas manejadas por Zanetti; no entanto, um requerimento neste sentido poderia ser negado pela Justiça suíça caso fosse embasado somente no crime de lavagem de dinheiro. Agora os procuradores tinham em mãos uma declaração que colocava Zanetti na categoria dos narcotraficantes internacionais. A nova classificação jurídica do mafioso certamente facilitaria as coisas na Suíça.

Depois de horas de depoimentos, Scambia entrara no assunto da movimentação financeira do esquema. Os três primeiros carregamentos de cocaína encomendados pelo consórcio eram relativamente pequenos, o que dispensava maiores ginásticas financeiras. Alfonso Caruana e Antonio Scambia trataram pessoalmente da contabilidade naquelas ocasiões, após recolherem o dinheiro das famílias calabresas. Mas a partir do quarto carregamento, de 600 quilos, o volume de dinheiro a ser transferido exigia técnicas mais avançadas para não chamar a atenção da fiscalização financeira. Foi então que Zanetti entrou no circuito. Representantes do consórcio fizeram uma espécie de entrevista com o ítalo-suíço e ele garantiu ser apto para a função.

— Ele disse ser capaz de transferir, de modo limpo, até mesmo grandes somas de dinheiro por meio de movimentações bancárias — contou Scambia.

Zanetti morava em Lugano, na Suíça, de onde fazia as operações bancárias. Ele recebia o dinheiro da organização de duas formas: pelo correio ou pessoalmente. Este último método era empregado para quantias maiores. Um mafioso levava sacos de dinheiro de Milão para Lugano no porta-malas de um Fiat. A viagem até os alpes suíços era curta (cerca de 50 quilômetros) e sem riscos. A única perturbação dos fiscais que trabalhavam no posto da fronteira era com relação ao selo que deveria ser afixado no vidro dianteiro do carro — comprado ali mesmo, no posto, com um punhado de francos suíços. Nada de passaporte, nada de nomes, nada de nada. Apenas um punhado de francos suíços.

O "*pentito*", no entanto, não sabia muito sobre o modo como Zanetti movimentava o dinheiro. Scambia passava a sacola entre as famílias calabresas, mas as operações financeiras eram de fato planejadas por Alfonso Caruana e Angelo Zanetti. Caruana era quem controlava os nomes da folha de pagamentos. E Zanetti cuidava dos depósitos, remessas e aplicações a partir da base em Lugano. De acordo com Scambia, Zanetti fizera cem depósitos sob as ordens de Caruana.

— Já no quarto carregamento, Zanetti efetuou uma transferência no valor total de 4 bilhões de liras (aproximadamente 2,2 milhões de dólares) para uma financeira brasileira de São Paulo. (...) E quando esperávamos o sexto carregamento, Zanetti efetuou transferências de dinheiro para uma financeira brasileira e para bancos de Nova York.

Mais uma vez uma referência ao Brasil surgia naquela história de italianos e colombianos. Os atores brasileiros do enredo, porém, continuavam sem nome e sobrenome.

Dois anos mais tarde, já sabendo quem eram os brasileiros beneficiados com o dinheiro da organização, os magistrados italianos foram à Colômbia e à Argentina investigar o esquema. Na volta, aproveitaram para fazer uma discreta escala no Brasil, onde convidaram as autoridades locais a embarcar na apuração do caso.

Roma, Itália, março de 1997

O diplomata da Embaixada do Brasil em Roma, vestido de forma impecável, esperava a chegada da comitiva brasileira junto ao portão de desembarque internacional do aeroporto Leonardo da Vinci, na capital italiana. Fora orientado a estar no aeroporto às quatro da tarde para saudar o número dois do Ministério da Justiça, Milton Seligman, que desembarcava oficialmente na cidade para acertar detalhes do acordo de cooperação nas áreas criminal e jurídica assinado pelos presidentes dos dois países um mês antes. O secretário estaria acompanhado do diretor da PF, Vicente Chelotti, e dos delegados João Carlos Abraços e Ney Cunha e Silva. O diplomata sabia que a agenda da comitiva previa encontros com várias autoridades italianas: o vice-ministro do Interior, Giannicola Sinisi, o vice-chefe de Polícia, Gaetano Piccolella, o diretor nacional de Segurança Pública, Giuseppe Fera, e o coordenador de assuntos internacionais do Ministério do Interior,

Benedeto Basili. O grupo também faria uma rápida viagem a Turim, mas isso não era problema da embaixada brasileira.

Cinco minutos depois das quatro da tarde, os integrantes da comitiva brasileira saíram da sala de desembarque do aeroporto. O diplomata se apresentou e imediatamente conduziu-os a dois carros que os levaram até o modesto, correto e bem localizado hotel Torre Argentina. Seguindo a hierarquia, Milton Seligman ficou com o melhor apartamento, o de número 114, Chelotti hospedou-se no 113, um pouco menor, e os delegados Abraços e Ney se aboletaram no quarto ao lado.

O objetivo sigiloso da missão estava preservado; ninguém desconfiara da versão de que a comitiva iria tratar dos detalhes de um acordo de cooperação entre os dois países. De fato a desculpa continha uma meia verdade: o governo brasileiro tinha mesmo interesse em estabelecer uma parceria com a Itália nas áreas criminal e jurídica, criando mecanismos que pudessem, por exemplo, permitir a repatriação de recursos tirados do país ilegalmente. Também queria ter acesso a documentos criminais da Itália de forma mais ágil. O que fora omitido era que existia um motivo concreto para a pressa com que se buscava colocar o acordo em prática. O governo brasileiro certamente marcaria muitos pontos com a comunidade internacional e com o público interno se recuperasse pelo menos parte do dinheiro do Esquema PC, mesmo que o grosso do trabalho tivesse sido feito pelos italianos.

Logo após tomar posse, em 1995, o presidente Fernando Henrique Cardoso estabelecera três prioridades para a Polícia Federal: capturar Darcy e Darly Alves, os assassinos de Chico Mendes, o líder dos seringueiros do Acre, reaver o dinheiro tirado do país pela máfia do INSS e repatriar os recursos que Paulo César Farias enviara ilegalmente para o exterior. A primeira missão já havia sido cumprida, e a segunda estava sendo providenciada. A notícia de que as autoridades italianas haviam encontrado o fio da meada das movimentações financeiras de PC levava a crer que a conclusão da terceira prioridade seria mais fácil que o previsto.

No dia seguinte ao desembarque em Roma, a comitiva foi tratar da regulamentação do tratado de cooperação. O secretário executivo do Ministério da Justiça, o diretor da PF e os delegados Abraços e Ney deixaram o Torre Argentina às 8h40 da manhã e decidiram vencer a pé os 400 metros que separavam o hotel da Embaixada do Brasil, na *piazza* Navona. No caminho, pararam numa casa de câmbio e depois tomaram um atalho indicado por Seligman, que alguns anos antes morara na cidade chefiando uma agência internacional de notícias e ainda conhecia bem o traçado das ruas. Chegaram à praça às 9h, mas antes de entrar na embaixada decidiram apreciar aquele que é um dos pontos turísticos mais concorridos de Roma, com seus edifícios suntuosos, como o prédio ocupado pela representação brasileira, o Palazzo Pamphili, construído no século XVII para servir de residência ao papa

Inocêncio X. O misterioso caso de PC com a Máfia poderia esperar alguns minutos.

Vestidos de gravata, paletó e sobretudo e com suas maletas tipo 007 nas mãos, os quatro turistas executivos caminharam por um breve instante na *piazza* Navona, que ainda guarda o formato oval da construção que havia ali no século I, o *stadium* de Domiciano, onde eram realizadas grandes competições esportivas. O diretor da Polícia Federal ficou encantado com a *fontana* Dei Fiumi e as esculturas dos gigantes que representam os rios da Prata, Ganges, Danúbio e Nilo, projetadas por Bernini. Depois, o grupo se acomodou numa das mesas na calçada do café Tre Scalini, onde tomou um dos cafés expressos mais caros de Roma. Terminado o giro, os quatro entraram na embaixada e passaram o resto da manhã analisando os documentos relativos ao acordo de cooperação com a Itália. Acertaram todos os detalhes da negociação e depois voltaram ao hotel Torre Argentina.

No dia seguinte, o encontro com as autoridades italianas aconteceu na mais absoluta harmonia, com farta distribuição de apertos de mão, sorrisos e elogios. O secretário Milton Seligman gastou seu excelente italiano, e o diretor da PF deixou todos boquiabertos ao falar um tosco vêneto, raro de se encontrar nos dias de hoje até na região de Veneza — uma herança que Chelotti recebera de avós que migraram da Itália para o Rio Grande do Sul. A negociação foi rápida e as duas partes saíram satisfeitas, prometendo que dali em diante seriam fiéis parceiros na luta contra o crime organizado. Juraram rapidez nos processos, intensa troca de informações e colocaram os respectivos serviços de investigação à disposição do parceiro.

O acordo era bom tanto para o Brasil quanto para a Itália. Os italianos também tinham enorme interesse em ter canais mais ágeis com a polícia e a Justiça brasileiras. Desde a década de 1980, o país vinha enfrentando um fenômeno de complexa solução: a entrada da Máfia no tráfico internacional de drogas, tendo como parceiros os cartéis colombianos, principalmente o de Cali. Dois dos grandes grupos mafiosos do país tinham aprendido rapidamente os segredos daquele mercado — a 'Ndrangheta (da Calábria) e a Cosa Nostra (da Sicília). As investigações indicavam que, com frequência, as operações da Máfia em conjunto com os cartéis colombianos passavam pelo Brasil. Para piorar a situação, a severa reação do Estado contra os mafiosos traficantes estava sendo anulada por um artifício notável. Criminosos abandonavam a Itália e se escondiam em países da América Latina menos preparados para o combate ao crime organizado, de onde continuavam operando com toda a infraestrutura necessária e, algumas vezes, com a conivência das autoridades locais. De acordo com os dados levantados pelos serviços de inteligência da Itália, dezenas de mafiosos tinham escolhido montar suas bases em São Paulo, no Rio, em Porto Alegre e nas encantadoras praias do Nordeste (principalmente Bahia e Ceará). Fixando suas bases fora da Itália, os mafiosos ficavam praticamente fora do alcance da polícia e da Justiça italianas. O tratado de cooperação jurídico-criminal significava para a Itália a chance de avançar na luta contra a organização da Máfia no Brasil. Algumas das principais investigações de narcotráfico recentes ou em andamento passavam pelo território brasileiro — como a Operação Cartagena. O mafioso Alfonso Caruana, por exemplo, trafegava com relativa facilidade no eixo Brasil-Venezuela-Canadá, segundo levantamento do Serviço de Inteligência italiano.

Terminada a burocracia, a comitiva brasileira foi atrás das informações sobre o envolvimento de PC Farias com a Máfia. No entanto, foi preciso alterar os planos originais por causa de um imprevisto: eu havia descoberto a operação e também me encontrava em Roma investigando a história. O secretário executivo do Ministério da Justiça ficou na capital italiana para me despistar, enquanto o diretor da Polícia Federal e os delegados Abraços e Ney seguiam para Turim, onde teriam acesso ao resultado da apuração feita por seus colegas.

Desfalcada de Seligman, a comitiva chegou a Turim no dia 8 de março e foi direto para a sede da Procuradoria. Os brasileiros foram apresentados aos procuradores responsáveis pelas investigações e ouviram um pormenorizado relato do caso. Souberam de detalhes da prisão do colombiano Gustavo Delgado em Bassano del Grappa três anos antes, do acordo para que ele se tornasse um colaborador de Justiça, da apreensão das 5,5 toneladas de cocaína em Borgaro Torinese, em 1994, e dos carregamentos da droga que passaram pelo Brasil escondidos em contêineres com balas Juquinha e Chupa-chups. Os procuradores contaram também como tinham ajudado a Colômbia com informações sobre o produtor da cocaína, El Alacrán. Escreveram nomes e cifras em folhas de papel para que os brasileiros entendessem melhor a complexidade da rede, destacando a importância de três nomes: os mafiosos Alfonso Caruana, o número um da organização, Antonio Scambia, gerente do *pool*, e Angelo Zanetti, tesoureiro do grupo. Registros bancários obtidos pelos italianos na Suíça mostravam que Zanetti fizera várias remessas para brasileiros, uma prova definitiva de que os tentáculos da organização tinham chegado ao Brasil.

Um dos beneficiários do dinheiro mandado por Zanetti era um traficante carioca, morto no Brasil em condições ainda não totalmente esclarecidas para os italianos. Outro nome da lista de agraciados era o de Paulo César Farias.

OS SÓCIOS

16

Roma, Itália, março de 1997

As primeiras reportagens sobre o envolvimento financeiro de PC Farias com mafiosos, de minha autoria publicadas em março de 1987 na *Folha de S. Paulo*, chamaram a atenção do comando ROS. Um oficial do grupo de elite da polícia militar da Itália fez um discreto contato e ofereceu-se para dar mais informações sobre o caso. As matérias que saíam no Brasil e repercutiam na Itália tinham omitido um fato que desagradara aos investigadores: a Operação Cartagena, que tinha fisgado PC, fora conduzida pelo comando ROS. Mas ainda havia tempo para reparação.

O encontro aconteceu no quartel-general dos *carabinieri* em Roma, numa área distante do centro. Antes de começar a falar, o oficial fez um alerta:

— Nada de nomes no jornal; aqui ninguém faz questão da propaganda.

Os cuidados com a segurança dos homens do ROS são justificados. Os mafiosos e criminosos comuns da Itália nutrem um sentimento de revanche contra a força, obrigando seus integrantes a buscar o anonimato. Para não chamar a atenção, os agentes envolvidos nos casos mais críticos são obrigados a andar à paisana e a se deslocar em carros sem identificação.

Estabelecidas as condições daquele encontro, o oficial passou a falar sem rodeios.

— A organização mafiosa sobre a qual você está escrevendo é composta de 90 pessoas, todas já indiciadas. O sequestro era uma de suas especialidades, mas ultimamente têm preferido o narcotráfico, por causa da segurança e do lucro substancialmente maiores. Além do negócio com a cocaína, o grupo está ligado à compra e venda de heroína, armas, contrabando, extorsão, homicídios, agiotagem, jogos de azar e roubo.

Os *carabinieri* do ROS estavam estrangulando a rede. Em maio de 1994, os policiais do comando tinham apreendido em Bérgamo, próximo a Milão, um arsenal em poder dos mafiosos: quarenta lança-chamas, centenas de armas portáteis e 120 fuzis AK-47, as temíveis armas inventadas pelo soldado russo Mikhail Kalashnikov durante a Segunda Guerra Mundial, com capacidade para disparar 600 tiros por minuto. As armas seriam utilizadas na segurança dos integrantes do bando e em atentados contra magistrados dedicados ao combate à Máfia e contra parentes de mafiosos "*pentiti*". O maior tento do esquadrão especial da polícia italiana contra a organização tinha sido a apreensão das 5,5 toneladas de cocaína em Borgaro Torinese, em 1994. O oficial contou detalhes da Operação Cartagena, citando, um a um, os nomes dos mafiosos envolvidos.

Alguns nomes foram destacados. Alfonso Caruana estava foragido, provavelmente na América do Sul. Angelo Zanetti encontrava-se preso na Suíça. O oficial tinha notícias frescas sobre Antonio Scambia, o gerente da organização que havia se tornado colaborador de Justiça e fornecido as principais informações que ajudaram o ROS a debelar a quadrilha. Naquela mesma semana, o mafioso fora novamente preso, numa operação batizada com o nome de Lua, nas mesmas condições da vez anterior: em flagrante, traficando droga. A dois meses e 23 dias do seu aniversário de 67 anos, Scambia fora detido juntamente com outros 42 mafiosos e um farto carregamento de cocaína e heroína. A prisão do veterano criminoso abalou até mesmo os policiais mais experientes do ROS. Scambia parecia ter se convertido quando decidiu delatar seus companheiros três anos antes. Nos depoimentos que dera aos magistrados de Turim, chegou a ser impiedoso com os antigos comparsas, entregando detalhes de crimes que seus interrogadores nem haviam solicitado. Com o novo flagrante, ficava claro por que Scambia tinha rejeitado a proteção especial oferecida pelos magistrados quando foi solto em 1994 após cumprir sua parte no contrato que o transformou num "*pentito*". Depois de um ano e meio de investigações na Operação Lua, os *carabinieri* do ROS tinham reunido quatro mil horas de gravações telefônicas e interceptações ambientais, feitas num apartamento utilizado por mafiosos, que comprovavam que Antonio Scambia tinha reatado seus laços com traficantes da América do Sul e do Canadá e ainda havia estendido seus negócios até a Califórnia, nos Estados Unidos. E, nas novas operações de narcotráfico, continuava sendo parceiro de Giuseppe Mazzaferro, um dos mafiosos da 'Ndrangheta delatados por ele três anos antes.

Quando eu quis saber o que o comando ROS tinha a dizer sobre a ligação de Paulo César Farias com a organização descoberta durante a Operação Cartagena, o oficial trocou sussurros ao pé do ouvido com o colega sentado ao seu lado. Depois respondeu laconicamente:

— Tudo o que posso dizer é que parte do dinheiro da rede era destinado à corrupção no Brasil.

E mais não falou.

As informações do oficial ajudaram a clarear o caso, mas ainda permanecia o mistério sobre o envolvimento de PC Farias com os mafiosos. Algumas dúvidas foram esclarecidas posteriormente a mim pelo procurador adjunto de Turim, Marcello Maddalena, um dos responsáveis pelas investigações. Ele explicou que qualquer conclusão sobre a ligação do empresário alagoano com a rede dependia do exame das contas de PC espalhadas pelo mundo. O magistrado sabia mais do que contava, mas preferiu não compartilhar seus conhecimentos. Ainda assim, sem dar mais explicações, sentenciou que os dados levantados em investigações feitas em Turim e, principalmente, em Buenos Aires — terra natal dos "laranjas" das contas de PC — eram suficientes para que a Itália colocasse o ex-tesoureiro das campanhas de Collor no banco dos réus.

— Farias poderia ser um financiador do narcotráfico ou um reciclador de dinheiro sujo. Ou ambos. Certamente teríamos interesse em ouvi-lo. Ele era o ponto final de parte do dinheiro desse esquema de tráfico. Se Farias estivesse vivo, seria ouvido como acusado. Mas quando ele morreu, paramos de investigar esse filão. Não podemos processar os mortos.

Lugano, Suíça, março de 1997

Angelo Zanetti, o caixa da organização criminosa que fez as remessas para PC Farias, foi preso na Itália logo após o estouro do depósito de cocaína em Borgaro Torinese, em março de 1994. Dois meses na cadeia foram o bastante para transformá-lo num "*pentito*". Contou o que sabia para os magistrados de Turim e foi colocado em liberdade enquanto corria o processo no qual era acusado por narcotráfico e associação mafiosa. O tratamento folgado das autoridades italianas foi interpretado por ele como um sinal para que desaparecesse da área, e foi exatamente o que ele fez. Na condição de naturalizado suíço, optou por fixar-se definitivamente na sua segunda pátria e disse adeus à Itália. Ao desembarcar na Suíça, foi preso novamente, desta vez acusado por lavagem de dinheiro pelas autoridades locais. Passou 17 meses detido, foi solto sob fiança, mas teve o passaporte apreendido para que não pudesse deixar o país até ser julgado.

Portanto, ao contrário do que afirmara o comando ROS, talvez para proteger o "*pentito*", Angelo Zanetti era um homem livre. E com seu nome na lista telefônica.

E não vivia mal o mafioso. Ao contrário, seu exílio na pequena Lugano, no cantão de Ticino, na chamada Suíça italiana, era doce. Zanetti morava numa das mais charmosas cidades da Suíça, de paisagem alpina, com mansões encravadas nas montanhas, com vista para o lago Lugano, de onde operara as transações financeiras da organização. A cidade tinha ganhado fama com três produtos centenários da região e largamente apreciados no mundo: os chocolates, os cigarros e uma das melhores redes bancárias do país.

De acordo com o procurador Jacques Ducry, do Ministério Público de Bellinzona, Zanetti é um campeão: o mafioso lavou 20 milhões de dólares em Lugano, a maior soma descoberta até hoje no cantão de Ticino. Angelo Zanetti — um tipo *mignon*, de pouco mais de 1,60m, magro e de olhos lânguidos — reagiu com serenidade ao ser localizado por mim em sua casa.

— Sou um homem livre, não tenho nada a temer.

Por telefone, aceitou marcar um encontro no escritório do seu advogado, localizado num prédio novo a poucos metros do lago, cercado de lojas de relógio e chocolate. Antes de começar a entrevista, ao saber que eu era brasileiro, comentou de maneira casual que gostava do Brasil e que tinha estado no país por duas vezes.

— Fui basicamente por causa das mulheres. Numa das viagens, aproveitei para visitar algumas minas e comprar esmeraldas, mas acabei enganado pelos vendedores.

Mesmo fazendo o gênero mafioso-otário, Zanetti falou com uma segurança desconcertante sobre as acusações que eram feitas contra ele na Itália.

— Eu lavei dinheiro. Mas só soube que era do narcotráfico depois que tinha entrado no esquema. De qualquer forma, tive conhecimento de que esse dinheiro provinha do narcotráfico. Mas é mentira que tenha feito tráfico de cocaína. Eu apenas recebia um pedaço de papel com a indicação dos bancos (para os quais devia fazer as remessas) e o número das contas. Nunca ouvi um único nome. O valor variava, mas era sempre de algumas centenas de milhares de dólares.

O tempo todo ao lado do mafioso, o advogado Filippo Ferrari avalizava as declarações de seu cliente com leves movimentos de cabeça, os olhos fechados e a mão segurando o queixo.

— Isso tudo nos pegou de surpresa, mas Zanetti não tem motivos para se preocupar. As acusações contra ele são graves, mas ele reconheceu o que fez desde o começo.

Pouco antes, o advogado revelara que sua simpatia pelos mafiosos atingia até mesmo aqueles dos quais ele nunca tinha visto a face ou a carteira. Comentando o fato de a Justiça brasileira se negar a extraditar para a Itália o mafioso Antonino Salamoni, o advogado comentou:

— Tanto melhor.

Angelo Zanetti alegou completa ignorância sobre PC Farias.

— Pode ser que eu tenha feito uma transferência para São Paulo, mas não me lembro de detalhes. Não conheço nenhum brasileiro. Antonio Scambia era quem me passava o número das contas. Eu não conhecia os destinatários.

Para o caso de eu não ter entendido direito, o advogado reforçou:

— Nesse tipo de negócio, não se perguntam nomes.

18

Miami, EUA, março de 1997

A repórter Sônia Bridi segura firme o microfone, sem se importar com o destempero do seu entrevistado. Ignora os murros na mesa, o olhar tresloucado, o tom de voz alterado de Fernando Collor de Mello e continua a fazer perguntas sobre a descoberta das relações de PC Farias com a Máfia italiana.

— Fantasia, devaneio, sonho de uma noite de verão — ironiza o ex-presidente.

Quanto mais aumenta a raiva do entrevistado diante da câmera, mais cresce a audiência, e não demora o ponteiro atinge o pico de 45 pontos no Ibope.

— Minha reação mais forte e dolorida é pelas ilações. Nas entrelinhas, querem incluir meu nome — denuncia.

Depois nega saber que seu ex-tesoureiro de campanha mantivera contas bancárias nos Estados Unidos e na Europa — informação insistentemente divulgada na imprensa desde o estouro do escândalo das falcatruas de Paulo César no governo, cinco anos antes. Diz também que não fazia a menor ideia da origem do dinheiro que PC enviara para fora do país.

— Até onde eu saiba, os recursos dele haviam sido arrecadados de empresas privadas para financiar as campanhas políticas — repete o mesmo argumento utilizado na sua defesa no Supremo Tribunal Federal e que acabou sendo essencial para absolvê-lo da acusação de corrupção passiva.

— Exijo respeito ao meu padecimento.

Mais murros na mesa.

— Já fui investigado por vinte gerações e ficam usando um ferrinho de dentista para criar constrangimentos.

Durante os dez minutos e trinta segundos da entrevista mostrada no *Jornal Nacional*, da Rede Globo, Fernando Collor tentou afastar a sombra que insistia em persegui-lo: os obscuros negócios do falecido Paulo César Farias. A informação sobre as movimentações financeiras do empresário alagoano com a Máfia tomava conta do noticiário havia uma semana, revivendo o interesse pela mal contada história da dupla PC-Collor. O ex-presidente fora obrigado a interromper sua hibernação política em Miami para mais uma vez tentar exorcizar o fantasma de Farias. Em outra entrevista, concedida à jornalista Flávia de Leon, da *Folha de S. Paulo*, acenou com uma advertência, comentando as reportagens sobre o caso que vinham sendo publicadas pelo jornal:

— Isso não é uma ameaça. Mas estou atento a toda e qualquer transgressão. Chega, já sofri tudo isso. Estou atento e vou processar.

De maneira inteligente, sabendo que certamente seria um dos alvos da reabertura das investigações em torno de PC Farias, o ex-presidente se antecipou, posando de perseguido antes mesmo que seu nome surgisse na apuração do caso.

— Acho que isso demonstra que há algum receio. Dão a mim uma importância enorme. É como se dissessem: "deleta" o Collor.

Mas uma coisa era certa: Collor estava de novo na mira da Polícia Federal.

O diretor da PF, Vicente Chelotti, e os delegados Abraços e Ney tinham voltado da Itália poucos dias antes, ainda absortos com o conteúdo dos documentos que viram em Turim. Os registros obtidos pelos italianos não deixavam dúvida de que PC Farias e a Máfia haviam mantido um substancial relacionamento financeiro. Chelotti contou, na volta ao Brasil, que teve arrepios quando viu os dados levantados pelos italianos e lamentou não poder presidir o inquérito.

— [O possível envolvimento de Paulo César Farias com o narcotráfico] Era um assunto do qual sempre suspeitamos e que nunca deixou de ser investigado. Agora, com o acordo de cooperação firmado com o governo italiano, é possível obter mais colaboração da polícia italiana sobre o caso — afirmou o diretor da PF.

As autoridades brasileiras estavam eufóricas e não economizavam declarações sobre a descoberta, já que o segredo não existia mais. O então ministro da Justiça, Nelson Jobim, chegou a fazer um desafio:

— Recuperar esse dinheiro é uma obrigação do governo brasileiro.

A família Farias reagiu irada à nova tentativa da Polícia Federal de recuperar o dinheiro que PC havia retirado do país. Como de costume, o mais áspero foi o deputado federal Augusto Farias, irmão do empresário. Para ele, aquilo não passava de "ato de covardia".

— É muito fácil imputar mentiras a uma pessoa que já não tem mais direito à defesa. A família nunca soube de nenhum envolvimento de PC com essas fantasias que estão sendo divulgadas. Todo o tostão que for encontrado em nome de PC pode ser repatriado e depositado na conta do Brasil.

Luiz Romero, o irmão médico de Paulo César, preferiu ser irônico, desqualificando as investigações:

— Isso é um enredo típico de Sidney Sheldon.

De fato, o caso tinha todos os ingredientes de uma história barata recheada de poder, dinheiro, traições, estranhas mortes e algum sexo.

Os *carabinieri* do ROS e os procuradores de Turim trombaram no nome de Paulo César Farias absolutamente por acaso. Tudo começou com o pedido de quebra do sigilo bancário das contas que Angelo Zanetti mantinha na Suíça. Como os italianos tinham as 5,5 toneladas de cocaína apreendidas em Borgaro Torinese em cima de suas mesas, a solicitação foi atendida com certa facilidade pelos magistrados suíços.

Obedecendo — a contragosto — a ordens da Justiça do cantão de Lugano, bancos suíços liberaram dezenas de caixas de papelão com milhares de registros financeiros referentes às contas de Zanetti. Assim que as caixas chegaram a Turim, os italianos iniciaram o trabalho artesanal de analisar papel por papel. Pelo menos uma dúzia de agentes passou dias em torno de uma grande mesa trocando registros bancários, cruzando informações e separando transações ordinárias de movimentos de dinheiro mais expressivos. A maior parte da papelada foi sendo descartada, e, do atacado, os policiais passaram ao varejo. Selecionadas, na munheca, algumas centenas de transações consideradas suspeitas, os agentes alimentaram um computador com os dados selecionados e rodaram um programa desenvolvido especialmente para identificar repetições de movimentos financeiros. Deram o *start* e torceram para que a máquina extraísse alguma lógica daquele emaranhado de números. O computador organizou o caos, reagrupando depósitos, saques e ordens de pagamento. Os registros antes contidos em dezenas de caixas foram resumidos em algumas poucas folhas de papel.

Em seguida, várias frentes de investigação foram abertas para checar todas as movimentações duvidosas que tinham sido identificadas. O objetivo era encontrar alguma coincidência entre os deslocamentos financeiros milionários e os oito carregamentos de cocaína negociados pelo bando de Angelo Zanetti. Deveria haver uma coerência entre os caminhos da droga e do dinheiro, mesmo que à primeira vista eles parecessem totalmente distintos.

Seguindo essa lógica, foram pinçadas duas remessas, no valor total de 2,1 milhões de dólares, feitas por Zanetti. A dinheirama tinha sido mandada da Suíça para uma conta no ABN-Amro Bank em Roterdã, na Holanda, em junho de 1993. Um mês depois, uma partida de 2.100 quilos de cocaína fora apreendida no Rio Grande do Sul pela Polícia Federal. A proximidade dos dois eventos chamou a atenção dos investigadores, que ainda tinham fresca na memória uma declaração feita pelo "*pentito*" Antonio Scambia sobre aquele carregamento:

— Perdemos tudo o que foi pago antecipadamente, sem que isso nos induzisse a desistir da operação.

Era uma boa pista a ser trabalhada e os agentes decidiram se concentrar nela. Os 2,1 milhões de dólares enviados para o ABN-Amro Bank de Roterdã foram parar na conta da Marshall Compton S.A., dividida em duas subcontas de números 62.87.08.459 e 62.85.08.777. Os *carabinieri* desconfiaram que a empresa fosse apenas um escudo para encobrir os reais beneficiários do dinheiro e continuaram perseguindo aquelas transações. Com a ajuda do serviço de inteligência, os policiais italianos souberam que a Marshall Compton era mesmo uma empresa de fachada e que a conta em nome dela era movimentada com a assinatura de dois argentinos, Luis Felipe Ricca e Jorge Osvaldo La Salvia. A etapa seguinte exigiu esforço ainda maior. Os procuradores italianos viajaram a Buenos Aires e, na expedição, souberam que Ricca e La Salvia eram apenas "laranjas" que tinham alugado seus nomes para registro da conta. O patrão dos argentinos e verdadeiro dono do dinheiro que entrava e saía da conta na Holanda era o brasileiro Paulo César Farias.

Aquela era uma descoberta e tanto. Com base nos dados que tinham coletado, os italianos podiam sustentar — com provas — a seguinte afirmação: o ex-tesoureiro de campanhas eleitorais de um presidente brasileiro tinha recebido 2,1 milhões de dólares de um mafioso na mesma época em que fugia de uma ordem de prisão. Mais: no mesmo período em que o dinheiro foi enviado, a organização do mafioso estava fechando um grande negócio com cocaína que passava pelo Brasil. Bingo!

O surgimento do nome de PC Farias nas investigações da Operação Cartagena despertou a curiosidade dos *carabinieri* e dos procuradores de Turim. Eles eram bem informados o bastante para saber do que se passara no Brasil, dos escândalos envolvendo Collor e Paulo César. Suspeitaram então que por trás daquelas remessas de dinheiro pudesse haver alguma ligação do crime organizado transnacional com a corrupção na América Latina — um filme que já passara várias vezes na história da região.

Os obstinados investigadores italianos decidiram se aprofundar ainda mais naquela ramificação do caso. Então começaram tudo de novo. Conseguiram na Justiça a quebra do sigilo bancário da enigmática conta de PC Farias no ABN-Amro de Roterdã e receberam mais caixas com registros financeiros. Os papéis foram novamente espalhados sobre uma mesa, reagrupados pelos agentes e depois computados. O resultado foi surpreendente. A conta holandesa era o núcleo de uma série de frenéticas transações com bancos de vários países. E também tinha recebido mais dinheiro de mafiosos.

Para não se perderem naquele complicado conjunto de depósitos e saques, os italianos colocaram todos os dados num fluxograma. A primeira versão do documento era a seguinte:

- A conta de PC na Holanda foi considerada a conta-mãe. Por isso, foi colocada no centro do fluxograma. Essa conta havia sido aberta em maio de 1993 (pouco antes da fuga do empresário alagoano) e encerrada em setembro do mesmo ano (alguns meses antes da sua prisão na Tailândia);
- Uma seta indicava os depósitos feitos por Zanetti para a conta-mãe a partir de duas contas na Suíça, no valor total de 2,1 milhões de dólares;
- A conta-mãe recebeu o dinheiro de Zanetti e o remeteu para o Chemical Bank de Nova York, na conta MTB Banking Corporation, subconta 69.161 Eleven;

- Os mafiosos Luciano Radi e Giulio Marcozzi, ligados ao traficante Biagio Crisafulli, enviaram mais 300 mil dólares para a conta-mãe;
- O dinheiro mandado por Radi e Marcozzi ficou pouco tempo na conta-mãe e seguiu para a conta Monte, no Espírito Santo Bank de Miami.

Um dado saltava do fluxograma, intrigando os investigadores italianos: o dinheiro enviado a PC pelos mafiosos acabava sempre sendo escoado para bancos de Nova York e Miami (Chemical Bank, Audi Bank, Citibank e Espírito Santo Bank), onde sua pista era perdida. Vá lá que Paulo César fosse um antigo cliente de instituições financeiras dos Estados Unidos, mas na época em que os depósitos foram feitos ele era um homem procurado pela Interpol em todo o mundo e o que menos precisava era chamar a atenção de algum funcionário mais atento do FBI ou do fisco norte-americano. Por que então o empresário alagoano mandara dinheiro para os EUA se o país não fazia parte do seu roteiro de fuga? Por que o fugitivo se arriscara a operar com bancos norte-americanos — muito mais vulneráveis ao rigor das leis contra lavagem de dinheiro — e não com os indevassáveis bancos em paraísos fiscais caribenhos ou europeus, os quais ele tão bem conhecia e onde era muito bem-tratado? Uma suspeita que passou pela cabeça dos investigadores italianos era que o dinheiro mandado para os bancos norte-americanos se destinava a uma terceira pessoa. A associação era inevitável·

Estados Unidos, Flórida, Miami, bairro de Bay Harbor, esse era o endereço de Fernando Collor de Mello no seu autoexílio. Qualquer aspirante a detetive seria capaz de desconfiar que os recursos pudessem ter sido utilizados pelo ex-presidente.

 Foi essa tese que os italianos sopraram nos ouvidos dos delegados da Polícia Federal em Turim, quando informalmente entregaram a eles cópias dos comprovantes das transações. A Itália já tinha feito sua parte naquele caso e agora cabia às instituições brasileiras dar seguimento à apuração. O Brasil recebeu até mesmo uma sugestão de roteiro para as investigações. O primeiro passo era pedir oficialmente às Justiças italiana e suíça os dados referentes a PC levantados na Operação Cartagena para que os documentos pudessem valer como prova no Brasil. Com os registros fornecidos pelos dois países, indicando a rota do dinheiro, o segundo passo era pedir nos Estados Unidos a quebra do sigilo bancário das contas abastecidas pelos narcotraficantes — e assim descobrir quem eram seus verdadeiros beneficiários.

19.
Brasília, março de 1997

Após receber de bandeja os comprovantes das relações bancárias de PC com a Máfia, tudo o que o governo brasileiro precisava era contar com a boa vontade das autoridades norte-americanas. O governo estava com sorte. Quando o caso veio à tona, calhou de estar em visita ao país Thomas Brown, chefe da Divisão de Narcotráfico e Crimes Financeiros do IRS (Internal Revenue Service, equivalente à Receita Federal brasileira). Numa breve passagem por Brasília, ele sugeriu que o governo norte-americano estava disposto a ajudar no levantamento dos dados referentes às contas do Esquema PC/Máfia nos Estados Unidos. E, melhor ainda, de forma rápida. Em janeiro daquele ano, o Brasil havia recebido uma amostra de como podia ser vantajosa a parceria com os norte-americanos no combate ao crime organizado, quando a Justiça da Flórida autorizou a repatriação de até 100 milhões de dólares desviados dos cofres do INSS para contas em bancos nos EUA pela advogada brasileira Jorgina Maria de Freitas Fernandes.

Antes mesmo do aceno feito por Thomas Brown, o governo brasileiro já iniciara gestões para fechar com os Estados Unidos um acordo de cooperação jurídico-criminal semelhante ao celebrado com a Itália. A ideia era deixar o terreno aberto para quando os documentos do caso PC-Máfia chegassem oficialmente da Europa. De Roma, o secretário executivo do Ministério da Justiça, Milton Seligman, tomou um voo para Washington. Sua missão era negociar os termos do acordo com o governo norte-americano e, se possível, voltar ao Brasil já com uma proposta de minuta. A celebração ocorreria em grande estilo: em maio daquele ano, nos jardins do Palácio da Alvorada, numa cerimônia com as presenças dos presidentes Fernando Henrique Cardoso e Bill Clinton.

Buenos Aires, Argentina, outubro de 1996

Os procuradores italianos desembarcaram em Buenos Aires numa gelada manhã de primavera, depois de um cansativo voo de quase sete mil milhas, mais de doze horas no ar. Tinham viajado de Turim para Roma e de Roma para a capital argentina com a única finalidade de tentar decifrar por que o falecido Paulo César Farias recebera depósitos de três mafiosos. Os magistrados estavam trabalhando no caso havia um ano e meio e ainda conservavam uma disposição juvenil. Nos dez meses anteriores, tinham enfrentado (e vencido) a folclórica burocracia do judiciário portenho, conseguindo que seus colegas argentinos dessem uma autorização para que interrogassem pessoalmente um dos testas de ferro de PC nas contas alimentadas pelos mafiosos. Os procuradores estavam ansiosos para a audiência formal com o argentino Luis Felipe Ricca, um dos titulares da conta-mãe, na Holanda, e tinham uma enorme lista de perguntas.

Ricca era tido em Buenos Aires, na expressão de seus colegas, como um advogado de moral ilibada e notório saber. Quando conheceu o empresário alagoano, em 1992, não imaginava que o futuro cliente o colocaria na embaraçosa condição de ter de passar para o outro lado do balcão e depor perante magistrados estrangeiros. Aquela situação poderia estragar a boa fama adquirida pelo advogado à custa de um caso que dominava o noticiário buenairense. Juan Acuña, um jovem de família pobre, tinha sido atropelado e morto pelo carro desgovernado da *socialite* María Victoria Mon, e a comunidade portenha exigia justiça. Ricca aceitou a causa da família da vítima e passou a exigir a punição da ricaça em intermináveis entrevistas coletivas. Para a opinião pública argentina, aquele advogado quarentão de cabeleira prateada era um defensor dos pobres num mundo desigual.

    Ricca conheceu Paulo César em 1992, por intermédio do também argentino Jorge Osvaldo La Salvia. A empatia de Ricca por Paulo César e por seu talão de cheques foi imediata. PC também apreciou os dons do advogado para movimentar recursos de forma mágica na Europa, nos Estados Unidos e na América Latina, especialmente naquele momento em que começavam a aparecer os escândalos do governo Collor. Ricca e Farias não ficaram exatamente amigos, mas com o tempo foram aprendendo a confiar um no outro e construíram uma sincera relação profissional. Com La Salvia, formaram um trio. Os argentinos passaram a trabalhar em conjunto para

Paulo César, atuando como "laranjas" em contas bancárias que mantinham o dinheiro do empresário pulverizado e escondido. Ricca emprestou seu nome e o de uma empresa de fachada que mantinha no Uruguai, a Eurocapital, para que Farias fizesse várias remessas de dinheiro do Brasil para o exterior. Usando o nome do advogado, Paulo César fez sumir do Brasil mais de 300 milhões de dólares. Tempos depois, Ricca foi indiciado no inquérito 01.236/94 da Polícia Federal por causa dessas transações, mas nunca foi de fato incomodado dada a prudente distância que mantinha de Brasília.

Em janeiro de 1993, quando a situação de PC no Brasil era insustentável, o empresário alagoano mandou chamar Ricca para ajudá-lo a pensar. Farias viajara a Barcelona com a desculpa de que iria fazer um tratamento para eliminar um problema que o acompanhava desde a juventude: um ronco cavernoso. De Barcelona, PC tomou outro avião, para Paris, onde se encontrou com Ricca no hotel Ritz. Três eram os dados que mais preocupavam Paulo César e que acabaram por definir o rumo da conversa com Ricca: Collor tinha sofrido um *impeachment* e se preparava para deixar o país rumo ao autoexílio em Miami; a Receita Federal ameaçava multar o empresário alagoano em uma quantia equivalente a 36 milhões de dólares, e a Justiça estava prestes a decretar sua prisão. Luis Felipe Ricca aconselhou PC a esperar a decisão da Justiça brasileira e a cumpri-la fosse qual fosse. Mas previu que ele seria preso. Paulo César escutou atentamente o advogado e, depois, com a voz embargada, revelou a promessa que fizera a seu filho, Paulinho, de 11 anos, de que não passaria um dia sequer na cadeia. Ricca entendeu o recado; não tinha viajado a Paris para dar conselhos sobre o que PC devia ou não fazer, mas sim para participar da estruturação da sua fuga. Ricca se dispôs a ajudar seu cliente no que fosse necessário para manter sua liberdade e a gerenciar, no anonimato, a manutenção financeira da família Farias. Planejaram então todos os pontos para garantir o sucesso da empreitada.

O primeiro passo foi abrir uma conta bancária para gerir o dinheiro de PC com segurança a partir de seus futuros esconderijos. Durante dois dias, Farias e o advogado argentino visitaram banqueiros suíços e ingleses na capital francesa e acabaram optando por abrir a conta em Roterdã, em nome da empresa de fachada Marshall Compton S.A., tendo como responsáveis legais pela sua movimentação Ricca e La Salvia. A conta foi aberta 58 dias antes da fuga, no dia 3 de junho de 1993, tendo dois códigos que permitiam transações independentes: 62.87.08.459 e 62.85.08.777. O empresário alagoano fez com que a conta estivesse constantemente abastecida, restando aos argentinos a tarefa de efetuar os saques, depósitos e pagamentos ordenados por Farias. Em setembro, com PC ainda foragido, a conta foi fechada. O resultado dos 150 dias em que esteve em atividade foi um volume de depósitos no valor de 12,8 milhões de dólares, uma entrada média de 85 mil dólares por dia.

Quando foi ao encontro dos procuradores italianos, Ricca sabia que o que interessava a eles eram os detalhes dessa contabilidade. E o testa de ferro de PC estava decidido a entregar o que eles quisessem, contanto que saísse ileso do caso. Afinal de contas seu nome apenas ilustrava a conta de Roterdã, mas na verdade o dinheiro era de Paulo César. Este por sua vez estava morto, e cliente morto não reclama. Por fim, para continuar atuando na profissão que lhe garantia o sustento, o importante era manter uma capa de honorabilidade.

Para desagrado dos procuradores, o advogado demonstrou genuína surpresa ao saber que a conta registrada em nome dele e de La Salvia na Holanda recebera 2,1 milhões de dólares do mafioso Angelo Zanetti e outros 300 mil dólares dos traficantes italianos Luciano Radi e Giulio Marcozzi. Ricca argumentou que era apenas um advogado que cedia seu nome para uso dos clientes e que não tinha a menor noção da origem do dinheiro que movimentava. Mas que teria o maior prazer em colaborar com os jovens magistrados que tinham vindo de tão longe, contando o pouco que sabia. Ele confirmou que o dinheiro da conta em Roterdã não era dele, de La Salvia ou da tal Marshall Compton S.A. Seu verdadeiro dono era PC. Os procuradores italianos passaram a questionar Ricca sobre outras remessas que tinham sido feitas para a conta da Holanda. Perguntaram o que o advogado sabia sobre o envio de 2,6 milhões de dólares feito no dia 2 de junho de 1993. Essa pergunta Ricca podia responder. Tratava-se de uma operação na qual Paulo César mandara dinheiro para Paulo César. Os 2,6 milhões de dólares tinham partido de outra conta de Farias — também movimentada pelos argentinos — no SCS Bank Allience de Genebra. Para movimentar essa segunda conta, Ricca e La Salvia se escondiam atrás de um nome jurídico, o Trade Link Bank, que tinha sua sede nas Ilhas Cayman.

Ao invés de solucionar dúvidas, as respostas despertavam mais suspeitas nos italianos. Por que PC mantivera tantas contas? E por que fizera com que seu dinheiro pulasse de uma conta para outra, numa ciranda aparentemente sem sentido? A única coisa que podiam imaginar era que aquelas transações tinham exatamente o objetivo de confundir, fazendo com que o dinheiro corresse tão rápido que ninguém fosse capaz de encontrá-lo. A ideia era essa: a velocidade das movimentações fazia com que o dinheiro estivesse sempre em lugar nenhum. O primeiro fluxograma feito pelos investigadores italianos no início da Operação Cartagena já carecia de ajustes.

- PC tinha a conta-mãe em Roterdã, utilizada no período em que esteve foragido;
- Mantinha uma segunda conta em Genebra;
- A primeira recebera dinheiro da segunda — e também de mafiosos;
- Grande parte do bolo fora redirecionado para os Estados Unidos.

Os italianos sabiam que o melhor a fazer era secionar a apuração, do contrário cairiam num labirinto. Decidiram então, por ora, fechar o foco na conta de PC na Suíça. Seguiram adiante nessa linha de investigação, pedindo que o argentino explicasse como funcionava o braço financeiro de Farias em Genebra. Na ânsia de se ver livre daquele estorvo, Ricca contou como o dinheiro entrava e saía dessa conta.

A conta de PC em Genebra era abastecida basicamente por outras duas contas na Suíça, também mantidas pelo empresário. Os recursos eram destinados a vários fins, entre eles saques em dinheiro. Ricca citou especificamente uma dessas retiradas, no valor de 2,5 milhões de dólares, feita na época em que Farias estava foragido. A deixa não passou despercebida pelos italianos. Não era todo dia que um banco entregava, na boca do caixa, 25 mil notas de 100 dólares para um único cliente. Um saque de 2,5 milhões de dólares em *cash* definitivamente não era uma operação usual. A pergunta seguinte dos procuradores era óbvia: por que PC precisou de tanto dinheiro vivo durante sua fuga? Ricca não titubeou em enumerar quatro finalidades para o saque, esclarecendo que uma delas era o "pagamento de honorários de advogados".

— Outra soma que eu não conheço permitiu o aluguel de um avião privado com capacidade suficiente para efetuar um voo transoceânico, o qual saiu dos Estados Unidos, chegou a Montevidéu e transportou Farias a Londres.

A resposta era convincente. A rota de fuga de PC de fato incluiu Montevidéu e Londres. O advogado ganhou um ponto de confiança. De acordo com Ricca, o terceiro objetivo do saque também estava relacionado com a fuga.

— [Parte do dinheiro referente a esse saque foi usado para o] Transporte de Farias de Londres para Bangkok, na Tailândia, onde ele foi preso e extraditado para o Brasil.

Mais uma afirmação lógica e passível de comprovação. Mesmo assim, os honorários dos advogados e o aluguel de dois aviões não poderiam ter custado nem de longe 2,5 milhões de dólares. A conta não fechava. Mas Ricca tratou de esclarecer que o restante do dinheiro, 1 milhão de dólares, fora usado para pagar colaboradores do complexo esquema que permitia que PC zanzasse de um país a outro sem ser incomodado. O dinheiro fora para o bolso de policiais corruptos da Interpol, que descobriram o esconderijo do empresário alagoano em Montevidéu, mas facilitaram sua saída do país em troca de suborno.

— Seiscentos mil dólares [foram destinados] ao pessoal da Interpol no Brasil; outros 400 mil dólares, a seus colegas no Uruguai — entregou o advogado argentino.

Os procuradores então tiveram certeza de que haviam encontrado uma mina de delitos na América do Sul. E continuaram apertando Ricca para que ele contasse mais detalhes daquela história.

São Paulo, junho de 1993

O delegado João Carlos Abraços, da Polícia Federal, invadiu a pista do aeroporto de Cumbica antes mesmo que o jatinho que acabara de pousar concluísse o taxiamento. Quando a porta do avião foi aberta, já estava ao pé da escada segurando uma folha de papel numa das mãos. Era uma autorização judicial que lhe permitia fazer uma busca na aeronave a apreender o que achasse conveniente. Um informante assoprara no ouvido do delegado que o passageiro daquele jato trazia 1 milhão de dólares em *cash*, fruto de negócios escusos, e que o dinheiro poderia estar escondido numa valise ou até mesmo num compartimento secreto no assoalho. Com a ajuda de peritos, Abraços examinou cada centímetro do avião, mas não achou uma nota de dólar sequer. Decidiu então apreender duas agendas pessoais do passageiro. Mesmo não encontrando a pequena fortuna que esperava descobrir, o delegado acabou marcando um ponto: as agendas estavam repletas de suspeitos registros de transações financeiras e nomes de importantes políticos e empresários italianos que moravam no Brasil.

O jato era da Mundial Táxi Aéreo, uma das empresas do Esquema PC, e o passageiro era Jorge Osvaldo La Salvia, o argentino que assinava com Luis Felipe Ricca os cheques da conta-mãe de Roterdã.

Engenheiro de profissão, 49 anos, jogador de tênis mediano, Jorge Osvaldo La Salvia ganha a vida utilizando seus dons como multiplicador e prestidigitador de dinheiro. O argentino mudou-se para o Rio no final na década de 1980, casou-se, teve filhos e naturalizou-se brasileiro — ainda que para seu desencanto continuasse sendo chamado de "o alienígena" em relatórios da Polícia Federal. Morava na Barra da Tijuca, no Rio de Janeiro, num luxuoso apartamento, avaliado em 600 mil dólares, no condomínio Atlântico Sul, na avenida Sernambetiba. O imóvel foi comprado de Moises Abtibol, "pessoa envolvida no caso da imobiliária Sérgio Dourado Empreendimentos Imobiliários, que fraudou a Caixa Econômica Federal", de acordo com o Relatório Parcial de Missão 141/93 da PF. La Salvia tem pavio curto e não há registro de gente que o tenha intimidado. Estão aí para provar os investigadores italianos, que tentaram sem sucesso arrancar dele alguma informação útil sobre a conta-mãe de PC em Roterdã. Ao contrário de seu conterrâneo Luis Felipe Ricca, La Salvia enfrentou os italianos e não cedeu os dados que eles buscavam, atraindo a ira de seus interrogadores.

Ainda jovem, bem antes de migrar para o Brasil, iniciou-se na arte de cuidar do dinheiro dos outros. Durante a ditadura militar argentina, administrou as finanças da repressão que perseguia, sequestrava, torturava e matava em nome do regime. Em 1983, com o fim da ditadura e a redemocratização do país, o governo de Raúl Alfonsín confiscou 3 milhões de dólares que La Salvia guardava em bancos suíços, mas o dinheiro foi devolvido posteriormente por decisão judicial. Para evitar maiores transtornos, La Salvia colocou seus 3 milhões de dólares debaixo do braço e se mudou para os Estados Unidos, denunciando que, com a chegada da democracia, tinha se tornado vítima de perseguições — um caso raro! Não teve sorte. Foi novamente perseguido, desta vez pela Justiça norte-americana, passou mais de dois anos na cadeia e depois foi extraditado para a mesma Argentina democrática que o tinha maltratado. Assim que se viu livre, La Salvia resolveu pôr fim àquele tormento e, em 1988, mudou-se para o Brasil.

Na sua pátria adotiva, a vida do argentino então mudou e ele teve paz para ganhar muito dinheiro.

Pouco tempo após desembarcar no Brasil, um magnetismo nato para encontrar semelhantes e oportunidades de negócio o levou a conhecer Paulo César Farias — que àquela altura gozava do sucesso de ter contribuído para que Fernando Collor conquistasse o governo de Alagoas e planejava a aventura da campanha presidencial de 1989. La Salvia reconheceu em PC um parceiro, e a recíproca foi verdadeira. De cara, o argentino soube tirar proveito da nova amizade e tomou dinheiro emprestado do PRN (a legenda de Collor), numa época em que todos os partidos políticos estavam mais preocupados em arrecadar recursos.

Aí veio 1990, um ano glorioso para La Salvia e PC Farias. Fernando Collor tinha vencido a eleição para a Presidência da República no final do ano anterior e a dupla se viu catapultada para os grandes negócios do governo. La Salvia se posicionou na primeira hora, antes mesmo da posse de Collor, procurando desempenhar no novo círculo que passara a frequentar uma de suas maiores qualidades: aproximar as pessoas. Um bilhete escrito por Eduardo Cunha — que mais tarde se tornaria presidente da Telerj indicado por PC Farias — demonstra o empenho do argentino neste sentido. Redigido em inglês no dia 23 de janeiro de 1990, em papel timbrado do PRN, o bilhete era endereçado ao norte-americano Keith Price, executivo da empresa Morrison Knudsen, e dizia o seguinte: "Conforme acertado pelo sr. Jorge La Salvia, temos o prazer de confirmar seu encontro com o sr. Fernando Collor de Mello, recém-eleito presidente do Brasil, para o dia 25 de janeiro, às onze horas, no hotel Waldorf Astoria, em Nova York."

Depois da posse, o argentino colou em PC Farias. A convivência os aproximou ainda mais, e ambos passaram a voar juntos nos jatos do alagoano, fosse a trabalho, fosse a passeio. Em pouco tempo, La Salvia estava operando no Esquema PC, tentando intermediar contratos entre empresários e o governo, pedindo em troca uma porcentagem no negócio, prática registrada no inquérito 01.038/93 da Polícia Federal. Choveu dinheiro para Farias e La Salvia nos dois primeiros anos do governo Collor e ambos expandiram seus negócios. Uma empresa da qual o argentino era sócio (a Pacific Marshall, um nome que, por coincidência dos céus, se assemelha a Marshall Compton, a empresa de fachada titular da conta-mãe de PC) adquiriu o controle acionário da Ecuabingo — uma companhia do Equador autorizada a explorar uma modalidade de loteria muito popular no país. Em 1993, La Salvia se tornou o vice-presidente da Ecuabingo. Delegados da PF suspeitavam que La Salvia fosse somente um "laranja" de PC nesse negócio, mas nada foi provado.

O certo é que o dinheiro era tanto que a dupla precisou de auxílio para administrá-lo. Foi quando entrou em cena o empresário carioca Henrique José Chueke, de 64 anos, apontado pela Polícia Federal como um dos grandes recicladores de dinheiro sujo do país. A amizade e os negócios em comum entre La Salvia e Chueke foram alvo das investigações do delegado Paulo Lacerda. Quando La Salvia abriu a Met Participações e Negócios, registrou-a no endereço de uma agência de viagens de Chueke, a Belle Tours Viagens. Certa vez, Lacerda definiu-os assim:

— Ambos são reconhecidamente doutores nas artes financeiras das operações de câmbio e mercado paralelo de moedas estrangeiras, com passagens especializadas no campo da chamada lavagem de dinheiro das procedências mais escusas no meticuloso *métier* da evasão de divisas.

Chueke também valia ouro para Farias. Nas apurações do Esquema PC, o delegado Lacerda descobriu que grande parte do dinheiro arrecadado pelo ex-tesoureiro de Collor fora lavada pelo doleiro carioca por meio de operações no mercado negro de dólar. Essas transações eram feitas em nome de um funcionário de Chueke, Jorge Luís Conceição, uma pessoa de origem humilde. Conceição era o titular da conta 31004-2 de uma agência do Bradesco em Copacabana, utilizada para receber e enviar dinheiro para PC. Quando o esquema caiu, uma das secretárias de Paulo César, Rosinete Melanias, confessou ter feito vários depósitos nessa conta e também ter recebido dinheiro que saía dela. Disse nunca ter se preocupado com o valor expressivo das transações porque "apenas cumpria ordens de Paulo César Farias". Mais tarde, Rosinete foi condenada. Conceição desapareceu. Chueke safou-se.

A ficha do doleiro na Polícia Federal também inclui citações ao tráfico de drogas. Em junho de 1993, os agentes da seção carioca da PF Élsio da Silva Quaresma Filho e Ronaldo Simão de Oliveira trombaram em Chueke, quando o traficante Marco Antonio do Nascimento foi preso com 140 quilos de cocaína. Os agentes anotaram em seu relatório que a agenda apreendida com o portador da droga registrava "vários números de telefones de traficantes e, dentre eles, o número do doleiro Henrique José Chueke, com os seguintes dizeres: Henrique 3º andar/311 — 521-3596, sendo que o telefone estava em código, mas foi decifrado".

Em outra investigação, o delegado João César Bertosi obteve depoimentos que mostravam que Chueke utilizara a Paladium Viagens e Turismo, que pertence ao doleiro, para reciclar dinheiro sujo de empresas e banqueiros do jogo do bicho. Num dos seus relatórios, o delegado anotou:

> É curial esclarecer que o sistema urdido e aplicado pelas empresas investigadas contou antes de tudo com o talento inditoso do nacional Henrique José Chueke, homem de conhecimentos profundos na área comercial de câmbio e notório suficiente para empregar, em nome do lucro fácil, qualquer método criminoso, como práticas de falsidades diversas, criação de pessoas e firmas fictícias ou utilização de "laranjas" para movimentar recursos subterrâneos, inclusive formar associações, competentes e ardilosamente elaboradas, que se constituem verdadeiramente formação de quadrilha.

Os nomes de Chueke e de PC Farias estavam nas agendas de La Salvia apreendidas no aeroporto de Cumbica pelo delegado Abraços. As anotações misturavam espanhol e português e quase sempre tratavam de assuntos ligados a dinheiro — como, por exemplo: "*reunión* com PC — pagar 40 mil dólares" ou "cobrar e receber de PC". Alguns registros eram telegráficos e precisaram ser decifrados pelo delegado Abraços. Uma amostra: no dia 28 de janeiro de 1992, La Salvia anotou: "PC — Receita/*Reunión* grande. *Casino*/Interbrás.75.000.000 — DFA." Na época, discutia-se, com estímulo do governo, a volta dos cassinos. Interbrás era uma *trading* da Petrobras, e DFA, títulos do governo brasileiro no exterior.

Várias anotações, no entanto, não significaram nada para a Polícia Federal na época. Após as descobertas dos investigadores italianos, muita coisa, porém, passou a ter sentido. Uma das agendas trazia escrito, por exemplo, o nome do Trade Link Bank, a empresa de fachada que servia como titular da conta de PC Farias em Genebra de onde foi sacado 1 milhão de dólares para subornar policiais da Interpol. No espaço reservado na agenda para o dia 17 de fevereiro de 1992 (quando PC estava no auge dos seus negócios no governo Collor), La Salvia anotou:

> Chemical Bank NY
> MTB Banking Corp.
> c/c 323.036.384
> *in favor of* 69.161 — "Eleven"
> 180.000

Trata-se de uma das contas nos Estados Unidos para onde desaguou o dinheiro enviado pelos mafiosos a PC Farias.

Quando se encontraram em Turim, os investigadores italianos e brasileiros trocaram considerações sobre La Salvia.

Para os primeiros, o argentino poderia ser um elo da Máfia na América Latina. Para os segundos, a ligação de PC Farias com o crime organizado transnacional. Mas tudo não passa de desconfiança de policiais. Jorge Osvaldo La Salvia não foi condenado por tribunais ou varas criminais nos dois países. É um homem livre, que pode ir à praia na Barra da Tijuca todo domingo, acompanhado de seu amigo Henrique José Chueke, sem ter de prestar contas a ninguém.

Nova York, EUA, fevereiro de 1989

Enquanto aguarda um cliente para uma reunião, Augusto Valentin engole um sanduíche de frango e salada em seu gabinete instalado no número 645 da 5ª Avenida, em Manhattan. Desde que fora alçado ao cargo de vice-presidente da Piano New York, uma instituição financeira de grande porte nos Estados Unidos, Valentin cada vez mais raramente se concedia o luxo de almoçar fora do escritório. Quando o fazia era um pretexto para mais reuniões de negócios, nas quais o que menos importava era se o filé pedido estava no ponto certo. Ao final de cada dia de trabalho, que nunca terminava antes das nove da noite, estava exausto e estressado. E no dia seguinte acordava cedo para ler os jornais econômicos à procura das melhores oportunidades para multiplicar o dinheiro da empresa. O grupo Piano nunca estivera tão bem. Os negócios da Piano Remittance Corp., Piano Money Transfer Corp. e Piano International cresciam em escala geométrica nos Estados Unidos e nas filiais do Brasil, da Argentina e de Portugal. Todas trabalhavam para um mesmo fim: remessas de dinheiro e câmbio de moedas estrangeiras. Valentin era o segundo homem na hierarquia no grupo e só não fora mais longe porque o cargo acima do seu pertencia ao dono de todo aquele império, o velho Jorge Piano.

Quando a secretária anunciou pelo ramal interno que o cliente aguardado já se encontrava na antessala, Valentin tinha acabado de enfiar o último naco de sanduíche na boca. Limpou-se com um guardanapo de papel, jogou o prato de papelão na lixeira e mandou que o cliente fosse conduzido ao seu escritório. Valentim o recebeu com sincera satisfação, como convém a um vice-presidente da Piano New York. Desta vez o cliente estava acompanhado de um amigo — alguém sobre o qual falara algumas vezes a Valentin, dizendo que o traria qualquer dia desses para apresentá-lo ao executivo. Valentin fingiu lembrar-se de quem se tratava e apertou a mão do estranho como se tivesse esperado toda a sua vida por aquele encontro. Sentaram-se os três em volta de uma mesa de trabalho no canto do escritório, falaram banalidades sobre o tempo em Nova York, o trânsito da cidade cada dia pior e as últimas loucuras de Saddam Hussein, que iam acabar causando uma guerra. Terminado o introito, o cliente explicou que tinha levado o amigo para tratar do assunto sobre o qual havia adiantado alguma coisa a Valentin, e o executivo respondeu que se lembrava, claro que sim, e estava ali ao inteiro dispor.

O amigo do cliente fez uma pequena explanação sobre sua crença na liberdade de movimento de capitais e na importância que isso tinha para impulsionar a economia norte-americana, garantindo a hegemonia do país num mundo cada dia mais fascinado pela quebra de barreiras de toda e qualquer espécie. Valentin concordou, acrescentando que essa era exatamente a filosofia do grupo Piano. O executivo aproveitou a deixa e perguntou que tipo de negócio o atraíra à Piano New York. O sujeito foi direto: precisava lavar dinheiro sujo ganho com venda de drogas e sabia que a Piano poderia fazê-lo em operações de remessa de dinheiro para o Brasil.

Valentin escutou a proposta, depois desviou o olhar para um punhado de papéis que estava à sua frente e começou a arrumá-los enquanto buscava uma resposta. Não demorou a encontrá-la. No mesmo estilo franco de seu interlocutor, explicou que precisaria de um passaporte ou outro documento de identidade para fazer a transação. Disse também que infelizmente não era mais possível mandar dinheiro para o Brasil sem preencher alguns formulários porque o governo dos Estados Unidos estava observando de perto os movimentos do grupo Piano.

As condições do negócio foram estabelecidas e a reunião não durou muito mais. O essencial tinha sido dito, os detalhes ficariam para depois. Valentin e seu futuro cliente marcaram uma nova reunião para tratar do assunto, trocaram mais algumas amenidades e se despediram com cordialidade.

Valentin continuou sua dura jornada de trabalho, teve outras tantas reuniões e recebeu vários outros clientes em seu escritório antes de ir para casa, já tarde da noite. Meses depois, esconjurou aquele dia e a sua ingenuidade, quando soube que seu cliente era um informante da DEA, a agência antidrogas dos Estados Unidos, e o amigo dele, o agente secreto "AS 1".

A investigação do caso Piano durou sete anos e foi uma das mais bem-sucedidas da DEA. Os principais passos da operação que demoliu o esquema de lavagem de dinheiro do grupo Piano no Brasil estão registrados num relatório de 36 páginas finalizado no dia 27 de fevereiro de 1992 por Otto G. Obermaier, então procurador dos EUA para o Distrito Sul de Nova York, e Raymond D'Alessio, agente especial da DEA. O documento contém indícios de que a história do Grupo Piano pode estar ligada à organização mafiosa desbaratada pela Operação Cartagena e sua conexão brasileira.

Uma semana depois daquela reunião, Valentin voltou a se encontrar com "AS 1", ainda desconhecendo a identidade do seu interlocutor. O agente secreto insistia em fechar o negócio com o grupo Piano, obedecendo ao roteiro de uma armadilha cuidadosamente planejada durante dois anos pela DEA. Em 1985, a agência tinha prendido em flagrante alguns traficantes de droga que confessaram ter lavado dinheiro na Piano New York. Agentes seguiram aquela pista e descobriram que a reciclagem dos recursos do narcotráfico era feita com a ajuda de vários funcionários da instituição, entre eles Valentin. O executivo cobrava uma porcentagem de 3% a 7% para fazer as remessas para o Brasil, onde o dinheiro era descontaminado. A DEA reuniu provas da atuação da Piano e, em 1989, decidiu armar a cilada. Escolheram Valentin como alvo pelo fato de o executivo ser o segundo homem do grupo e também um dos pontos mais vulneráveis do esquema: ele falava pelos cotovelos, sem mínimos cuidados com a segurança.

Na segunda reunião com o executivo, "AS 1" acenou com a possibilidade de fazer remessas de grandes somas de dinheiro para o Brasil. Valentin explicou-lhe que alguém teria de aparecer legalmente nas operações como receptador dos recursos. O procurador e o agente especial da DEA anotaram no relatório sobre o caso o que aconteceu naquela reunião.

"AS 1" lembrou a Valentin que não havia obtido legalmente os fundos a serem transferidos e que seu próprio nome não podia ser usado porque o dinheiro era oriundo de atividades ilegais. Valentin disse que estava ciente da origem ilegal dos recursos, mas que precisava do número de um passaporte e do nome de uma pessoa no Brasil que pudesse figurar como dona dos recursos. "AS 1" perguntou a Valentin se ele podia providenciar o recolhimento do dinheiro no Brasil sob um nome falso, e Valentin respondeu que isso era possível, mas não de imediato porque precisava falar com alguém no Brasil e não podia fazê-lo por telefone.

Diante do impasse, adiaram a definição sobre como os dólares chegariam ao Brasil e passaram a discutir o valor das remessas. "AS 1" queria fazer um teste com o envio de 15 mil dólares; Valentin sugeriu que a quantia fosse baixada para 10 mil, valor que seria mantido nas operações seguintes. O agente disfarçado não concordou, argumentando que o total a ser mandado para o Brasil era grande e que transferências sucessivas de quantias "menores" poderiam chamar a atenção. Acabaram acertando que 15 mil dólares era um valor adequado.

Quatro meses e dois dias depois, o agente voltou ao escritório do executivo e o negócio foi finalmente fechado. O relatório da DEA conta como foi o encontro.

> Valentin disse que podia remeter o dinheiro para o Brasil e mostrou a "AS 1" um formulário que tinha de ser preenchido. "AS 1" disse a Valentin que seu dinheiro era oriundo de narcotráfico e que não tinha como declará-lo. Valentin disse a "AS 1" que precisaria de um número de passaporte para a pessoa que receberia o dinheiro no Brasil, caso fosse um americano. "AS 1" disse que seu homem no Brasil poderia receber o dinheiro no dia seguinte.

E assim foi feito. O agente secreto se encontrou novamente com o vice-presidente da Piano New York no dia seguinte. Valentin o encaminhou a um caixa para que o dinheiro fosse contado, e os dados da pessoa que sacaria os 15 mil dólares no Brasil, anotados. Despediram-se e nunca mais se viram.

No mesmo dia, o agente especial da DEA no Brasil John Graetz foi a um dos escritórios cariocas da Casa Piano (nome adotado pelo grupo no país), na rua Visconde de Pirajá, 365, em Ipanema. Foi atendido pelo funcionário Jorge Amado Martins e falou que estava ali para apanhar 15 mil dólares que haviam sido enviados de Nova York.

> Martins o levou para uma sala nos fundos, longe dos olhares de outros clientes, e pediu a Graetz o seu passaporte, seu endereço local e número de telefone.

Bastou assinar um formulário e o agente da DEA saiu pelas ruas de Ipanema com os 15 mil dólares dentro de uma valise.

A operação para desmascarar os negócios do grupo Piano no Brasil foi brindada, quatro meses depois, com o depoimento de um traficante que se tornara réu-colaborador. Ele contou a agentes especiais da DEA no Brasil ter lavado 500 mil dólares na Piano. O dinheiro fora enviado de Nova York para o Rio sob a supervisão do dedicado Valentin, que chegou a abrir seu escritório num sábado para receber parte dos recursos da operação (94 mil dólares). As investigações foram intensificadas e, menos de um mês depois, os agentes da DEA chegaram ao nome de um brasileiro ligado a Valentin. Mais que isso: tinham esbarrado num dos futuros elos do Esquema PC. Eis o que diz o relatório do procurador Obermaier e do agente D'Alessio sobre o fato:

A Piano utilizou uma agência de viagens sediada no Rio de Janeiro, a Paladium Turismo, para remeter dinheiro de Nova York para o Brasil. O proprietário da agência de viagens, Henrique (José) Chueke, sabia que o dinheiro mandado pela Piano New York para a sua agência de viagens era oriundo de atividades criminosas, mas prestou ativamente sua assistência no processo de lavagem de dinheiro. (O agente secreto) "AS 2" conheceu Chueke com a ajuda de "IC 1" (um informante confidencial de origem brasileira) em 14 de novembro de 1989, num hotel em Miami onde Chueke estava na ocasião. "AS 2" explicou que tinha milhões de dólares para enviar para o Brasil, mas nem "AS 2" nem seu patrão podiam figurar como donos do dinheiro. Chueke disse que compreendia e concordou em ajudar. Chueke sugeriu a "AS 2" que abrisse uma conta bancária, depositasse os fundos e fizesse com que o banco efetuasse uma transferência telegráfica para a sua agência de viagens no Rio de Janeiro. Os recursos deveriam ser recolhidos pessoalmente, explicou Chueke, e estariam convertidos para cruzeiros brasileiros, podendo ser reconvertidos no mercado negro ou em uma das agências da Casa Piano. Durante esse encontro, "AS 2" perguntou a Chueke se ele conhecia pessoas confiáveis nesse ramo, para evitar suspeita, e Chueke mencionou Álvaro Piano, que era então vice-presidente da Piano New York. "AS 2" disse que seu dinheiro vinha da venda de cocaína e Chueke respondeu que não queria saber qual era a origem do dinheiro.

O amigo de La Salvia e PC mordera a isca.

[No dia] 6 de fevereiro de 1990, "AS 2" telefonou para Chueke na Paladium Turismo, no Rio, e afirmou ter 250 mil dólares no banco e que [o dinheiro] parecia legítimo, porque estava em nome de uma empresa. Chueke disse a "AS 2" que ele devia abrir uma conta no Rio usando o nome da mesma empresa e que o apresentaria a uma pessoa em Nova York que poderia ajudá-lo. [No dia] 7 de fevereiro, "AS 2" conversou com Chueke por telefone e Chueke disse a ele para ligar para Augusto Valentin e marcar uma hora. Chueke afirmou conhecer Valentin pessoalmente. [No dia] 14 de fevereiro, "AS 2" foi à Piano New York, na 5ª Avenida, e encontrou-se com Robin A. Liddle, executivo de *marketing* da Piano Remittance. Liddle tentou falar com Valentin, mas não conseguiu porque Valentin estava atendendo outro cliente. Liddle disse a "AS 2" que poderia ajudá-lo e que já sabia do que se tratava. Liddle explicou que, para enviar dinheiro por transferência bancária, os recursos teriam de ser depositados na conta da Piano New York. A Piano faria então uma remessa telegráfica para a conta da Paladium Turismo, de Chueke, no Rio. [No dia] 11 de abril de 1990, "AS 2" telefonou para Chueke na Paladium Turismo e explicou que em duas ou três semanas mandaria para Chueke 15 mil dólares como um teste. Chueke disse então que não iria transferir dinheiro por dois ou três meses porque havia um novo governo no Brasil e tudo tinha mudado.

Valentin foi preso no dia 29 de maio de 1990, acusado de violar o parágrafo 1.956 da Lei 18, que trata de lavagem de dinheiro. Na mesma época, Chueke multiplicava seus negócios no Brasil com Jorge Osvaldo La Salvia e Paulo César Farias, dois ases no "novo governo" ao qual o doleiro fizera referência. Passada uma década e meia da morte de PC, Chueke continuava em atividade.

23
Lugano, Suíça, junho de 1991

Após a prisão de Augusto Valentin, a DEA reforçou a estrutura da operação contra o grupo Piano, incluindo na apuração do caso seus agentes baseados em Milão. Também passou a contar com o apoio da polícia suíça e da Guarda de Finanças da Itália. No dia 13, a equipe marcou seu primeiro ponto com a prisão de quatro brasileiros em Lugano. A polícia suíça fez uma busca no apartamento usado como escritório pela quadrilha e descobriu 800 mil dólares em moeda americana e francos suíços. O dinheiro, claro, não tinha uma origem que pudesse ser comprovada. Diante da situação embaraçosa, um dos brasileiros aceitou contar o que sabia em troca de um tratamento mais brando das polícias norte-americana, suíça e italiana e tornou-se o informante confidencial número quatro, ou apenas "IC 4".

"IC 4" e seus companheiros trabalhavam para uma organização mafiosa especializada na distribuição de cocaína na Itália. Após receberem a droga, vinda do Brasil, os mafiosos faziam o pagamento em dinheiro; este era levado de carro para Lugano, onde era lavado. A função de "IC 4" era receber os recursos e iniciar a reciclagem em bancos suíços. Isso era feito da seguinte forma: "IC 4" ia a uma agência bancária em Lugano e depositava o dinheiro; depois pedia ao banco que emitisse cheques ao portador, em dólares norte-americanos, no mesmo valor do depósito, e por fim os cheques eram levados para os Estados Unidos, onde desaguavam em contas de Nova York e Miami.

Uma dessas operações aconteceu em dezembro de 1990. "IC 4" recebeu 750 mil dólares como pagamento pela compra de 60 quilos de cocaína. Segundo contou o informante, o mafioso que lhe entregou o dinheiro era "um comprador de grandes quantidades de cocaína". Durante as investigações, a identidade desse mafioso foi mantida em segredo para evitar vazamentos; na falta de ideia melhor, os agentes o chamavam apenas de "O Comprador de Cocaína". O nome verdadeiro do "Comprador de Cocaína" foi apresentado aos investigadores da Guarda de Finanças da Itália, que imediatamente reconheceram se tratar do "integrante de uma das principais organizações criminosas da Itália, baseada na Calábria, conhecida como 'Ndrangheta". As informações sobre "O Comprador de Cocaína" passadas por "IC 4" foram muito úteis à Guarda de Finanças, que fazia na época uma investigação independente sobre os negócios do mafioso.

O informante especial da DEA contou que os dólares foram transformados, na agência do banco Migros, em Lugano, em quatro cheques ao portador (números 61.634, 61.635, 61.636 e 61.637). Os cheques — nos valores de 200 mil, 175 mil, 149 mil e 245 mil dólares, com data de dezembro de 1990 — foram levados para Nova York por um mensageiro e depositados na conta 1.994 do Audi Bank, aberta pelos libaneses Fouad Serhan e Ahamad Serhan na agência localizada no número 600 da 5ª Avenida. De acordo com os registros da Naddis (a rede internacional de processamento de informações da DEA), Fouad operava com uma agência de viagens no Rio de Janeiro e estava envolvido no tráfico de drogas do Líbano para a América do Sul. Os agentes norte-americanos conseguiram obter registros da conta e descobriram digitais do grupo Piano: a conta no Audi Bank recebera transferências de dinheiro feitas pela Piano Money Transfer Corp. no valor de 316.459 dólares.

A apuração realizada pela DEA durante sete anos levantou informações que guardam uma espantosa coincidência com os dados relacionados com o caso PC-Máfia:

- Mafiosos da 'Ndrangheta compraram cocaína que vinha do Brasil no início dos anos 1990;
- O dinheiro procedente da venda da droga era levado de carro para Lugano, onde era reciclado;

- Depois de lavados, os recursos **eram** enviados para contas em bancos de Nova York e Miami;
- Um dos bancos utilizados em Nova York era o Audi Bank;
- Um dos operadores do sistema era Henrique José Chueke, integrante do Esquema PC.

Uma cópia do relatório sobre a investigação da DEA, traduzido para o português, foi mandada para a Polícia Federal em 1993. O documento, porém, não chegou ao conhecimento dos investigadores brasileiros que cuidam do caso PC-Máfia.

24

Buenos Aires, Argentina, outubro de 1996

O nome do advogado argentino Luis Felipe Ricca apareceu na imprensa brasileira logo depois que Pedro Collor denunciou, em maio de 1992, na histórica entrevista à *Veja*, que o governo de seu irmão estava carcomido pela corrupção. O alerta de Pedro fez com que o Congresso e a Polícia Federal investigassem os negócios de PC Farias. Entre as irregularidades encontradas, estavam remessas de dinheiro do Brasil para o exterior por meio de contas CC-5. Várias dessas operações foram feitas em nome de Ricca. A participação no esquema de evasão de divisas rendeu ao argentino o indiciamento num inquérito da PF. Anos mais tarde, Ricca voltou a aparecer no noticiário quando o piloto pessoal e principal braço operativo de PC, Jorge Bandeira, foi preso por agentes da Interpol no Café Casablanca, na *calle* Rivadavia, em Buenos Aires. O advogado argentino foi quem prestou os primeiros socorros jurídicos a Bandeira. Ricca foi importunado pela imprensa do Brasil e do seu país, mas não chegou a perder noites de sono com as acusações que eram feitas contra ele. A imprensa batia muito, mas se esquecia fácil; e, por sua vez, a PF, por meio da Interpol, nunca mandara um delegado a Buenos Aires para investigá-lo. Ricca só sentiu o peso dos negócios nebulosos que fazia para seu cliente alagoano quando os magistrados italianos bateram à sua porta. As sete horas nas quais Ricca depôs aos italianos, naquele 28 de outubro, foram mais terríveis para ele do que os três anos em que esteve na mira desfocada das instituições brasileiras.

Os procuradores perceberam que Ricca faria de tudo para se livrar deles e souberam cobrar caro essa condição. Acabaram extraindo mais do que tinham ido buscar. O argentino contou aos magistrados que teve uma reunião com PC Farias, alguns meses depois de ter sido notificado do interesse dos italianos pelo seu depoimento, e questionou o ex-tesoureiro de Collor por que a Itália tinha tanta curiosidade pela movimentação de suas contas bancárias, principalmente a de Roterdã. O encontro aconteceu na casa de praia de Farias em Maceió, no bairro de Guaxuma, alguns meses após o empresário sair da cadeia. Era uma reunião de trabalho com Ricca e Jorge Osvaldo La Salvia. Na ocasião, Farias assinou documentos para que os argentinos pudessem representá-lo, falou de seu interesse em investir em negócios nos Tigres Asiáticos — um projeto concebido durante sua passagem pela Tailândia — e tocou num assunto antigo: os planos que tinha de se tornar banqueiro. O empresário chegara perto disso em 1993, mas a decretação de sua prisão frustrou a compra de uma instituição bancária na órbita do banco central inglês. Realizada na sala da casa, com vista para as águas esverdeadas do mar de Maceió, a reunião foi algumas vezes interrompida pela presença vaporosa da namorada de PC, Suzana, uma bela alagoana 23 anos mais nova que ele.

Segundo contou Ricca aos magistrados italianos, a reunião em Alagoas teve um momento de tensão, quando PC e La Salvia discutiram por causa de dinheiro. Paulo César tinha metido na cabeça que, no período que passara na cadeia, La Salvia o roubara, aproveitando-se da condição de titular de algumas contas do empresário alagoano. No seu estilo direto, Farias expressou a La Salvia sua desconfiança e cobrou explicações de forma dura.

Ricca aproveitou uma brecha na reunião para falar com PC sobre a investida dos magistrados italianos. Farias desconversou. A atitude fez com que o advogado sentisse que era hora de desembarcar das aventuras patrocinadas pelo ex-tesoureiro de Collor. Ricca retornou a Buenos Aires decidido a cortar os laços com Paulo César. Nunca mais se encontraram. Três meses depois do encontro em Maceió, PC e Suzana Marcolino foram encontrados mortos, com um tiro de calibre .38 cada um, na cama da casa de praia de Guaxuma.

Após o relato sobre a reunião em Maceió, os procuradores voltaram ao assunto das transações financeiras, que era o que realmente importava a eles. Os italianos questionaram Ricca sobre um depósito que tinha sido feito na conta-mãe, de Roterdã. Tratava-se de uma remessa de 7,8 milhões de dólares, realizada em maio de 1993. O dinheiro fora enviado de uma conta no SCS Bank Allience, o mesmo banco de onde PC ordenara o saque de 1 milhão de dólares para corromper policiais da Interpol brasileira e uruguaia. Ricca esclareceu que Paulo César também era dono dessa segunda conta no SCS Bank Allience de Genebra. Os italianos já não se surpreendiam com as novas contas de PC, descobertas a cada meia hora naquele depoimento. Organizaram seu pensamento antes de continuar:

- PC era dono da conta-mãe no ABN-Amro Bank de Roterdã;
- Essa conta recebeu depósitos de mafiosos;
- A conta na Holanda também era abastecida por outras duas contas no SCS Bank Allience de Genebra. Ambas pertenciam a Farias;
- De uma das contas de Genebra, saiu 1 milhão de dólares para pagamento de suborno a policiais responsáveis pela captura de PC;
- O grosso do dinheiro da conta-mãe foi redirecionado para os Estados Unidos.

Faltava clarear a importância daquela segunda conta em Genebra. O advogado argentino não se furtou a contar o que sabia, com a esperança de que logo aquele tormento teria fim e ele poderia voltar para casa.

A segunda conta de Farias no SCS Bank Allience de Genebra — titulada em nome de Starido Ltda. — estava ligada a uma conta no Uruguai, na agência do ABN-Amro Bank em Montevidéu, localizada na *calle* 25 de Mayo, no charmoso Barrío Viejo. De quem era a conta em Montevidéu, aberta em nome de uma certa Monte Tiberino S.A.? PC Farias, claro! Mais rabiscos no fluxograma, desta vez buscando uma lógica com relação aos bancos utilizados no esquema:

- A conta mais importante de PC ficava no ABN-Amro Bank de Roterdã;
- Essa conta era mantida com depósitos feitos a partir de duas contas do empresário no SCS Bank Allience de Genebra;
- Um das contas de Genebra estava ligada a uma quarta conta de PC, aberta na agência do ABN-Amro Bank em Montevidéu;
- Paulo César tinha portanto duas contas no ABN-Amro Bank (Roterdã e Montevidéu) e duas no SCS Bank Allience, em Genebra.

Os procuradores italianos então perguntaram a Ricca como funcionava a conta de Montevidéu. O argentino expôs como esse braço financeiro era ligado ao resto do sistema e ofereceu a seus interrogadores um dado intrigante: da conta no Uruguai, por ordem de Paulo César, fora realizado um saque de 5 milhões de dólares, em dinheiro, no dia 28 de novembro de 1992. O valor correspondia a 50 mil notas de 100 dólares, um volume que caberia com dificuldade em duas grandes maletas de executivo tipo 007. Os procuradores nem precisaram perguntar a Ricca qual tinha sido o destino do dinheiro. Ele falou espontaneamente:

— A finalidade [do saque], segundo me disse o doutor Farias, era pagar os votos de deputados que iriam votar o julgamento político [do presidente do Brasil] e fazer com que a votação não fosse contrária a Collor de Mello — afirmou o advogado.

Os magistrados italianos tinham viajado a Buenos Aires para investigar o destino do dinheiro da maior venda de cocaína do planeta — feita pelo Cartel de Cali para a Máfia — e acabaram descobrindo, por acaso, um esquema de corrupção que tentara evitar o *impeachment* de um ex-presidente do Brasil. Luiz Romero, irmão de PC, tinha razão; o enredo era tão inverossímil quanto uma história de Sidney Sheldon. Mas era a mais pura verdade, e ela foi revelada por Ricca às primeiras autoridades que o questionaram.

E para que não ficasse nenhuma dúvida sobre sua versão, o advogado narrou como os 5 milhões de dólares foram usados para comprar a consciência de parlamentares brasileiros. O dinheiro fora sacado um dia antes de a Câmara dos Deputados votar a abertura do processo de *impeachment* de Fernando Collor. Os dólares foram levados ao Brasil por La Salvia, num jato que saiu de Montevidéu, fez escala em São Paulo e de lá seguiu para Brasília (tempos depois, quando viu os documentos da investigação italiana em Turim, o delegado João Carlos Abraços decifrou uma charada que o consumia havia quatro anos: seu informante estava certo quando disse que um avião trazendo La Salvia pousaria em Cumbica recheado de dólares, mas errou na data e no valor).

Mesmo com a distribuição da propina, a manobra para barrar a saída de Collor acabou falhando por causa de uma artimanha política. Os patrocinadores da proposta de *impeachment* temiam, com razão, que uma votação secreta favorecesse o presidente e conseguiram fazer com que os deputados tivessem que proferir o voto ao microfone. Muitos deputados que tinham a intenção de aproveitar o anonimato para ficar ao lado de Collor mudaram de ideia para não se indispor com a opinião pública e com seus eleitores. No dia seguinte ao saque dos 5 milhões de dólares, a Câmara aprovou a abertura do processo de *impeachment* por 441 a favor, 38 contra, 1 abstenção e 23 ausências, provocando o afastamento do presidente e sua substituição pelo vice, Itamar Franco.

O advogado argentino jurou nunca ter tomado conhecimento dos nomes dos parlamentares subornados, nem da quantia paga a cada um. Após sete horas de depoimento, foi liberado.

Um ano depois de Ricca ter prestado o depoimento aos procuradores italianos (e 16 meses após o assassinato de PC Farias), ainda permanecia aberta a conta de onde saíram os 5 milhões de dólares para subornar os deputados — em nome de Monte Tiberino S.A., número 5020050, na agência do ABN-Amro Bank em Montevidéu — conforme comprovou um depósito de 50 dólares feito por mim na boca do caixa. Para não ter de dar satisfação a mim sobre quem estava movimentando a conta, o advogado argentino parou de frequentar seu amplo escritório, localizado numa praça em frente ao Teatro Colón, na *calle* Talcahuano, 638. Localizado pelo meu parceiro, o repórter fotográfico Juca Varella, numa noite de inverno portenho a 4°C, Ricca o agrediu e quebrou-lhe o *flash* para não ser fotografado. Um único fotograma foi salvo por Varella — e publicado pela *Folha de S.Paulo* —, mostrando o valente advogado tentando esconder o rosto com a mão esquerda enquanto armava um *jab* com a direita.

PARTE 4

A MÁFIA VISÍVEL QUE NINGUÉM VÊ

25

Brasília, setembro de 1998

— O Brasil se tornou um santuário para os mafiosos.

O tenente-coronel Angiolo Pellegrini, chefe da Direzione Investigativa Antimafia (DIA) na Calábria, interrompe sua fala para acompanhar o garçom da Churrascaria Spettus descer mais uma fatia de picanha sangrando no seu prato. Come um pedaço da carne e volta ao assunto:

— O criminoso vive do poder e da impunidade. Se a impunidade cresce, cresce o poder. Os mafiosos estão sabendo reconhecer no Brasil um lugar perfeito para atuar; muitos estão se mudando para cá e fazendo negócios fabulosos com dinheiro sujo. Para combater esse fenômeno, as instituições brasileiras e italianas precisam trabalhar em conjunto. Existe noje uma cooperação muito estreita entre Itália, Estados Unidos, Canadá, Alemanha e outros países, mas o Brasil ainda precisa se conscientizar do problema.

Casado com uma brasileira, Pellegrini conhece bem a simpatia dos mafiosos pelo país. Mais de uma vez, viera buscar criminosos italianos presos em território brasileiro — numa dessas ocasiões, levou consigo de volta à Itália Tommaso Buscetta, um dos maiores chefões da Máfia em todos os tempos. Pellegrini possui uma coleção de fitas com gravações de conversas telefônicas entre mafiosos e brasileiros, interceptadas pelos técnicos da seção calabresa da DIA. Durante a sobremesa, revela a mim que traz na sua valise um pacote com a transcrição de diálogos gravados recentemente, o qual será entregue naquele mesmo dia a autoridades brasileiras encarregadas de combater o crime organizado.

— Temos mais de 7 mil condenados por associação mafiosa (artigo 416 bis do Código Penal Italiano), um número impressionante. A Máfia é para nós um problema muito antigo, o qual reconhecemos com transparência.

Ninguém mais se lembra quando o termo Máfia começou a ser usado na Itália, mas é certo que isso aconteceu em Palermo, na Sicília, após a passagem dos árabes pela região, na Idade Média. Há quem diga que a palavra tem sua origem no nome do agrupamento árabe *ma afir*, que se estabeleceu no local naquele período. Inicialmente, era chamado de *mafiusu* o homem altivo, destemido, que se impunha como tal sem recorrer a bravatas ou arrogâncias. Somente no ano de 1863 a palavra mafioso começou a ser empregada com o significado atual, quando Giuseppe Rizzuto, autor teatral siciliano, escreveu *I mafiusi de la vicarria de Palermu*, algo como "os valentes do presídio de Palermo". Na peça, os prisioneiros eram retratados como bravos integrantes de um grupo marcado pela hierarquia rígida e rituais de iniciação.

A Máfia surgiu por volta do século XIII como uma expressão de rebeldia social. Os nobres da antiga Sicília — muitos deles franceses, espanhóis e austríacos, que raramente visitavam suas propriedades — mantinham à força o domínio sobre suas terras, usando os serviços de gangues. Tortura e morte eram coisas comuns naqueles tempos. Integrantes desses bandos, em conluio com servos locais, resolveram se apropriar do que era de seus patrões e assim o fizeram, utilizando as mais variadas formas de intimidação. Dessa forma, na Sicília a terra passou dos nobres para os burgueses sem revolução, mas por meio de ações mafiosas.

Ao tomar o lugar dos senhores, os primeiros mafiosos herdaram seus hábitos, adquirindo poder de vida e morte sobre os habitantes da região. Com o tempo, reuniram-se em confrarias e passaram a roubar, extorquir, corromper e eliminar bandos rivais. O primeiro relato sobre o comportamento dessas confrarias, berço das famílias mafiosas, foi feito em 1886 pelo comissário siciliano Giuseppe Alongi. Segundo ele, o candidato a membro de um grupo mafioso tinha sua conduta examinada durante anos, até ser aprovado pelos chefes e convidado a integrar o bando. Nessa ocasião, era levado diante de um conselho de líderes para o ritual de iniciação, descrito dessa forma pelo comissário Alongi:

O candidato entra no quarto e para diante de uma mesa sobre a qual se exibe a imagem de um santo. Estende sua mão a dois amigos que lhe tiram sangue suficiente para manchar a imagem. Faz então o seguinte juramento: "prometo pela minha honra ser fiel à Máfia, como a Máfia é fiel a mim. Da mesma forma como a imagem deste santo e essas gotas do meu sangue são queimadas, ofereço todo o meu sangue pela Máfia, quando minhas cinzas e meu sangue voltarão à sua condição original". Depois, o iniciado queima a imagem. A partir desse momento, torna-se membro da associação, à qual ficará ligado de forma indissolúvel. Como prova da lealdade ao grupo, terá de levar a cabo o próximo assassinato ordenado pelo conselho.

Desde aquela época, o código mafioso se mantém praticamente inalterado, com cinco regras básicas: as ordens do conselho devem ser cumpridas, sejam quais forem; é obrigação socorrer os integrantes da família mafiosa à qual pertence, nem que para isso tenha de se desfazer de seus bens ou da sua vida; uma ofensa feita a um irmão deve ser considerada uma ofensa feita a si próprio; nunca, sob qualquer hipótese, é permitido pedir ajuda à polícia, à Justiça ou a outras autoridades públicas; seguir a *omertà* (o código de silêncio dos mafiosos), negando, até sob tortura, a existência da irmandade, mantendo em segredo nomes de seus integrantes e suas atividades.

A Máfia — nome genérico que se dá a quatro organizações distintas: Cosa Nostra (Sicília), 'Ndrangheta (Calábria),

Camorra (Nápoles) e Sacra Corona Unità (Puglia-Bari) — passou por diversas fases. De acordo com os estudiosos colombianos Darío Betancourt e Martha García, da etapa de incubação, na virada do feudalismo para o capitalismo, a Máfia passou por uma fase agrária, que se estendeu até o início dos anos 1950. Entre os anos 1950 e 1960, experimentou um estágio urbano e empresarial, com trânsito no poder político — nessa época, sua imagem fantástica passou a fazer parte do imaginário coletivo com os primeiros filmes de Hollywood sobre Alphonse Capone, ou Al Capone, chefe de segundo escalão da Cosa Nostra que organizou nos anos 1920 o contrabando de bebidas alcoólicas em Chicago, durante a Lei Seca. Na década de 1970, a Máfia viveu a fase financeira, convertendo-se numa poderosa máquina de acumulação de capital em nível mundial, e passou a operar em sintonia fina com organizações criminosas de outros países, principalmente nos mercados de armas e drogas. Na virada do século XX, mantém-se poderosa, valendo-se basicamente de quatro elementos: a ilegalidade das drogas, a expansão do mercado de armas, a persistência do sigilo bancário e as inovações do mercado financeiro. A Máfia é a organização criminosa mais conhecida no mundo, mas há similares no Japão, na China, na Colômbia, na Rússia e em outros países. No entanto, acaba tendo maior visibilidade que as outras porque o Estado italiano não a esconde.

A feroz perseguição que sofriam na Itália — amparada por uma legislação e um sistema penal rigorosos — fez com que muitos mafiosos abandonassem o país. O Brasil foi e continua sendo um dos exílios preferidos. Um dos casos mais famosos é o de Tommaso Buscetta, lendário *uomo d'onore* (homem de honra) da Cosa Nostra, que se refugiou com nome falso no Brasil durante o período militar, casou-se com uma brasileira e aqui passou boa parte de sua vida. Em 1984, foi preso em São Paulo e extraditado para a Itália, onde se tornou colaborador de Justiça, provocando muitas baixas na Cosa Nostra. Num depoimento histórico ao sociólogo e ex-senador Pino Arlacchi, Buscetta disse o seguinte sobre sua passagem pelo Brasil:

> Parecia-me o paraíso, o lugar onde viveria o resto de meus dias. Nem por sombra pensava em voltar à Itália, onde me esperava uma condenação, já definitiva, por formação de quadrilha e uma série de mandados de prisão por crimes dos mais variados, como chacina, homicídio e até o estrangulamento de duas pessoas. (...) Gostei muitíssimo do Brasil. Lancei-me com entusiasmo à vida no Rio de Janeiro, onde logo fiz muitas amizades. Era uma gente extrovertida, alegre e cheia de vida. (...) Levara comigo uma quantia considerável de dinheiro e tinha a intenção de investir tudo em alguma atividade comercial. A princípio, pensei no ramo de molhos de tomate, mas conheci Cristina, minha atual mulher, que, quase sem perceber, foi encaminhando minha vida em direção a algo que só posso chamar de plano superior.

Depois de delatar antigos parceiros, o ex-mafioso viveu anos escondido, sob proteção do FBI e da polícia italiana. Devastado por um câncer, morreu no início do ano 2000.

Buscetta fez escola. Depois dele, uma leva de mafiosos escolheu o Brasil como sua segunda pátria. Em 1995, o Ministério da Justiça foi alertado para o fenômeno e fez um pente-fino nos pedidos de cidadania feitos por italianos. Encontrou, em muitos casos, um padrão suspeito: vários se casavam com brasileiras e pediam o visto de permanência logo após desembarcarem no Brasil. A Polícia Federal foi acionada para investigar as razões de amores tão repentinos. Os policiais descobriram mais coincidências: diferença de idade acentuada entre o noivo e a noiva, união em regime de separação total de bens e ausência de cerimônia religiosa, festa ou registro fotográfico. Muitas noivas — várias delas ex-prostitutas — se casaram acreditando ter encontrado os homens de suas vidas e choraram horrores nos ombros dos policiais ao contar como tinham sido maltratadas e abandonadas depois que os maridos conseguiram a cidadania brasileira.

Num encontro sobre crime organizado na Itália, em maio de 1996, o então juiz brasileiro Wálter Maierovitch (que depois chefiaria a Secretaria Nacional Antidrogas) fez a seguinte afirmação numa palestra:

> Com a queda da inflação, a estabilidade da moeda e os bons investimentos oferecidos no Brasil, para os quais é desnecessário revelar a origem do capital, o país se tornou praça de interesse dos mafiosos. O Brasil mantém uma legislação ultrapassada, que incentiva a lavagem de capitais sujos.

Não possui vontade política para exigir, como determina a Constituição, cooperação das instituições financeiras. Os bancos não são obrigados ao dever de vigilância, ou seja, a operar sistemas de informática e telemática aptos a detectar movimentos suspeitos nas contas-correntes.

Maierovitch, que também preside o IBGF (Instituto Brasileiro Giovanni Falcone, entidade sem fins lucrativos que incentiva o combate ao crime organizado no Brasil), passou anos defendendo a prisão e extradição de Antonino Salamoni. Condenado na Itália a 12 anos de prisão por tráfico internacional de drogas, Salamoni mudou-se para o Rio na década de 1960 e mais tarde obteve a cidadania brasileira. Na chegada, apresentou-se como vendedor de tecidos e disse que iria morar num cortiço. Na mesma época, controlava contas milionárias na Suíça.

— Salamoni é uma esfinge. Tão sutil que pessoa alguma consegue decifrá-lo — definiu certa vez Tommaso Buscetta.

O Supremo Tribunal Federal sempre negou os pedidos de prisão e extradição de Salamoni, oito vezes integrante da Cúpula da Cosa Nostra (de 1963 a 1980). Os magistrados da Corte Suprema consideraram que os crimes cometidos pelo mafioso na Itália estavam prescritos. Salamoni morreu de velhice em São Paulo, em 1998, aos 80 anos, com uma fortuna em imóveis — incluindo um prédio de 15 andares em Higienópolis, um dos bairros mais elegantes da cidade.

Depois de celebrar o tratado de cooperação jurídico-criminal com o Brasil e de entregar de bandeja as provas das relações financeiras de PC Farias com a Máfia, a Itália conseguiu uma série de facilidades para que seu pessoal atuasse com mais liberdade no território brasileiro. O resultado foi acachapante. No ano em que a comitiva brasileira esteve em Turim remexendo os papéis da Operação Cartagena, o número de prisões de cidadãos italianos no Brasil cresceu 477% em relação à média de anos anteriores. Foram treze em 1997, contra nove no quadriênio 1993-1996. Entre os criminosos tirados de circulação, alguns de alto quilate:

- Sergio Buoncristiano era dono da Pousada Barra Forte, em Porto Seguro, na Bahia. Foi preso com 950 gramas de heroína e nove bastões de haxixe. A droga estava escondida dentro de um enfeite em forma de elefante e nas paredes internas de um cantil;
- Michele Vanacore comprava grandes quantidades de cocaína no Brasil e as remetia para os irmãos Buondonno na Itália. Morava na rua Rodolfo Dantas no Rio de Janeiro e tinha conta no Banco do Brasil;
- Mario Baratta, 49 anos, era acusado por formação de quadrilha mafiosa e assassinato. Foi preso no seu apartamento em Copacabana, comprado dois meses antes. Em companhia da brasileira Sara, viveu mais de três anos no Brasil com vistos falsos;

- Pasquale Lupis, 42 anos, deu um golpe de 5 milhões de dólares com a falência fraudulenta de uma empresa de Milão. Depois de limpar os cofres da Grifin Import-Export, fugiu para o Rio;
- Loredana Mongardini, o "Lori", de 35 anos, era traficante de cocaína condenado na Itália a doze anos de cadeia;
- Franco Palmerini, 43 anos, assaltou um banco em Foligno, levando 190 milhões de liras (cerca de 106 mil dólares). Vivia em Recife;
- Clemente Ferrara, 48 anos, um dos mais perigosos pistoleiros da Camorra, morou quase quatro anos no Brasil sob os nomes falsos de Paolo Giglioni e Carmine Trinchillo. Foi preso no aeroporto do Galeão, no Rio, quando tentava embarcar para a Itália.

Segundo o Instituto Brasileiro Giovanni Falcone, o país abriga atualmente cerca de 50 mafiosos de primeira linha — entre eles, Giuseppe Morabito, o segundo mais velho integrante da organização desmobilizada pela Operação Cartagena. A lista passada às autoridades brasileiras pelo tenente-coronel Angiolo Pellegrini dá pistas sobre onde e como alguns deles estão vivendo.

No almoço da Churrascaria Spettus, Pellegrini também comentou a descoberta da conexão entre PC Farias e mafiosos. E fez uma sugestão:

— O Brasil deveria investigar melhor Nicola D'Ippolito.

Arraial D'Ajuda, dezembro de 1996

Não há como fugir do lugar-comum: é o paraíso na Terra. O condomínio Outeiro das Brisas, um dos maiores empreendimentos turísticos da Bahia, pertence a um grupo de italianos encabeçado por Nicola D'Ippolito. São 40 quilômetros de praia tendo ao fundo 10 milhões de metros quadrados de Mata Atlântica. Conta com pista de pouso particular, campo de golfe, hípica, quadra de tênis, clube de praia e centro comercial. No ano 2000, os terrenos custavam entre 18 e 300 mil reais. As casas saíam por um preço um pouco mais salgado: 70 a 800 mil reais.

D'Ippolito chegou ao Brasil no final dos anos 1970 e em uma década fez fortuna. Além da sociedade no Outeiro das Brisas, possui outros negócios em São Paulo, a maioria no ramo imobiliário. Já foi alvo da curiosidade tanto da Polícia Federal quanto de agentes italianos que atuam no Brasil. Delegados da PF descobriram que D'Ippolito hospedou PC

Farias em Punta del Este, no Uruguai, quando este fugiu do Brasil. Na época, a camaradagem não despertou a atenção dos policiais, tamanha era a lista de pessoas que ajudaram Farias a escapar. No entanto, quatro anos depois, o episódio passou a ser encarado de forma diferente.

De acordo com os dados obtidos na Operação Cartagena, Nicola D'Ippolito recebeu 50 mil dólares da conta-mãe de PC, em Roterdã. O dinheiro foi enviado ao empresário por meio de um depósito para o Union Banquière Privée, em Genebra. O valor é praticamente irrisório diante das movimentações de Paulo César. Entretanto os investigadores ficaram intrigados com o fato de PC Farias ter recebido depósitos de mafiosos narcotraficantes numa ponta e, em outra, feito uma remessa para um grande empresário italiano residente no Brasil. E o nome de D'Ippolito não era exatamente desconhecido das autoridades da Itália.

Mesmo antes da descoberta do seu relacionamento com Paulo César, o sócio do Outeiro das Brisas já vinha sendo acompanhado de perto por agentes italianos que atuam no Brasil. Havia uma suspeita, não confirmada, de que seus negócios fossem uma fachada para lavagem de dinheiro. As preocupações das autoridades italianas fizeram com que a Divisão de Repressão a Entorpecentes da Polícia Federal promovesse uma sondagem no Outeiro das Brisas, mas nada de concreto foi apurado.

Nicola D'Ippolito não é o único empresário italiano radicado no Brasil que surgiu na Operação Cartagena. Os dados repassados à comitiva brasileira em Turim incluem a informação de que Paulo César Farias teria feito outra remessa de 50 mil dólares para Pierluigi Mango. O dinheiro saiu da conta-mãe e caiu na conta da empresa Experta Trustee, em Zurique. Mango nega que tenha sido o beneficiário dos 50 mil dólares.

Há 19 anos morando no Brasil, Mango é o procurador no país de duas potências italianas: a Montedison (que até recentemente possuía as marcas Bombril e Cica e opera no comércio de produtos químicos, petroquímicos, aeroespaciais e aeronáuticos) e a Ge. Fi. Invest Nederland (do ramo de exportação e importação de produtos alimentícios). Depois que os dados bancários da Operação Cartagena chegaram ao Brasil, Mango foi procurado por investigadores brasileiros e italianos pelo menos três vezes e nessas ocasiões ouviu muitas perguntas sobre PC Farias. As respostas revelaram passagens desconhecidas da vida do ex-tesoureiro de Collor.

Mango contou que foi procurado por Paulo César pela primeira vez em 1989, quando este pediu uma doação da Montedison para a campanha de Fernando Collor. Segundo o italiano, a solicitação foi negada por decisão da direção da empresa na Itália. Ambos voltaram a se ver, de acordo com Mango, somente em janeiro de 1993 — cinco meses antes de Paulo César escapar do país. Ficaram amigos. Mango chegou a ceder o motorista de sua empresa, Waldir Gomes, para a namorada de PC, Suzana Marcolino, quando ela visitou São Paulo duas vezes em 1996.

Investigadores brasileiros e italianos acreditam que por trás da ligação do ex-tesoureiro de Collor com Pierluigi Mango está o argentino Jorge Osvaldo La Salvia. Nas agendas de La Salvia apreendidas no aeroporto de Cumbica pelo delegado Abraços, há várias referências ao nome de Mango e da Montedison. Numa das folhas está escrito "Merryl Lynch/Mango"; trata-se do registro de uma proposta de investimento em títulos negociados em Bolsas de valores do Brasil, que seria intermediado por um fundo gerenciado pela Merryl Lynch. No espaço reservado ao dia 15 de março numa das agendas, está escrito "Mango-Milano 392-8833" (o telefone é do hotel Duomo, onde o italiano costuma se hospedar em Milão). No campo destinado ao dia 6 de abril, outra citação a Mango:

> *Hacer reunión con* Mango — 1 — Cloro/Norte/Evilásio
> — 2 — Seguro saúde Cica
> — 3 — Empreendimento S. Rafael usando *apoyo* Cica
> — 4 — Propaganda para grupo Artplan

Mango conheceu La Salvia num jantar na casa de PC, em 1993, pouco antes da fuga do empresário alagoano. La Salvia convidou Mango para assessorá-lo na tentativa de participar do processo de privatização dos registros civis no Equador

— país onde o testa de ferro de Farias já atuava por meio da Ecuabingo. O plano era fazer uma parceria com um consórcio de empresas equatorianas e uma gigante norte-americana do setor de informática para entrar na licitação. A ideia, no entanto, não foi adiante. Ainda assim, La Salvia e Mango voltaram a buscar oportunidades no Equador. Os dois montaram um projeto para participar do leilão da companhia telefônica do país e tentaram formar um consórcio com a Stet, a poderosa empresa italiana do ramo de telecomunicações. Segundo Mango, essa iniciativa também não vingou.

Delegados da Polícia Federal desconfiam que Jorge Osvaldo La Salvia foi o elo entre PC Farias e os empresários italianos. E que o argentino servia como testa de ferro de Paulo César não só na conta-mãe, mas também em outros negócios. Incluindo o sonho de arrematar uma estatal no Equador. O certo é que PC Farias tinha o hábito de se associar — ou pelo menos de tentar se associar — com estrangeiros investigados em seus países. E muitas vezes o objetivo da associação era comprar estatais ou conseguir concessões de serviços públicos no Brasil e no exterior. A privatização era um negócio bom demais para que PC ficasse longe dele.

Juazeiro, julho de 1993

Toca o telefone na casa de Carlos Gilberto Cavalcante Farias (irmão de PC), e é ele mesmo quem atende. São 9h50 da manhã. Do outro lado da linha está o empresário pernambucano Antônio Cardoso da Fonte Neto. "Tonho", como é chamado pelos amigos, dá a Carlos Gilberto boas notícias sobre Paulo César, foragido da Justiça há 18 dias. Ambos não fazem a menor ideia de que o telefonema está sendo gravado pela Polícia Federal.

Carlos Gilberto: Alô.
Antônio: Grande irmão, como vai?
CG: Agoniado, mano.
A: Eu tenho uma coisa pra lhe dizer..

CG: Diz!
A: Você não pode falar com ninguém. Nem para os seus irmãos.

CG: Sim.

A: Você faz isso pra mim?

CG: Ó Tonho...

A: Então... o pássaro voou! Tudo bem! Tudo bem! Tudo em paz! Tá tudo em ordem!

CG: Voou?

A: Voou!

CG: Ótimo! Ontem?

A: Hoje.

CG: Hoje?

A: Hoje.

CG: Certeza absoluta?

A: Eu estava lá, irmão. Fui levá-lo lá.

CG: Coisa macha da peste...

A: Amigo é pra isso, rapaz. A única coisa boa que presta na vida da gente é ter amigo.

CG: Cabra da gota! (...) Agora, com tranquilidade, outra pátria!

A: Outra pátria! Tranquilo, tranquilo... Já tá lá. Tudo em paz! Tudo ótimo!

CG: Irmão, que Deus lhe dê muitos anos de vida.

A: Pra todos nós...

CG: Felicidades!

A: Tá, meu irmão, tchau!

CG: Tchau!

A fuga de Paulo César Farias é um episódio à parte do rol de enigmas que cercam o ex-tesoureiro de Fernando Collor. Como o procurado número um da Polícia Federal e uma das prioridades da Interpol em todo o mundo conseguiu passar 152 dias foragido, trançando por três municípios no interior do Brasil e cinco países sem utilizar um único documento falso? A Operação Cartagena conseguiu responder a parte dessa pergunta.

PC Farias desapareceu no dia 30 de junho de 1993, um dia antes de a Justiça Federal de Brasília decretar sua prisão. O primeiro trecho da fuga, de Maceió até Ibimirim (Pernambuco), foi feito de carro. Em Ibimirim, ele embarcou num jato particular que fez escalas em Bom Jesus da Lapa (Bahia) e Dourados (Mato Grosso do Sul) antes de chegar a Pedro Juan Caballero, no Paraguai. Nos meses seguintes, o "pássaro" continuou voando: Assunção (Paraguai), Buenos Aires (Argentina), Punta del Este (Uruguai), Londres (Inglaterra) e Bangkok (Tailândia), onde finalmente foi preso, no dia 29 de novembro, após ser reconhecido no Royal Orchid Sheraton Hotel por um turista brasileiro, que tratou de avisar a Embaixada do Brasil.

Paulo César poderia ter sido preso no início desse roteiro, não fosse uma providencial colaboração de policiais brasileiros e uruguaios destacados para a sua captura. Em outubro de 1996, Luis Felipe Ricca contou a magistrados italianos que PC mandou que ele retirasse 1 milhão de dólares de uma conta no SCS Bank Allience de Genebra para distribuir aos agentes da Interpol que o tinham localizado. Segundo Ricca, policiais da Interpol-Brasil foram subornados com 600 mil dólares, e os da Interpol-Uruguai, com 400 mil dólares. A acusação atinge diretamente o principal responsável pela captura de Farias no exterior, o delegado da Polícia Federal Edson de Oliveira, à época chefe da Interpol-Brasil.

Protegido do ex-diretor da PF, depois senador, Romeu Tuma, Edson de Oliveira comandou a superintendência da Polícia Federal no Rio de Janeiro antes de chefiar a Interpol-Brasil. Ficou ao todo cinco anos nos dois cargos, período no qual fez uma coleção de amigos poderosos — entre eles, altos executivos da Rede Globo. A ficha do delegado é extensa. O nome dele apareceu na lista de pagamentos da cúpula do jogo do bicho carioca apreendida pela Polícia Civil em 1994. De acordo com a contabilidade dos bicheiros, Edson de Oliveira, na época a autoridade máxima da PF no Rio, teria recebido 250 mil dólares dos contraventores.

Há outras histórias envolvendo o delegado. Em agosto de 1997, ele foi condenado pela Justiça Federal, em primeira instância, a quatro anos de prisão, multa de 50 salários mínimos e exclusão do serviço público. Crime: extorsão. O episódio aconteceu em 1986, quando o delegado era chefe do setor da PF que controla portos, aeroportos e fronteiras no Rio. Depois de descobrir que dois funcionários da Varig tinham contas em Nova York não declaradas ao fisco, o policial exigiu 150 mil dólares de ambos para que o inquérito não fosse aberto. A chantagem foi denunciada, e Edson passou a ser investigado. A tentativa de extorsão foi confirmada nas apurações, e o delegado foi condenado. Na sentença, o juiz Abel Fernandes Gomes comentou:

— Um delegado da Polícia Federal não ganha tão mal assim, só podendo se atribuir ao réu a ganância na obtenção rápida, febril e repugnante de dinheiro.

Para defender-se das acusações, o policial saiu-se com essa:

— Gostaria de ter o benefício da dúvida. Uma pessoa que tem uma história de sucesso na polícia, nunca teve suspeitas, assumiu inúmeras responsabilidades, não é de repente que vira criminoso. Gosto da polícia. Estou nela por um ideal.

O delegado recorreu da sentença e em 2013 gozava de liberdade.

A primeira denúncia de que Edson de Oliveira teria ajudado PC a fugir surgiu em 1994, numa carta anônima enviada ao Ministério Público. A PF abriu inquérito para apurar o caso. Na prisão em Maceió, Paulo César foi ouvido e disse só ter visto o delegado uma vez na vida, em 1993, quando este foi buscá-lo na Tailândia. Muito antes disso, porém, o nome de Edson de Oliveira já constava da agenda de couro Louis Vuitton de Farias, no item denominado "principais objetivos". As investigações da PF foram encerradas sem apontar absolutamente nada contra o pessoal da casa.

Um fato passou despercebido no inquérito. Em setembro de 1993, Edson de Oliveira telefonou para a direção da Polícia Federal, em Brasília, dando a boa notícia: tinha localizado PC em Londres. O delegado informou, porém, que estava sozinho na capital inglesa e que não poderia garantir o monitoramento do fugitivo. Ouviu do outro lado da linha uma repreensão: para que serve o chefe da Interpol-Brasil se ele não pode pedir ajuda a seus colegas ingleses? Desconfiado da falta de entusiasmo de Edson de Oliveira, um policial que estava na sala no momento do telefonema sugeriu à direção da PF que exigisse do delegado uma confirmação, por escrito, de que ele encontrara Paulo César. Edson de Oliveira mandou o documento, mas logo depois ligou novamente dizendo que havia perdido PC de vista. O azar do delegado foi inversamente proporcional à sorte dos seus amigos na Rede Globo. Na tarde do dia seguinte, a Rede Globo anunciou que o *Jornal Nacional* iria exibir uma entrevista com Farias, localizado em Londres pelo repórter Roberto Cabrini. Na reportagem, o jornalista contou que descobrira o paradeiro de PC após investigar o rumor da presença de um príncipe árabe na capital inglesa que evitava motoristas que falassem português. Numa das cidades mais populosas do mundo, com uma colônia árabe descomunal, Cabrini encontrou Farias disfarçado de príncipe das arábias. Uma história e tanto, que rendeu 80 pontos no Ibope. Na entrevista, concedida num apartamento alugado no bairro de Kensington especialmente para esse fim, PC falou por quinze minutos, sentado confortavelmente num sofá, ao lado do repórter. Segundo a reportagem, Paulo César não sabia que estava sendo gravado.

Após a conversa com Cabrini, Farias tornou a desaparecer. Dois meses depois, quando o ex-tesoureiro de Collor foi detido por sorte em Bangkok, Edson de Oliveira entrou novamente em cena. O delegado foi mais rápido que um colega que se preparava para viajar à Tailândia para buscar PC e embarcou primeiro. Voltou para o Brasil com Paulo César finalmente preso e esse foi o ponto máximo da sua carreira como policial. No ano seguinte, embalado pelo prestígio da missão em Bangkok, candidatou-se ao cargo de deputado, mas perdeu a eleição. Seu *slogan* era: "O homem que prendeu PC."

Brasília, março de 1997

O inquérito 02/97 da DCOIE (Divisão de Combate ao Crime Organizado e Inquéritos Especiais) foi instalado assim que a comitiva brasileira voltou da Itália com os dados da Operação Cartagena. Uma série de medidas foi tomada para neutralizar possíveis interessados em obstruir as investigações — que poderiam estar tanto fora quanto dentro da Polícia Federal. Especialmente dentro. Criada em 1964 como força de apoio civil aos militares golpistas, a PF se tornara um amontoado de grupos e facções, que se odiavam e passavam boa parte do expediente se vigiando e tramando a guerra particular do dia seguinte. Acusam-se uns aos outros de serem bandidos com distintivo e porte de arma, e não foram poucas as vezes em que as ofensas mostraram ter seu fundo de verdade. Eram os Bálcãs no Planalto Central. Quem visse de fora os cuidados que cercavam o inquérito 02/97 poderia pensar que uma síndrome de perseguição tomara conta dos investigadores designados para o caso PC-Máfia. Mas os policiais sabiam do que os policiais eram capazes.

Para garantir o sigilo da apuração, decretou-se que o inquérito correria sob segredo de Justiça. Foram reforçadas as trancas de algumas salas da DCOIE, no 7º andar do "Máscara Negra", como é conhecido o edifício-sede da Polícia Federal em Brasília. Papéis de rascunho usados para anotar dados sobre o caso nunca iam diretamente para a lixeira; passavam antes por um picotador. Os telefones eram utilizados somente para diálogos banais ou conversas em código. Para falar abertamente sobre o inquérito, os investigadores preferiam telefones públicos ou encontros reservados. Neste último caso, para evitar escutas ambientais, as reuniões eram feitas numa sala com a televisão ligada num volume bem alto para abafar o som da conversa.

A estratégia da investigação foi traçada numa reunião para poucos delegados no gabinete, previamente "descontaminado", do diretor da Polícia Federal, Vicente Chelotti. Na abertura, falou-se que o inquérito teria o que fosse necessário para o seu bom andamento — a repatriação do dinheiro tirado do país por PC Farias era uma das prioridades estabelecidas pelo próprio presidente Fernando Henrique Cardoso. Estabelecido o *status* do caso, uma série de providências foi listada. Número um: pedir formalmente à Itália os documentos da Operação Cartagena — esta era a parte mais rápida e tranquila, em virtude das facilidades previstas no tratado de cooperação entre os países. Em seguida, seria solicitada à Justiça da Suíça a quebra de sigilo bancário das contas de PC naquele país. Este era um passo mais difícil, mas os delegados estavam animados. Naquele mesmo mês as cortes helvéticas tinham aberto o segredo e autorizado a repatriação de 4 milhões de dólares das contas mantidas na Suíça pelo ex-juiz Nestor do Nascimento, condenado no Brasil a 16 anos de prisão por fraudes contra a Previdência.

Assim que os documentos da Itália e Suíça chegassem ao Brasil, os dados bancários seriam cruzados, o que permitiria um conhecimento mais detalhado do sistema financeiro de Farias. O último passo seria requisitar a quebra de sigilo das contas do esquema nos Estados Unidos, destino final do dinheiro dos mafiosos recebido por PC. Até lá os governos do Brasil e dos Estados Unidos já teriam firmado um acordo de cooperação semelhante ao da Itália. Enquanto a burocracia estivesse correndo nos gabinetes norte-americanos, os rapazes da CIA que trabalham no cerrado de Brasília poderiam adiantar o serviço, informalmente, levantando informações sobre o(s) destinatário(s) dos recursos em Nova York e Miami.

Certa ou errada, a Polícia Federal tinha uma tese: ao final das investigações descobriria-se que a manipulação dos recursos de PC após sua morte ficara a cargo dos irmãos Farias, e que Collor fora um dos beneficiados do dinheiro dos mafiosos. As contas de Paulo César já estariam muito combalidas, mas ainda assim guardariam pelo menos algumas centenas de milhares de dólares — com sorte, quem sabe, até 1 milhão. Localizados os recursos, as instituições brasileiras então se uniriam para lutar nos foros internacionais para que nossas divisas fossem devolvidas. Os países se curvariam ao que é justo e de direito, e o dinheiro seria resgatado e devolvido aos cofres públicos do Brasil. Fim.

Antes, porém, era preciso um começo — e um delegado para colocar o plano em prática. Para a missão, foi designado Daniel Lorenz, ex-agente do COT (Comando de Operações Táticas, a *swatt* brasileira), que despontava como uma das promessas da corporação. Forjado em ações de combate a traficantes na Amazônia, Lorenz já colocara no chão, a pontapés, muitas portas de esconderijos de criminosos. Paraquedista dos bons e um dos melhores atiradores de elite do COT, Lorenz criara o hábito de receber todos os que o visitavam em seu gabinete "a bala" — de caramelo ou chocolate, guardadas num pote em cima do armário. Seu bom humor só termina quando é abordado por jornalistas; ele fica zarolho, contrai a boca, aperta os olhos, o sangue gaúcho sobe à cabeça e o tempo fecha.

Por melhores que fossem seu currículo e o plano de ação bolado pelos seus superiores, a tarefa de Lorenz não era fácil. O delegado entrava atrasado no caso, bem atrás de seus colegas da Itália e da Suíça. O dinheiro que procurava era ágil, virtual e se escondia nas brechas de legislações financeiras internacionais frouxas ou coniventes. E a chave daquela complicada história, Paulo César Farias, era um homem morto em condições misteriosas.

A parceria do ex-tesoureiro de Collor com a Máfia era muito mais complexa que a primeira versão do Esquema PC. Os objetos da investigação não eram mais as manobras de Farias para tirar dinheiro de empresários ou as negociatas com contratos do governo federal. E sim acontecimentos de uma capilaridade desconcertante, envolvendo algumas das maiores redes transnacionais de lavagem de dinheiro e narcotráfico. Desta vez, os crimes em jogo eram bem mais graves que os subornos pagos e recebidos durante o governo Collor. A suspeita (para o comando ROS, uma certeza) era de que o dinheiro do narcotráfico tivesse sido canalizado para a corrupção de parlamentares brasileiros na época do *impeachment,* por pouco não contaminando o processo de privatização no Equador, colocando em xeque a própria noção de Estado.

Uma das dificuldades do inquérito estava relacionada com a tipificação dos crimes. As provas colhidas durante a Operação Cartagena tinham revelado o seguinte:

- Paulo César Farias tinha um sistema financeiro particular composto de 15 contas-correntes interligadas — seis na Suíça, cinco nos Estados Unidos, uma na Holanda, uma na Inglaterra, uma no Uruguai e uma nas Ilhas Cayman;

- No total, esse sistema movimentou cerca de 35 milhões de dólares;
- A conta bancária de Roterdã e outra nos Estados Unidos receberam depósitos de mafiosos envolvidos com narcotráfico no valor de 2,69 milhões de dólares;
- Da conta no Uruguai foram sacados 5 milhões de dólares para tentar barrar o *impeachment* de Fernando Collor por meio de pagamento de subornos a deputados;
- Da Suíça, saiu mais 1 milhão de dólares para corromper policiais da Interpol-Brasil e Interpol-Uruguai responsáveis pela captura de PC;
- Os Estados Unidos eram o destino final do dinheiro mandado pelos mafiosos.

A investigação sobre o suborno de parlamentares e policiais da Interpol era um osso. Os episódios teriam acontecido quase meia década atrás. Além disso, as propinas teriam sido pagas em *cash*, o que praticamente eliminava a possibilidade de obtenção de provas conclusivas.

Outra pedreira era a apuração das transações financeiras com a Máfia. Que o ex-tesoureiro de Collor recebera 2,69 milhões de dólares de mafiosos não se discutia, mas nem os magistrados e policiais italianos sabiam por que esses recursos foram parar nas mãos de Paulo César. Talvez PC estivesse lavando seus recursos junto aos da Máfia. Talvez estivesse financiando o tráfico de drogas — conscientemente ou não.

Ou, numa hipótese mais remota, poderia estar participando diretamente dos negócios com a cocaína. Ninguém tinha a menor ideia do que de fato havia por trás daquelas movimentações frenéticas. Não bastava para Lorenz encontrar o dinheiro de PC, era preciso dizer a que crimes os recursos estavam ligados. Quando o inquérito 02/97 foi aberto, o Brasil não possuía uma legislação específica sobre lavagem de dinheiro. O melhor instrumento que se tinha à mão eram alguns artigos sobre evasão de divisas, um delito que poderia ser perdoado com o simples pagamento de multas. Ou seja, se a origem dos dólares não fosse decifrada, a Polícia Federal poderia até recuperá-los, mas seria obrigada a devolvê-los à família Farias.

O delegado Lorenz foi orientado pela direção da PF a adotar uma estratégia em três atos. O primeiro deles era fazer com que a Justiça considerasse o caso PC-Máfia como um apêndice dos processos referentes ao Esquema PC, que havia cinco anos estavam sob responsabilidade da 10ª Vara da Justiça Federal de Brasília, do juiz Pedro Paulo Castelo Branco. Seria a garantia de que as principais decisões do caso seriam tomadas pelo juiz que mais conhecia os desvios de PC Farias e que tinha ordenado sua prisão em 1993.

Decidiu-se também que o inquérito seria conduzido formalmente como uma apuração de crimes ligados ao tráfico de drogas. Esta tática fora sugerida pelos procuradores italianos, que haviam conseguido, com o mesmo argumento, congelar uma das contas bancárias de PC na Suíça durante a Operação Cartagena. Desde o final dos anos 1970, a Confederação Helvética vinha sendo pressionada pela comunidade internacional a diminuir a presença de dinheiro sujo no país e a rever o dogmatismo do sigilo bancário, instituído em 1934. Em alguns casos, a Suíça aceitava restituir recursos que tivessem sido comprovadamente contaminados pela droga, pela lavagem de dinheiro ou pela corrupção. As chances aumentavam se os três quesitos estivessem coligados. Foi o que aconteceu com o México. A Suíça reconheceu que 114 milhões de dólares que circulavam em bancos do país em benefício dos irmãos Raúl e Carlos Salinas (este último, ex-presidente do México) eram fruto de negócios com o narcotráfico. As contas foram então bloqueadas para uma futura devolução do dinheiro ao Estado mexicano. O Brasil seguiria na mesma rota: para efeitos legais, o dinheiro que PC Farias guardara na Suíça estava relacionado com droga, corrupção e reciclagem.

Ficou estabelecido também que, ao final do inquérito, na falta de legislação mais severa, os manipuladores e beneficiários dos recursos seriam indiciados por evasão de divisas. Na PF, eram muitas as apostas de que estariam nesse grupo o argentino Osvaldo La Salvia, o ex-presidente Fernando Collor e o deputado federal Augusto Farias, irmão de PC.

A primeira missão do delegado Lorenz era convencer o juiz Pedro Paulo Castelo Branco a assumir o caso na alçada do Judiciário. A confiança da Polícia Federal no juiz era tanta que PP (como é conhecido Pedro Paulo) fora uma das seis pessoas que souberam com antecedência dos reais objetivos da comitiva brasileira que viajou à Itália. Porém, desde que a missão retornara ao Brasil, o juiz dava sinais de que pensava talvez não houvesse nenhum réu a ser julgado ao final das investigações.

O primeiro aceno nesse sentido aconteceu quando Pedro Paulo foi procurado pelo diretor da PF assim que a comitiva voltou da Itália. Foi um contato discreto e informal, no qual Vicente Chelotti relatou ao juiz o que tinha visto em Turim e consultou-lhe sobre a possibilidade de que fosse decretada a prisão preventiva de Jorge Osvaldo La Salvia. Pedro Paulo recomendou que a prisão não fosse pedida porque ainda eram frágeis os elementos contra o testa de ferro de PC em contas no exterior. Chelotti concordou com a ponderação, mas saiu do encontro com a sensação de que daquela vez talvez a Polícia Federal não pudesse contar com a colaboração do juiz.

Como presidente do inquérito, cabia a Lorenz dobrar Pedro Paulo. O delegado redigiu um despacho ao Ministério Público, calculando que o documento iria parar na mesa do juiz, falando da necessidade de as investigações do caso PC-Máfia correrem em sintonia com os processos do Esquema PC. No despacho, Lorenz escreveu que a Operação Cartagena "confirmara a existência de diversas contas bancárias tituladas por Paulo César Cavalcante Farias, chefe do Esquema PC, que eram movimentadas por interpostas pessoas, especialmente Jorge Osvaldo La Salvia e Luis Felipe Ricca, que utilizavam contas bancárias (abastecidas com recursos obtidos por meio) de corrupção e tráfico internacional de entorpecentes".

O juiz não gostou dos argumentos do delegado; achou-os fracos. Antes de se decidir se ficaria ou não com o caso, preferiu ouvir a opinião do Ministério Público — atitude que desagradou à direção da PF, que via grandes chances de os procuradores não se sensibilizarem para a causa. O Ministério Público tinha uma rivalidade histórica com a Polícia Federal, e alguns procuradores estavam ressentidos por não terem sido convidados para compor a comitiva que viajara à Itália. No despacho de volta ao juiz, o Ministério Público soterrou as pretensões de Lorenz: "Nesta incipiente investigação, e com os elementos até agora colhidos, não é possível afirmar que as contas bancárias sediadas no exterior e identificadas como vinculadas ao Esquema PC eram movimentadas com recursos provenientes dos ilícitos penais que foram apurados no IPL 113/92 (o inquérito-mãe do caso PC) ou com dinheiro resultante de atividade criminosa paralela, no caso, tráfico internacional de entorpecentes, em que, segundo o relatório de viagem de folhas 3/10, estaria envolvido o falecido."

Entre a Polícia Federal e o Ministério Público, o juiz ficou ao lado da segunda instituição. Ao recusar o pedido do delegado Lorenz, Pedro Paulo provocou o primeiro desvio de rota nos planos traçados pela PF.

Brasília, outubro de 1992

Dez e quinze da manhã, vai começar a cerimônia no salão contíguo ao gabinete presidencial. É o último ato de Fernando Collor de Mello como presidente da República. Rádios e TVs fazem o que podem para transmitir o réquiem ao vivo. O Brasil está parado. O presidente demonstra a mesma segurança de sempre, está ativo e desembaraçado, enquanto a maioria dos presentes se rói de tensão. O primeiro secretário do Senado, Dirceu Carneiro, comunica formalmente a Collor que no dia anterior fora instaurado um processo de *impeachment* e que, até que o julgamento fosse concluído, ele ficaria afastado do cargo de presidente. Collor ouve impassível as palavras do senador e mantém a cabeça erguida durante todo o tempo. Feita a comunicação, o presidente recebe o documento que oficializa sua expulsão da cena política, olha o relógio, assina o papel e data: 2 de outubro de 1992. Dez e vinte da manhã; está encerrada a solenidade. Fernando Collor não é mais o presidente do Brasil. Ao som das vaias de uma pequena multidão de manifestantes que amanheceu na porta do Palácio do Planalto, Collor deixa o prédio caminhando de mãos dadas com a mulher, Rosane, sob o céu grande angular de Brasília, e embarca num helicóptero. O Brasil explode em festa.

O pedido de *impeachment* encaminhado ao Congresso pelo presidente da Ordem dos Advogados do Brasil, Marcello Lavenère, e pelo presidente da Associação Brasileira de Imprensa, Barbosa Lima Sobrinho, fora endossado por quase mil entidades da sociedade civil. Eram associações de advogados, trabalhadores, agricultores, jornalistas, professores, médicos, ativistas de direitos humanos, economistas, religiosos, sindicalistas, intelectuais, sem-terra, empresários, estudantes, cientistas, defensores dos direitos das crianças e dos adolescentes, mulheres, funcionários públicos, enfermeiros, geólogos, antropólogos, farmacêuticos, atores, donas de casa, parteiras, engenheiros, portuários, negros, políticos, bancários, ferroviários, petroleiros, radialistas, previdenciários, eletricitários, sapateiros, empregadas domésticas, aeroviários, telefônicos, dentistas, feministas, índios, arquitetos, posseiros urbanos, comerciários, assistentes sociais, inquilinos, *gays*, vigilantes e até uma certa Liga dos Indignados do Rio de Janeiro. Parecia impossível que algum dia Collor pudesse se levantar. O tombo no dia 2 de outubro de 1992 — confirmado 89 dias depois pela sentença do Senado que cassou o direito do presidente afastado de se candidatar a cargos públicos por oito anos — dava a impressão de que a carreira política de Fernando Collor terminara.

Em 1979, aos 29 anos, Fernando Collor — um dos mais jovens políticos da Arena (partido da situação criado pelo regime militar para dar um verniz de democracia à ditadura) — foi indicado prefeito biônico de Maceió. Não se tem notícia de nenhuma grande realização nessa primeira fase de sua vida pública. Três anos depois, já no PDS (partido que substituiu a Arena), Collor enfrentou as urnas pela primeira vez e foi eleito deputado federal por Alagoas. Sua passagem pela Câmara foi igualmente medíocre. Somente em 1986 Collor ganhou volume, quando foi eleito governador de Alagoas pelo PMDB, iniciando a trajetória que o transformaria num dos maiores fenômenos políticos da história do país.

Foi durante a campanha para o governo de Alagoas que Collor criou seu primeiro personagem, o "Caçador de Marajás", símbolo da luta contra os funcionários públicos que recebiam altos salários num dos estados mais pobres da Federação. Bonito, verve afiada, destemido, o novo governador encantou boa parte da mídia e, por intermédio dela, o país. Os amigos se multiplicaram. Com a autoridade e as pretensões políticas infladas, Collor resolveu tentar o impossível: eleger-se presidente da República por uma legenda insignificante, o PRN (Partido da Reconstrução Nacional). O devaneio estava escorado numa análise política absolutamente precisa. Entre uma dúzia de candidatos, alguns com mais de 30 anos de estrada,

Collor foi o único a perceber que o país exigia uma mudança radical depois de 21 anos de ditadura e cinco do bagunçado e corrupto governo de transição de José Sarney. O eleitorado queria um presidente que representasse uma nova prática política, que fosse um exemplo de moralidade e que olhasse pelos miseráveis. Collor então criou seu segundo personagem: o político independente que iria desbancar a elite corrupta do país e levar os descamisados ao paraíso. Com 35 milhões de votos (3 milhões a mais que o segundo colocado, Luiz Inácio Lula da Silva), Fernando Collor elegeu-se presidente do Brasil aos 40 anos de idade.

Entretanto, a maquiagem era ruim e o personagem durou pouco. Já no primeiro ano de governo, a imprensa começou a pinçar um e outro caso mal contado de sua gestão. O abalo decisivo foi provocado por Pedro Collor, que, ressentido por uma briga envolvendo os negócios da família em Alagoas, deu uma entrevista à revista *Veja*, em maio de 1992, denunciando a sociedade escusa entre seu irmão Fernando e Paulo César Farias. Daí em diante foi um massacre. Rapidamente improvisou-se uma CPI, e os casos de corrupção no governo e as irregularidades envolvendo Collor e PC brotaram da terra. Em apenas três meses, a Comissão Parlamentar de Inquérito colheu 23 depoimentos, analisou 40 mil cópias de cheques e concluiu que o Esquema PC angariara mais de 32 milhões de dólares, boa parte em nome do e para o presidente. Collor ainda tentou reagir e três vezes usou de sua prerrogativa como presidente para falar diretamente à Nação em cadeia de rádio e TV. Não adiantou. Na última, no dia 13 de agosto de 1992, conclamou a população a sair às ruas, no domingo seguinte, com roupas verdes e amarelas em sinal de solidariedade ao seu governo. No dia marcado, o Brasil vestiu-se de negro numa das manifestações populares mais coesas da história do país. Menos de dois meses depois, Collor entrava pela última vez no Palácio do Planalto para a cerimônia do seu afastamento.

Só Collor acreditava que um dia tudo isso seria esquecido e que ele poderia voltar a ter densidade política. E mais uma vez estava certo.

Em 1999, o vice-presidente do Tribunal Regional do Trabalho do Ceará, juiz Manoel Arísio de Castro, propôs que Fernando Collor fosse condecorado com a mais alta comenda da Casa, a medalha Grão-Colar. A argumentação do juiz:

> Collor deu grande contribuição à Justiça Trabalhista. A mim não compete julgar a atuação política dele. Não me cabe fazer juízo de valor sobre o que ele deixou de fazer de certo ou de errado. Não entrei no mérito se ele prestou um desserviço à Nação.

A proposta foi aprovada pelo tribunal.

Em julho de 1997, a revista *Veja* publicou uma entrevista com o ex-presidente, e 245 leitores escreveram à redação comentando as posições expressas por Collor; 171 leitores condenaram suas pretensões de voltar à vida política, enquanto 74 (30% do total) o elogiaram, disseram que ele havia sido injustiçado e que merecia uma nova chance de disputar a Presidência. Três meses depois, Collor foi homenageado num jantar por um grupo de empresários paulistas.

A redenção foi rápida e espantosa. Talvez nem Collor imaginasse que seria tão fácil voltar à cena depois do linchamento político que sofrera. Sentindo o terreno firme, o ex-presidente foi testando, de forma sutil, os ânimos dos setores que o haviam empurrado para fora da vida pública. Em junho de 1998, Collor deu um passo ousado e encarou os jovens — uma área na qual ele tinha se dado muito mal na época do *impeachment*, quando o juvenil movimento dos "caras-pintadas" simbolizou a luta anticorrupção no país. No *Programa Livre*, um dos mais prestigiados programas de TV para adolescentes, Collor falou o que quis e recebeu mais aplausos que vaias.

A reconciliação prosseguiu. No ano seguinte, ao analisar as contas do governo Collor de 1991, o Tribunal de Contas da União produziu um atestado de bom comportamento para o ex-presidente — além de um atentado à gramática. No relatório, o TCU diz que "é claro que, sob a égide de um presidente da República, ocorre (*sic*) sempre irregularidades e ilegalidades praticadas por gestores". Para o tribunal, Collor não poderia ser responsabilizado pela fantástica usina de desvio de verbas públicas instalada no governo naquele ano. "Não foi (*sic*) encontrado (*sic*) quaisquer atos emanados de sua excelência que determinam pagamentos de qualquer natureza." Mais: "o presidente da República não é gestor de bens, dinheiros ou valores públicos".

Enquanto no Brasil seu passado era diluído pelo tempo, Collor levava uma vida folgada em Miami, onde se autoexilou após o *impeachment*. O ex-presidente comprou em nome da Gazeta de Alagoas International Corporation, uma das empresas de sua família, duas Ferrari: uma modelo Testarossa vermelha, ano 1975, por 84 mil dólares, e outra preta, modelo 355, ano 1995, por 119 mil dólares. As férias de final de ano em 1994 ele passou em Aspen, numa estação de esqui, com toda a família. A jornalista Daniela Rocha fez um levantamento dos principais custos da viagem e calculou que Collor não gastara menos que 1.500 dólares por dia entre aluguel de chalé e carro, contratação de instrutor de esqui particular e refeições em restaurantes de luxo. Nas contas da jornalista, em 16 dias de férias os Collor de Mello torraram 24 mil dólares.

O estilo de vida do ex-presidente nos Estados Unidos era mais que confortável. Em 1996, reportagem do jornalista Fernando Paulino publicada na *Folha de S. Paulo* mostrou que Collor gastava pelo menos 37 mil dólares por mês — sem contar viagens e compras. O ex-presidente morava numa casa comprada à prestação (10 mil dólares mensais) em Bay Harbor — um bairro de classe alta em Miami — com dois andares, quatro quartos, jardim e vista para o mar. Possuía quatro empregados — luxo raro nos Estados Unidos —, tinha aulas particulares de tênis e inglês, frequentava restaurantes restritos a sócios e todo mês pagava as parcelas do *leasing* de uma Mercedes-Benz 320 presenteada a sua mulher.

Como explicar a fartura? O ex-presidente tinha uma resposta: as despesas eram pagas com dinheiro das Organizações Arnon de Mello, o grupo que reunia as empresas dos Collor de Mello em Maceió (três rádios, uma TV, um jornal e uma gráfica). A Receita Federal desconfiou da origem dos recursos do ex-presidente. Collor era um entre quatro irmãos, e as Organizações Arnon de Mello estavam longe de ser uma potência empresarial (pelo contrário, amargavam prejuízos seguidos). Uma tropa de fiscais foi enviada à capital alagoana e descobriu que, oficialmente, o dinheiro saía das empresas. Eram retiradas substanciosas, uma média de 100 mil dólares ao mês, tudo devidamente legalizado no Banco Central. Fiscais da Receita que trabalhavam na missão não encontraram irregularidades, mas nunca conseguiram entender como as Organizações Arnon de Mello, que até pouco tempo antes renegociavam uma dívida de 500 mil reais da TV com o INSS, davam tanto lucro.

Desde o *impeachment*, Collor e o fisco não voltaram a se dar bem. A Receita Federal lhe cobrava uma dívida antiga, referente à sonegação de imposto de renda sobre os 5 milhões de dólares do suposto empréstimo da Operação Uruguai. O ex-presidente se dizia perseguido. Depois de anos de disputa, recursos e contestações, a 4ª Câmara do Conselho de Contribuintes Fiscais determinou que Collor pagasse entre 1 e 2 milhões de dólares de impostos devidos, bem menos que os 3 milhões reclamados pela Receita.

A Operação Uruguai é um capítulo à parte no currículo de Collor. A transação foi fabricada no auge das descobertas da CPI, quando os parlamentares quiseram saber como Collor conseguia manter um padrão de vida tão elevado. Sem melhor resposta à mão, combinou-se que o secretário particular do presidente, Cláudio Vieira, diria em depoimento à CPI que os gastos do seu chefe eram custeados com dinheiro tomado emprestado no Uruguai (5 milhões de dólares) de uma empresa de araque chamada Alfa Trading. O dinheiro era de Collor, mas o empréstimo fora feito em nome do seu secretário particular. Quando Cláudio Viera contou essa história na CPI, a gargalhada foi geral e nem o secretário conseguiu segurar o riso. Formalmente, a Operação Uruguai existiu. E formalmente Collor não pagou um centavo. A suposta dívida venceu em maio de 1996, mas a Alfa Trading, generosa, permitiu que o débito fosse rolado. A renegociação foi feita em termos tão suaves que até os avalistas da primeira versão do empréstimo — os empresários de Brasília Luiz Estevão e Paulo Octavio — foram dispensados.

Os personagens da Operação Uruguai seguiram caminhos diferentes. Luiz Estevão elegeu-se senador pelo Distrito Federal, em 1998, e com menos de um ano de mandato atolou-se até o pescoço na CPI do Judiciário. Na investigação de superfaturamento na obra da sede do Tribunal Regional do Trabalho de São Paulo, a comissão descobriu que, dos 231 milhões de reais gastos no prédio, 169 milhões foram desviados. Desse total, 62 milhões de reais foram parar em contas bancárias de Estevão e suas empresas. O amigo de Collor teve o mandato cassado. Em 2013, um ano após fazer acordo para devolver 468 milhões de reais aos cofres públicos pelas verbas desviadas da obra do TRT paulista, Luiz Estevão foi condenado em primeira instância por sonegação. Ainda assim, preparava sua volta à política.

O deputado Paulo Octavio, o outro avalista da Operação Uruguai, foi eleito deputado federal e depois vice-governador de Brasília. Em 2013, foi acusado pela Procuradoria Geral da República de ser um dos chefes de um megaesquema de corrupção na capital federal. Já Cláudio Vieira endividou-se com agiotas em 1 milhão de reais, não pagou, foi ameaçado de morte e fugiu de Brasília deixando um rastro de cheques sem fundos.

No quesito comunicação, Fernando Collor continuou sendo um craque. Além de usar a TV, o rádio e a imprensa escrita, passou a falar à população também por meio da internet. A página do ex-presidente na rede trazia foto dele em cores, biografia e explicava que o *impeachment* tivera como causa o descontentamento de alguns setores da sociedade com as reformas liberais que seu governo promovia. Listava suas principais realizações: inserção do Brasil na economia mundial, fim da reserva de mercado de informática, implementação do Mercosul, proteção às populações indígenas, melhoria da educação e o fim da "aventura nuclear". Collor divulgou que escrevera um livro — *Crônica de um golpe — A versão de quem viveu o fato* — e colocou no *site* o que seria o seu primeiro capítulo. Meses depois, retirou-o da rede para corrigir erros de português. Nunca mais voltou a falar no livro.

O ex-presidente também soube ocupar espaços no exterior. Em entrevista a um programa da cadeia mundial de televisão CNN intitulado *Brazil: A Giant Awakes* (Brasil: o despertar de um gigante), Collor anunciou que gostaria de ser presidente novamente. Em Estocolmo, deu uma palestra no seminário "O Gigante Acordou: O Papel do Brasil no Cenário Global" e disse ter notado na Suécia um compromisso forte com a prosperidade, o progresso e o contínuo desenvolvimento, tudo embalado numa consciência ambiental.

— Esses ideais também fizeram parte da minha administração — reparou sem falsa modéstia.

O jornal dos Collor de Mello, a *Gazeta de Alagoas*, noticiou, em manchete, a participação do ex-presidente no seminário de Estocolmo com o seguinte título: "Collor alerta sobre globalização."

Em 1992, com o *impeachment*, Collor morreu politicamente. Menos de cinco anos depois, estava mais vivo que nunca.

30

Maceió, junho de 1996

— Minha irmã levou porrada!

— O que você está dizendo?

— Isso mesmo, minha irmã levou muita porrada antes de morrer. O corpo dela está cheio de hematomas.

Jerônimo conversa comigo. Fomos apresentados quando fumávamos do lado de fora do velório do cemitério Parque das Flores, na madrugada de uma segunda-feira na capital alagoana.

— Você publicaria isso no jornal, que minha irmã levou porrada? — prossegue Jerônimo.

— A coisa não é tão simples assim — respondo. — Posso publicar que você afirma que sua irmã foi agredida, mas não posso dizer que isso de fato aconteceu. Para isso, precisaria ver os hematomas que você diz que existem, precisaria examinar o corpo da sua irmã. Mas também não posso te pedir isso. Estamos no velório dela, está cheio de gente aqui.

— Mas ela levou porrada... Não foi suicídio. Mataram ela!

Aos 29 anos, Jerônimo ajudara a vestir o corpo da irmã caçula, Suzana, de 26. Estava transtornado. Não aceitava a versão que corria na cidade, a de que Suzana matara o namorado, Paulo César Farias, e depois se suicidara. Para Jerônimo, o casal fora assassinado, e era óbvio que o motivo estava ligado a PC Farias e não a Suzana. Ao vestir o corpo da irmã, viu as manchas roxas. Temeu as consequências que sua família poderia sofrer caso contasse o que tinha visto — Alagoas inspira certos cuidados. Porém Jerônimo não se conformava e queria tentar limpar o nome da irmã. A poucas horas do enterro, buscava um modo de comprovar que Suzana fora espancada antes de morrer.

Suzana Marcolino da Silva nasceu na cidade de Palestina, sertão de Alagoas. De família humilde, estudou pouco e aprendeu a se virar. Alegre, bonita, de corpo escultural, percebeu que os homens valorizavam esses três atributos e não se vexava de tirar proveito disso. Durante cinco anos, fora amante de Mário Torres, ex-prefeito de Rio Largo, um homem poderoso e rico para os padrões locais. Aos 18 anos, teve um *affair* com o então governador do Estado, Fernando Collor. Em companhia da prima Zélia Maciel, frequentava a boate de Jorge Bandeira em Maceió, a Middô, onde sempre havia quem pagasse suas contas. Em janeiro de 1995, uma entregadora de marmitas levou-a ao quartel do Corpo de

Bombeiros para apresentá-la a PC Farias, que lá cumpria pena numa cela especial. Suzana passou a frequentar o cárcere de Paulo César, onde passava horas. Algumas vezes, saiu do quartel de madrugada.

As visitas minimizavam a solidão de PC e ele foi se afeiçoando à moça. Quando o empresário saiu da prisão, logo após o Natal de 1995, Suzana tornou-se sua namorada oficial. Era tratada com presentes caros e pequenos mimos. No aniversário de 26 anos, em agosto daquele ano, ganhou do namorado um Fiat Tipo zero-quilômetro. Na verdade, o carro continuou sendo de Paulo César, já que os documentos foram tirados em nome da Blumare, a revendedora Fiat da família Farias. Pelas mãos de PC, Suzana realizou seu sonho de ter uma *boutique*, a Lady Blue, comprar muitas roupas e viajar pelo Brasil e para o exterior.

Suzana estava sempre à disposição do namorado; bastava um telefonema, não importava a hora, e ela ia ao seu encontro na casa de praia no bairro de Guaxuma, a 30 quilômetros do centro de Maceió. PC evitava levá-la à sua residência, uma mansão avaliada em 5 milhões de dólares no Alto das Mangabeiras. O empresário considerava que a casa de praia era o local mais apropriado para o tipo de relação que tinha com Suzana, evitando se indispor com seus irmãos, com os parentes da ex-mulher, Elma, e principalmente com seus filhos, Paulinho, de 14 anos, e Ingrid, de 16, que passavam longas temporadas em Maceió quando estavam de férias do colégio interno na Suíça.

PC Farias tinha amantes, como a inglesa Zara Malone, mas Suzana tinha *status* de namorada. Essa condição foi demonstrada publicamente em maio de 1996, quando Paulo César compareceu ao velório do pai, Gilberto, de braço dado com Suzana. Durante dias, foram o assunto das rodas de Maceió: PC, então com 50 anos, assumia publicamente o namoro com uma mulher que tinha praticamente metade da sua idade.

Pouco mais de um mês depois de aparecer com o namorado no velório do patriarca dos Farias, Suzana foi a São Paulo para fazer compras e tratar dos dentes. Numa *boutique* na rua Oscar Freire, comprou mais de mil reais em roupas, mostrou a foto de PC para as vendedoras e pagou com um cheque sem fundos. Sua conta no Banco Rural estava negativa em 16 mil reais (mil reais acima do limite de crédito concedido pelo banco, sob o aval de Paulo César). Suzana já havia sido repreendida pelo namorado por conta dos excessos nos gastos, mas não se importava. PC achava que a namorada precisava aprender a controlar seus impulsos e decidira não cobrir o rombo, deixando que ela arcasse com as consequências da sua irresponsabilidade. Suzana, no entanto, continuava gastando. Acreditava que o empresário acabaria tirando sua conta do vermelho, como sempre fizera.

Na sexta-feira 21 de junho, depois de distribuir cheques sem fundos no comércio paulista, Suzana foi ao dentista e, ao final da sessão, sugeriu um jantar a dois. Fernando Colleoni, um rapagão de 29 anos, bonito e desimpedido, topou na hora e ficou de apanhá-la por volta das oito horas. Naquela noite, jantaram num restaurante romântico de São Paulo, passearam de carro pela cidade e se divertiram até a madrugada. Suzana contou ao dentista que seu namorado era o vilão número um do Brasil. Em vez de medo, a referência tornou ainda mais excitante a traição.

No dia seguinte, Suzana retornou a Maceió. Chegou em casa fazendo festa, mostrando as roupas que tinha comprado em São Paulo e, empolgada, conversou com a mãe, Maria Auxiliadora, sobre os planos de montar uma segunda *boutique*. Dormiu a tarde toda; queria estar bem-disposta à noite. Paulo César tinha mandado chamá-la para um jantar na casa de praia. Após a sesta, Suzana foi ao salão de beleza Liu's, no centro. A cabeleireira Rosa Maria fez de tudo para que sua cliente cortasse a franja, mas Suzana disse que o namorado não gostava. Penteado de festa, unhas pintadas, Suzana deixou o salão já no início da noite. Passou numa loja e foi para a casa de praia, onde a aguardavam o namorado e seus irmãos Cláudio e Augusto Farias, este último acompanhado da namorada, Milane.

O garçom Genivaldo não deixou os copos vazios antes, durante e depois do jantar. Consumiu-se champanhe, vinho e uísque 60 anos com fartura. A comida foi servida pouco depois da meia-noite. PC, Suzana, Augusto e Milane comeram camarão em espetinhos (Cláudio não quis ficar para o jantar). Poucas horas após a ceia, Suzana e PC Farias foram mortos com um tiro cada um.

Todos os que estiveram na casa de praia naquela noite juram não saber contar o que aconteceu. Augusto Farias e a namorada dizem ter ido embora assim que terminou o jantar, por volta de uma da manhã. PC e Suzana teriam continuado bebendo, de acordo com o relato do garçom. Os seguranças Adeildo e José Geraldo — soldados da PM que trabalhavam para PC nas horas de folga — afirmam que, cerca de três horas após a partida de Augusto e Milane, Paulo César e Suzana tiveram uma discussão, que pôde ser ouvida do lado de fora da casa. Quando os ânimos serenaram, PC teria informado aos seguranças que estava indo dormir e ordenado que o despertassem às 11 horas — o empresário queria caminhar na praia. Ninguém viu nem escutou mais nada. De manhã, os corpos foram encontrados no quarto do casal.

Os dois seguranças, o vigia Manoel, o garçom Genivaldo e os caseiros Leonino e Marise, que passaram a noite na propriedade, juram não ter escutado os disparos que mataram Farias e a namorada. Marise, a caseira, conta que entrou na casa às nove da manhã. Estava varrendo a sala, segundo ela, quando encontrou uma bala de revólver no chão. Ela então chamou os seguranças Reinaldo e Josemar — que tinham rendido Adeildo e José Geraldo no início da manhã. O vigia

Manoel também foi acionado. Todos contaram a mesma versão à polícia: bateram na porta do quarto do patrão; ninguém respondeu. Tentaram abri-la, mas estava trancada. Com a ajuda de uma barra de ferro, forçaram a janela do quarto pelo lado de fora até arrombá-la, quando então puderam ver os corpos de PC e Suzana na cama. Ele, de pijama de seda cinza. Ela, de camisola estampada, também de seda. Em cima da cama, um revólver.

Na versão dos seguranças, da caseira e do vigia, Augusto Farias foi imediatamente chamado pelo celular, porém só soube da tragédia quando chegou à casa de praia de Guaxuma, pouco depois das 11 da manhã. Após o choque, a primeira providência, segundo contou Augusto, foi telefonar para o secretário de Segurança Pública de Alagoas, José Amaral. Este, por sua vez, preferiu não acionar o delegado da Polícia Civil de plantão na área, como seria de praxe, mas sim outro de sua confiança, Cícero Torres. Antes do meio-dia, o delegado já estava no local do crime.

Quando Torres chegou, a casa estava cheia de gente — parentes, amigos e funcionários de PC. Várias pessoas tinham entrado no quarto onde estavam os corpos, mas ninguém havia mexido em nada, foi o que disseram ao delegado, e ele acreditou. Às 11h20, chegaram os peritos. Tiraram 220 fotos dentro e fora da casa, apreenderam o revólver que estava em cima da cama, próximo ao corpo de Suzana, e recolherem impressões digitais. A caixa do revólver foi encontrada dentro do porta-luvas do carro da namorada de PC. Por ordem de Augusto Farias, não foi permitido o acesso de parentes de Suzana, e eles tiveram de esperar do lado de fora da casa, junto com jornalistas e curiosos.

Pouco antes das 4 da tarde, os corpos foram levados para o Instituto Médico Legal de Maceió. Na falta de material adequado, os legistas alagoanos usaram uma faca de cozinha para abrir os corpos de Suzana e Paulo César. Deduziram, pela rigidez cadavérica e temperatura dos corpos, que ambos teriam morrido entre 5 e 7 da manhã. Havia resíduos de pólvora nas mãos de Suzana; nas de PC, não. Para o delegado Cícero Torres, era o bastante. Antes do fim do dia ele anunciou que o caso estava praticamente resolvido: crime passional seguido de suicídio.

— Minha convicção de que Suzana matou Paulo César e depois se suicidou está baseada no que a perícia e a autópsia apuraram — declarou o delegado aos repórteres.

Jornalistas de todo o país enviaram suas reportagens destacando a conclusão — precoce, mas oficial — da Polícia Civil. Depois, se dividiram para acompanhar os velórios. Terminada a função dos legistas, o corpo de PC foi levado para a sede de uma de suas empresas, a Tratoral, onde foi velado por uma pequena multidão. O de Suzana foi diretamente para o cemitério Parque das Flores, onde alguns poucos amigos e familiares o aguardavam (entre eles, a mãe, Maria Auxiliadora, e os irmãos, Jerônimo e Ana Luíza, e a prima Zélia Maciel).

De madrugada, no velório de Suzana, Jerônimo voltou a me procurar.

— Quero que você veja o corpo da minha irmã. Quero que você veja os hematomas.

São Paulo, dezembro de 1995

Paulo Sércio estava passando por uma má fase. Sua conta bancária na agência paulistana do banco Financial Português, que chegara a ter 4,2 milhões de dólares, estava raquítica e não havia previsão de melhoras. Quem tem um problema tem dois, porque eles nunca vêm sozinhos, diz o ditado. Sércio tinha uma lista deles. Sílvia — a namorada que conhecera quando o dinheiro era farto — se afastava à medida que seu saldo médio caía. Além das dificuldades de caixa e da deterioração do namoro, uma neurose que o acompanhava havia anos se tornara aguda: uma sensação de medo constante, que fazia com que só conseguisse dormir com a luz acesa. Paulo Sércio também andava cheirando cocaína demais — alguns amigos o tinham apelidado de "aspirador de pó". O consumo da droga crescera depois que ele se envolveu num caso policial complicado e foi chamado a depor na Justiça. Porém, não chegou a fazê-lo. Poucos dias antes da data marcada para o depoimento, foi encontrado morto no seu quarto com um tiro. A conclusão da Polícia Civil de São Paulo foi a de que ele tinha se suicidado.

O nome do carioca Paulo Sércio apareceu pela primeira vez em investigações da Itália e da Suíça em 1993, quando 2,1 toneladas de cocaína escondidas num carregamento de couro e solas de sapato foram apreendidas no Brasil. O contêiner com a carga camuflada era destinado à cidade de Cadenazzo, na Suíça, mas a droga seria retirada antes, na Itália, num galpão próximo de Turim. A cocaína, no entanto, acabou sendo descoberta pela Polícia Federal no Rio Grande do Sul, em julho, antes do embarque para a Itália. Foi a maior apreensão da droga feita no Brasil até então. Meses depois, a organização que importara a cocaína foi desbaratada pelos policiais italianos do esquadrão ROS. Um mafioso que se transformara em colaborador de Justiça, Antonio Scambia, contou que o carregamento do Rio Grande do Sul tinha na verdade 3 toneladas de cocaína e não as 2,1 toneladas do registro oficial. Segundo ele, 900 quilos da droga foram apropriados por agentes da PF envolvidos na ação — informação negada peremptoriamente pelas polícias do Brasil e da Itália.

Fato é que os dados passados por Scambia sobre o funcionamento da rede de narcotráfico levaram a polícia italiana a identificar o tesoureiro da organização, o mafioso Angelo Zanetti. Quebrado o sigilo bancário de Zanetti na Suíça, descobriu-se que o italiano fizera uma remessa de 1,9 milhão de dólares para o Brasil na mesma época em que o carregamento de cocaína deveria ter sido embarcado no Rio Grande do Sul. O dinheiro fora enviado para a agência do Banco Financial Português de São Paulo e seu destinatário era Paulo Sércio. Na apuração, ficou comprovado que Sércio recebera este e outros depósitos da organização, no valor total de 4,2 milhões de dólares. Parte do dinheiro chegara a ele por meio de depósitos feitos numa conta bancária nos Estados Unidos aberta em nome de Norma Sércio, mãe do carioca. Policiais italianos e suíços que trabalhavam no caso apostaram que uma investigação mais profunda no Brasil levaria aos responsáveis pelo carregamento de cocaína apreendido no Rio Grande do Sul. Decidiram então acionar a Polícia Federal e a Justiça brasileira.

Um policial suíço que trabalhara como adido militar em Brasília — período no qual aprendera a gostar (e a cantar) músicas da dupla Leandro & Leonardo — forneceu à DRE (Divisão de Repressão a Entorpecentes da PF) a pista do possível envolvimento de Paulo Sércio — ainda vivo — com o carregamento de cocaína apreendido no Sul. Na mesma época, a Itália informou a autoridades brasileiras que encaminharia um pedido formal à Justiça para que os suspeitos de ter ligação com a droga encontrada no porto gaúcho — entre eles, Paulo Sércio — fossem chamados a depor.

A DRE designou dois agentes — conhecidos como Podrão e Dark — para investigar a conta do carioca no Banco

Financial Português. Munidos de uma autorização judicial, os agentes analisaram extratos da conta e confirmaram o depósito de 1,9 milhão de dólares feito por Zanetti. Podrão e Dark relataram a seus superiores que tinham encontrado a conta praticamente vazia. A DRE não viu sentido em continuar vasculhando a vida de Sércio, e a apuração parou por aí, para desgosto dos policiais europeus. Logo depois chegou da Itália a solicitação para que Sércio fosse ouvido no Brasil. No entanto, aproximadamente um mês antes da data marcada para o depoimento, ele apareceu morto no seu apartamento em Moema.

Ou seja, quando procuradores italianos estiveram em Brasília no final de 1996 para relatar a descoberta dos depósitos bancários feitos por mafiosos em contas de PC Farias, era a segunda vez que a Polícia Federal recebia informações sobre o envolvimento de brasileiros com a organização de Antonio Scambia, Angelo Zanetti e Alfonso Caruana. Investigadores italianos desconfiavam da negligência com que o caso fora tratado na primeira vez pela DRE e achavam que a Polícia Federal deveria investigar a Polícia Federal. Os delegados que assumiram as novas averiguações também pensavam assim.

Antes de embarcar para Roma, o diretor da PF recebeu o telefonema de um policial que havia participado da primeira investigação, a que fora abortada. O policial disse a Chelotti que não era preciso viajar à Itália para conhecer as informações da Operação Cartagena porque a DRE já havia se debruçado sobre o caso e não encontrara absolutamente nada. Chelotti agradeceu a sugestão, mas preferiu viajar assim mesmo. Quando a missão retornou ao Brasil, uma das providências tomadas pela DCOIE (Divisão de Combate ao Crime Organizado e Inquéritos Especiais), que assumira as investigações, foi requisitar o resultado das diligências feitas pela DRE em relação a Sércio. O objetivo era checar a conduta dos policiais da divisão envolvidos no caso. Agentes da DRE passaram um final de semana trabalhando na documentação antes de cumprir a ordem de Chelotti — fato considerado estranho pelos delegados da DCOIE.

Enquanto a DCOIE tentava avançar no caso, a DRE fazia de tudo para freá-lo, mesmo fora da Polícia Federal. Antes de se decidir se ficaria ou não com o caso PC-Máfia, o juiz Pedro Paulo Castelo Branco foi procurado por um delegado da DRE, que lhe contou que as informações repassadas à comitiva brasileira em Turim tratavam de um assunto velho e sem delitos aparentes. O fato aconteceu na mesma época em que o delegado Daniel Lorenz, da DCOIE, solicitava ao juiz que ficasse com o caso, considerando-o um apêndice das investigações do Esquema PC. Quando soube que um colega seu tentara influenciar o juiz para brecar a apuração, Lorenz ficou furioso.

As suspeitas se multiplicaram durante a nova apuração da morte de Paulo Sércio. De saída, um elemento chamou a atenção da DCOIE: o carioca só dormia com a luz acesa, mas seu corpo fora encontrado no quarto com a luz apagada e a porta fechada. Ou Sércio se enchera de coragem momentos antes de se matar, ou os policiais civis de São Paulo que apuraram as circunstâncias da morte haviam sido enganados. Essa segunda tese foi reforçada por outros elementos estranhos na cena do crime. O primeiro deles: Silvia, a namorada, estava no apartamento de Moema quando o tiro foi disparado, mas disse não ter ouvido nada. Outro ponto: uma ex-companheira de Sércio que fora até o apartamento dele quando soube da morte disse ter visto no local uma pasta tipo 007 arrombada. A maleta nunca apareceu.

Na nova investigação do "suicídio", buscou-se também alguma relação entre a morte de Sércio e o dinheiro enviado a ele por Angelo Zanetti. Procurado para falar sobre a conta do carioca, o gerente do Banco Financial Português, que o atendia, desapareceu. Tempos depois foi localizado pela Polícia Federal quando seu nome apareceu no registro de compra de um imóvel em Uberaba, Minas Gerais. Assustado, afirmou não saber de nada.

O dado mais curioso sobre a morte de Sércio, no entanto, estava à disposição de quem tivesse mínimos conhecimentos de balística. O tiro que o matou atingiu a região esquerda do tórax, próximo à axila, e seguiu uma trajetória da esquerda para a direita no corpo. Como Sércio era destro, teria de ter feito um movimento desconfortável, quase doloroso, para colocar o revólver próximo à axila esquerda, de lado, com o cano voltado para a sua direita. Uma pergunta passou a assolar os investigadores do caso PC-Máfia: por que o carioca não dera um tiro na boca ou no coração, como faz a maioria dos suicidas? A resposta parecia óbvia: porque provavelmente não se matara; tinha sido assassinado.

Brasília, março de 1997

Com a decisão do juiz Pedro Paulo Castelo Branco de não aceitar que o caso PC-Máfia tramitasse paralelamente às maduras investigações do Esquema PC, foi preciso fazer um sorteio para ver qual juiz ficaria com o inquérito — como é feito de praxe com as apurações novas que chegam à Justiça. A Polícia Federal torcia para que Pedro Paulo fosse o sorteado, confiando que o juiz se envolveria com a história à medida que fossem aparecendo as primeiras provas. A PF tinha boas chances, mais precisamente 50%, já que Pedro Paulo comandava uma das duas únicas varas criminais federais de Brasília. Nos dias que antecederam à decisão, delegados passaram o dia fazendo figa e pedindo a seus santos protetores que Pedro Paulo fosse o escolhido. Na véspera, teve policial que não dormiu à noite.

No sorteio, saiu a pedra do juiz Marcus Vinícius Reis Bastos.

Logo na saída, o juiz mostrou que não facilitaria as coisas para o delegado Daniel Lorenz. Bastos não autorizou que os segredos bancários dos mafiosos Angelo Zanetti, Antonio Scambia e companhia fossem requisitados à Itália. Também não autorizou que o sigilo telefônico do finado Sércio fosse suspenso para que se conhecessem os nomes das pessoas para quem ele ligava e que telefonavam para ele. O juiz só deferiu esses dois pedidos da Polícia Federal mais tarde, em outras tentativas do delegado. Antes de negar as primeiras solicitações, o juiz teve o cuidado de consultar o representante do Ministério Público no caso, o procurador Luiz Augusto Lima, que também considerou os argumentos do delegado insuficientes.

A atitude de Lima era um reflexo da postura do dirigente do Ministério Público, o procurador-geral da República, Geraldo Brindeiro. Apelidado em algumas rodas do Congresso de "engavetador-geral da República" ou simplesmente "*freezer*", Brindeiro tomara conhecimento das relações de PC Farias com a Máfia pela imprensa. Sentiu-se na obrigação de agir. Pediu então ao procurador Carlos Eduardo Bueno que gastasse o seu italiano num telefonema para o magistrado Marcello Maddalena (um dos responsáveis pela Operação Cartagena) e procurasse se informar sobre os acontecimentos. Bueno conversou com seu colega italiano e depois relatou a Brindeiro que os fatos até então apurados permitiam afirmar somente que PC utilizara a mesma lavanderia de mafiosos e nada além disso. Suposições de que Farias financiara o tráfico ou participara da compra e venda de cocaína não passavam de suposições. O procurador-geral deu-se por satisfeito e sua participação mais ativa no caso encerrou-se aí (mais tarde, quando o assunto cresceu e o Ministério Público foi forçado a acompanhar o inquérito policial, como determina a Constituição, Brindeiro voltou a assinar alguns papéis, cumprindo as tarefas burocráticas que o cargo lhe impunha).

A demora da Justiça Federal em pedir formalmente à Itália e à Suíça a quebra de sigilo bancário das contas do caso PC-Máfia teve um impacto negativo nesses dois países. Quando as solicitações foram finalmente feitas, quem passou a catimbar foram os italianos e os suíços, desconfiados se de fato o Brasil entraria no jogo.

A Itália respondeu que iria mandar os documentos rapidamente e passou meses repetindo isso — apesar de já ter uma cópia dos papéis pronta desde a viagem da comitiva brasileira a Turim. Em Genebra, a mesma coisa. O policial suíço que acompanhava o desenrolar do caso nas cortes helvéticas — aquele mesmo que é fã de Leandro & Leonardo — dizia que o envio dos documentos iria atrasar porque alguém havia questionado, em juízo, a quebra do sigilo pedida pelo Brasil. Mais tarde a PF soube que não havia nenhum impedimento formal para a demora na remessa dos papéis, muito menos uma contestação na Justiça suíça.

A situação foi se estendendo, os meses foram passando e nenhuma autoridade tomava uma providência para saber por que os pedidos da Justiça brasileira à Itália e à Suíça demoravam tanto para ser respondidos. O delegado Daniel Lorenz se encheu de tanto esperar e decidiu ir a Roma e a Genebra saber o que estava acontecendo. Entretanto, acabou impedido por uma decisão da própria direção da PF: no final de 1997, nove meses depois de iniciar seu trabalho e de ter feito avanços significativos, Lorenz foi promovido, deixando o caso sem nunca ter visto formalmente um documento sequer da Operação Cartagena.

Maceió, junho de 1996

Jerônimo e eu combinamos examinar o corpo de Suzana quando estivéssemos sozinhos no velório. O irmão da namorada de PC rejeitou a minha proposta de que um fotógrafo registrasse a cena. Deveríamos estar a sós — e nada de câmeras. O pessoal da imprensa que fazia a cobertura do velório deixou o cemitério poucas horas antes do nascer do dia. Agora estávamos os dois diante do caixão.

Primeiro, Jerônimo levantou o véu de telinha que cobria o rosto da irmã.

— Olhe aqui, o hematoma!

Era um calombo arroxeado na testa de Suzana de 4 centímetros de diâmetro, perfeitamente visível. Jerônimo não se conteve e chorou.

— Bateram na minha irmã. Por que fizeram isso?

Ele queria mostrar mais. Abriu a boca de Suzana e suspendeu o lábio superior com as duas mãos. A mucosa estava machucada, tinha uma marca de 2 centímetros aparentando um corte superficial. Para ele, a irmã havia levado um soco ou um tapa no rosto, ferindo-se com seus próprios dentes. Jerônimo avisou que havia outros hematomas nas pernas. Para mostrá-los, precisaria retirar as flores que enfeitavam o corpo da irmã no caixão. Os enfeites foram colocados no chão e então Jerônimo suspendeu parte da roupa de Suzana, revelando mais manchas roxas. Depois, arrumou as flores de volta e tornou a cobrir o rosto da irmã com o véu. Beijou-lhe a face e pediu que eu fosse embora.

Horas depois, consultado ao telefone por mim, o legista Nelson Massini, professor da Universidade Federal do Rio de Janeiro e um dos profissionais mais respeitados do país, disse que a mancha no rosto de Suzana e a marca na parte interna do lábio eram "fortes indicativos" de lesão ocorrida antes da morte. De acordo com Massini, se Suzana realmente se matara com um tiro no peito e caíra de costas na cama, não haveria explicação para as marcas no rosto e no lábio.

— Se há lesões no rosto é porque pode ter havido outro fato anterior à morte — explicou o legista.

Quarenta e oito horas após os corpos de PC Farias e sua namorada terem sido encontrados, uma reportagem minha publicada na *Folha de S.Paulo* revelou a existência das marcas no corpo de Suzana e a opinião de Massini. Os legistas alagoanos responsáveis pelo laudo oficial rejeitaram a opinião do colega do Rio. Para eles, as manchas eram decorrentes de hemorragias ocorridas após a morte, quando o sangue se acumula nas partes baixas do corpo. Não souberam explicar, contudo, de que forma o sangue ficara acumulado na testa de Suzana, contrariando a lei da gravidade. O delegado Cícero Torres, por sua vez, ignorou o fato. E ficou por isso mesmo.

A versão de crime passional seguido de suicídio não convencia o país. Era difícil acreditar que Paulo César Farias tivesse morrido pelas mãos de uma mulher de 26 anos, de origem humilde, com quem dividia a cama. Haveria, com certeza, dezenas de pessoas interessadas no silêncio do empresário — gente de poder, fortuna e prestígio que escapara ilesa do terremoto que varreu o país com as denúncias do Esquema PC no início dos anos 1990 e que pretendia continuar na sombra. O ex-tesoureiro de Collor fora execrado pela opinião pública, abandonado pela maioria dos seus antigos parceiros e, finalmente, preso, mas nunca delatara os envolvidos no esquema, muito menos quem se beneficiara dele. Assumiu sozinho uma culpa que poderia ser dividida com muitos.

PC morreu uma semana antes do depoimento que daria no Supremo Tribunal Federal com a ex-ministra da Economia Zélia Cardoso de Mello no processo que apurava possível tráfico de influência para beneficiar empresas de transporte durante o governo Collor. No dia 16 de dezembro de 1990, a Rodonal (a associação nacional de transportes rodoviários interestaduais e internacionais) depositou 813 mil dólares na conta de uma das empresas de PC. No dia seguinte, a então ministra Zélia autorizou reajuste de 17,4% nos preços das passagens de ônibus, que até então estavam congelados. Paulo César era suspeito de ter recebido o dinheiro da Rodonal para influenciar a ministra a conceder o aumento. A suposição era calcada no fato de que PC fora flagrado pagando contas particulares de Zélia. Se PC estivesse vivo, poderia esclarecer o que de fato aconteceu naquele episódio. Este foi um dos muitos segredos que o empresário alagoano levou consigo, alimentando a desconfiança nacional de que sua morte era uma sofisticada operação de queima de arquivo e não um grotesco crime passional.

Sobravam elementos para duvidar da tese da polícia alagoana. A cena do crime não foi preservada — regra número um de qualquer manual de investigação. Autorizada pelo delegado Cícero Torres, a família Farias eliminou provas importantes que poderiam elucidar o caso, dois dias após a morte do casal. Sob o argumento de que cheiravam mal, foram queimados o colchão e o lençol da cama onde os corpos de PC e Suzana foram encontrados. O quarto foi lavado, e as manchas de sangue na parede e no chão, removidas. Além disso, fatos importantes foram deixados de lado. Os documentos de Suzana foram devolvidos à família Marcolino com o espaço da assinatura rasgado. O celular dela — que, soube-se depois, fora usado momentos antes da morte — desapareceu. Suzana vestia camisola e sutiã quando seu corpo foi encontrado, mas, segundo relato de parentes, ela nunca usava as duas peças simultaneamente. Também era estranho que os seguranças de PC que estavam de plantão na casa de praia de Guaxuma tivessem ouvido o casal brigando de madrugada, mas não os tiros de revólver que abateram o empresário e sua namorada logo depois.

As contradições ganhavam volume quando somadas ao açodamento com que a Polícia Civil concluíra pela tese de crime passional seguido de suicídio, descartando outras linhas de investigação. O delegado Cícero Torres determinou, por exemplo, que fossem feitos exames de presença de pólvora nas mãos de Suzana e PC para saber se algum dos dois usara arma de fogo antes de morrer. Entretanto todos os que estiveram na casa de praia na noite do crime foram dispensados do teste — negligência que não pode ser reparada.

O primeiro a denunciar que a versão oficial do crime era uma farsa foi o legista George Sanguinetti, coronel da PM de Alagoas, diretor do hospital da corporação e chefe do Departamento de Medicina Legal da Universidade Federal do Estado. Sanguinetti teve acesso a fotos tiradas pela perícia, analisou-as e, setenta e duas horas após os corpos terem sido descobertos, declarou que a cena do crime fora montada. Para o legista, PC fora alvejado de pé. O corpo do empresário tinha sido arrumado na cama, segundo Sanguinetti, para parecer que ele fora assassinado enquanto dormia. O legista afirmou também que a posição na qual o corpo de Suzana foi encontrado e as características do ferimento provocado pelo tiro que a matou indicavam que ela não se suicidara. Depois das denúncias, Sanguinetti começou a receber ameaças de morte por telefone e achou melhor se proteger, montando um esquema de segurança formado por onze policiais militares armados de metralhadoras e pistolas e quatro cães *rottweiller*.

A guerra de versões se instalou. Suzana matou PC e em seguida atirou contra o próprio peito? Ela alvejou o empresário e depois foi morta pelos seguranças? Ou então ambos foram assassinados por uma terceira pessoa? Como uma novela, o país passou a acompanhar cada lance das investigações da polícia e da imprensa. Que ora reforçavam uma, ora outra tese.

Descobriu-se que a arma do crime — o revólver Rossi calibre .38, registro W 338.880 — fora comprado pela Polícia Militar de Alagoas, onde formalmente trabalhavam os quatro seguranças de Paulo César que estavam de plantão na casa de Guaxuma. Informado do fato, Cícero Torres anunciou que iria apurar o nome do policial militar que recebera a arma da corporação. Este policial, segundo o delegado, teria de contar por que emprestara a arma para Suzana. Demorou pouco para que Torres encontrasse uma explicação.

O revólver tinha sido repassado ao soldado José Adolfo da Silva, que utilizara quatro cheques de 54 reais para adquiri-lo da corporação. O soldado, por sua vez, vendera a arma a Luiz Antonio Albuquerque Soriana, funcionário da Prefeitura de Capela, que depois o negociou com o primo Luiz Albuquerque

Júnior. Este acabou vendendo o revólver, por 300 reais, para José Jeferson Calheiros de Medeiros, dono da churrascaria O Casarão, de Atalaia, interior de Alagoas. José Jeferson deu a arma para sua mulher, Mônica. No mesmo dia que ganhou o presente, Mônica revendeu o revólver a Suzana Marcolino na presença de uma prima desta, Zélia Maciel.

Sem dúvida, era um ponto para a tese do delegado, mas novamente ficavam contradições pelo caminho. No velório da prima, Zélia afirmara categoricamente a diversos jornalistas que Suzana nunca tivera uma arma. Dias depois, mudou sua versão. Ao assumir para o delegado Cícero Torres a compra do revólver com Suzana, Zélia passou a ser vista com desconfiança pela família Marcolino — e entrou para o rol de suspeitos de envolvimento com o crime.

As primas Suzana e Zélia eram inseparáveis. Amigas e confidentes, frequentavam juntas a boate Middô, em Maceió, e tiveram pelo menos um namorado em comum: Flávio Almeida, secretário particular de PC Farias. Para o delegado Torres, Suzana era uma garota de programa agenciada pela prima. Os encontros com os clientes eram marcados em vários locais. Um deles era a boate Middô; outro, a churrascaria O Casarão, em Atalaia, justamente onde ocorrera a suposta venda da arma a Suzana. Assim que a notícia da morte de Paulo César e da namorada começou a se espalhar por Maceió, Zélia ligou para Mônica Calheiros, a dona da churrascaria, e contou a ela o que tinha acontecido com o casal. Também pediu a Mônica que não comentasse com ninguém o negócio com a arma. Depois, procurada por Torres, Zélia se mostrou arrependida por ter negado, no velório, que a prima tivesse uma arma. Contou então uma nova versão, que se encaixava como uma luva na tese do delegado.

A nova história de Zélia era assim. Suzana queria dar um revólver de presente à mãe e pediu a ajuda da prima. As duas foram até a loja de armas Colt 45, num shopping de Maceió, consultaram um vendedor, mas Suzana desistiu da compra quando soube que precisaria vencer algumas formalidades, como registrar a arma na Secretaria de Segurança Pública. Acabou levando somente três cartelas de balas modelo *hollow point*. Zélia teve a ideia de ligar para sua amiga Mônica, em Atalaia, e perguntar-lhe se não conhecia alguém que tivesse um revólver para vender. Calhou de naquele mesmo dia Mônica ter ganhado um revólver usado de presente do marido. As primas então foram para Atalaia. Lá chegando, sempre segundo Zélia, Suzana quis testar o revólver com as balas compradas na Colt 45. Suzana e Mônica foram para o quintal nos fundos da churrascaria e improvisaram um alvo: uma panela de ferro velha. Suzana postou-se a 5 metros de distância do alvo e começou a atirar. Acertou o muro, acertou uma árvore, acertou o chão. Gastou pelo menos uma dúzia de balas até acertar a panela. Enquanto Suzana treinava a pontaria, Zélia a aguardava dentro do carro, com os vidros fechados e o ar-condicionado ligado. Quando foi chamar a prima para irem embora, Suzana lhe disse que queria ficar com o revólver. O preço combinado era 350 reais. Zélia preencheu o cheque para a prima, como sempre fazia, e o devolveu para que ela o assinasse. Concluída a venda, foram embora levando o revólver. Nove dias depois, a arma foi encontrada junto ao corpo de Suzana e de PC.

Algumas semanas após contar essa versão para o delegado, Zélia apresentou-se novamente à Polícia Civil pedindo para, mais uma vez, mudar seu depoimento. Entre outras correções, revelou que, no episódio da venda da arma, não ficara no carro enquanto a prima tentava acertar a panela no fundo do quintal da churrascaria. Zélia estivera com Suzana todo o tempo.

Dias depois, surgiu um novo personagem que, aparentemente, reforçava ainda mais a tese de Cícero Torres. O dentista Fernando Colleoni — que tinha atendido Suzana em São Paulo e a levara para jantar na véspera do crime — apresentou-se à polícia com uma gravação. Sua cliente lhe telefonara momentos antes de morrer. As ligações tinham sido atendidas pela secretária eletrônica, e Suzana deixara recados. A data e os horários das ligações ficaram registrados automaticamente na caixa postal da companhia telefônica — entre 3h54 e 5h01 do dia 23 de junho de 1996.

Na primeira ligação, ouvem-se duas vozes. A primeira é de Suzana:

— Eu liguei para você. É Suzana. Pra dizer que tenho certeza de que eu vou te encontrar, em algum lugar. Um beijo.

Um homem a interrompe:

— O que você está fazendo? Te arruma, te arruma!

Suzana responde:

— Me arrumo....

E a ligação é interrompida.

Uma hora e quatro minutos depois, Suzana volta a telefonar, mas a ligação é novamente atendida pela secretária eletrônica do dentista. Ela deixa outra mensagem:

— Fernando, é Suzana. Eu liguei para dizer que foi muito bom conhecer você. Eu nunca pensei que ia conhecer alguém como você, tão humano. Eu nunca vou esquecer você.

Suzana ligou mais uma vez. Com a voz embargada, deixou seu último recado:

— Queria dizer que amo você. Nunca vou esquecer você. Vou encontrar você, nem que seja na eternidade (...), nem que seja no outro mundo.

Para o delegado Cícero Torres, as gravações equivaliam a típicos bilhetes de suicida. As referências à "eternidade" e ao "outro mundo" seriam a prova definitiva de que Suzana se matara, conclui o policial. Uma análise mais cuidadosa, no entanto, revelou que os registros na secretária do dentista significavam exatamente o oposto.

Uma bateria de exames de laboratório nas vísceras de PC e Suzana realizada pela diretora do Departamento de

Polícia Técnica da Bahia, Maria Tereza Pacheco, constatou que o empresário morrera, no máximo, às 2h30, e Suzana, entre 5h e 7h. Doutora em medicina legal pela Universidade de Paris, a legista fez os cálculos levando em conta os diferentes estágios de digestão do camarão servido no último jantar do casal, pouco depois da meia-noite. O organismo de PC ainda estava no início do processo de digestão quando parou de funcionar, enquanto o de Suzana estava bem mais adiantado.

A conclusão da Polícia Técnica da Bahia comprometeu toda a versão dos legistas, peritos e policiais alagoanos. Se PC havia sido assassinado no máximo às 2h30, os seguranças do empresário mentiram ao relatar que o casal discutira até as 4h, quando supostamente Paulo César avisou que iria dormir. Outra incoerência: o primeiro telefonema de Suzana para o dentista — quando se ouve a voz dela e a de um homem ao fundo — foi feito às 3h54, e os seguintes, às 4h58 e às 5h01. Se Farias estava morto havia pelo menos uma hora e meia quando Suzana fez a primeira ligação, de quem era a voz masculina ao fundo que ordenava que ela se arrumasse?

A gravação na caixa postal de Fernando Colleoni acabou revelando a provável presença de uma terceira pessoa na cena do crime. Talvez por isso o celular de Suzana — utilizado por ela para fazer as três ligações para o dentista — nunca tenha aparecido.

O laudo da Polícia Técnica da Bahia foi pedido pela Secretaria de Segurança Pública de Alagoas justamente por causa da boa fama da instituição. É, portanto, uma peça oficial do inquérito da morte de PC e Suzana. Ainda assim, foi desconsiderado pelo delegado. Cícero Torres preferiu se fiar nas conclusões dos legistas de Alagoas, que sustentaram que PC havia morrido entre 5h30 e 7h — resultado obtido por meio de exames de rigidez cadavérica e temperatura dos corpos, feitos sem a ajuda de um único equipamento, nem mesmo um termômetro, ou exames químicos. Entre a análise de um dos laboratórios criminais mais respeitados do país e um exame tátil, Cícero Torres ficou com o segundo.

O Brasil assistia incrédulo ao rumo das investigações. A imprensa esbarrava em contradições, mentiras e pistas que indicavam que a polícia alagoana poderia estar no caminho errado, mas era incapaz de encontrar um fato conclusivo que negasse a tese de crime passional seguido de suicídio. Acabava assim, na maior parte do tempo, refém das declarações de Cícero Torres e da família Farias — e, para ambos, Suzana tinha matado Paulo César e ponto final. Acossado pela opinião pública, o governo federal teve de tomar uma atitude para não parecer conivente com o desfecho que se desenhava. O ministro da Justiça, o gaúcho Nelson Jobim, convocou então o legista Fortunato Badan Palhares, da Universidade de Campinas, para chefiar uma equipe de legistas e peritos que revisaria o trabalho feito por seus colegas de Alagoas.

Professor de uma das universidades mais conceituadas do país, Badan fizera fama atuando na identificação da ossada do nazista Josef Mengele na década de 1980. Depois disso passou a ser chamado para ajudar a resolver casos misteriosos em todo o país. Era um astro da investigação científica. O legista chegou a Maceió incensado pela imprensa e com *status* de árbitro entre os defensores das teses de crime passional e queima de arquivo. Conciliador, explicou que não atuaria de forma paralela aos legistas e peritos de Alagoas, mas sim em parceria com eles. No palco que se tornara a capital alagoana, Badan não decepcionou. Ao contrário: deu um *show*. Protegido todo o tempo por policiais, zunia de carro a mais de 100 quilômetros por hora nas estreitas ruas da cidade, seguido de perto por um comboio da imprensa. Deixava o hotel cedo e ia para a casa de praia em Guaxuma. De lá, seguia para o Instituto Médico Legal e depois voltava ao hotel. Cada embarque e desembarque era um espetáculo, acompanhado por refletores, *flashes*, câmeras e gravadores. Entre um e outro compromisso, entrevistas. Badan falava de seus métodos, descrevia procedimentos e, com serenidade, se negava a responder à pergunta de todas as horas: o que tinha acontecido a PC Farias e Suzana Marcolino?

— Todas as dúvidas dos senhores serão respondidas ao final dos trabalhos — prometia o legista aos repórteres.

Jornalistas que conheciam o trabalho do legista apostaram que ele pediria a exumação dos corpos de Paulo César e Suzana para uma nova necropsia. Esse era um procedimento típico de Badan Palhares. Batata! Dias após sua chegada a

Maceió, o professor da Unicamp solicitou a remoção dos corpos de suas sepulturas para mais uma bateria de testes.

O cemitério Parque das Flores foi cercado pela polícia para que a imprensa não tivesse acesso ao local. Fotógrafos pagaram ao motorista de um caminhão que passava numa rua lateral para subir na carroceria do veículo e assim registrar a exumação. Badan supervisionou o trabalho durante todo o tempo, orientando coveiros e assistentes. Os caixões foram sacados dos túmulos e levados para o Instituto Médico Legal de Maceió.

A imprensa não arredou pé da porta do IML. Volta e meia, o delegado Cícero Torres — que acompanhava Badan — saía do prédio com uma novidade qualquer para os repórteres. Pelo sorriso, parecia satisfeito. Numa das vezes, anunciou:

— Não existem hematomas. Foi o doutor Badan Palhares quem disse.

A vigília foi longa. Badan demorou o quanto quis e só deixou o IML depois de fazer todos os exames a que tinha direito. Partiu, pouco tempo depois, de volta a Campinas, levando uma maleta com partes de órgãos de Suzana e Paulo César e uma papelada com anotações. Prometeu retornar em alguns dias; queria divulgar o resultado do seu juízo em Maceió.

Cumpriu a promessa. Retornou à capital alagoana, convocou uma coletiva de imprensa, postou em cima de uma mesa as 600 páginas que resumiam seu trabalho, divididas em três volumes, e falou durante horas sobre o que supostamente havia acontecido na madrugada de 23 de junho de 1996 na casa de praia de Guaxuma.

Segundo Badan, entre 5h e 7h daquele dia, Paulo César Cavalcante Farias dormia de lado, em cima do ombro direito, quando recebeu um tiro na região mamária esquerda, disparado por uma pessoa que se encontrava sobre a cama, ou de pé, ao lado dela. O impacto fez com que o corpo do empresário virasse para o lado esquerdo, ficando com o ventre voltado para o teto. PC teve uma hemorragia interna aguda e morreu menos de um minuto depois. Logo em seguida, a mesma arma que abateu PC foi usada por Suzana para atirar contra o próprio peito, quando se encontrava sentada na cama. O tiro — que deixou marcas de pólvora nas mãos de Suzana — foi disparado a uma distância curtíssima, penetrando na região mamária esquerda e saindo pelas costas. A bala atravessou a parede de madeira atrás de Suzana, raspou no braço de uma cadeira na sala e parou no chão. A namorada de PC debateu-se por cerca de 15 minutos antes de morrer. A quantidade de pólvora nas mãos de Suzana indicava que ela fizera mais de um disparo. O casal estava bêbado, mas não sedado ou drogado. Análise das manchas de sangue no lençol e no corpo de Suzana permitia assegurar que a cena do crime não fora arrumada. Não havia indícios da presença de uma terceira pessoa no quarto. Não houve luta. As marcas na testa e na parte interna do lábio superior de Suzana existiam, mas não eram hematomas e sim livores cadavéricos — acúmulo de sangue por ação da gravidade após a morte.

Quarenta e oito dias após os corpos terem sido achados, o mistério ganhava a explicação de um profissional reconhecido nacionalmente, como reclamava a opinião pública. O trabalho de Badan Palhares — ilustrado com a simulação de imagens em computação gráfica — indicava que o empresário fora morto pela namorada, que, em seguida, se suicidara. A mesma conclusão que o delegado Cícero Torres chegara menos de 24 horas após entrar no caso.

24

Zurique, Suíça, julho de 1993

PC Farias acabara de fugir quando um pedido de quebra do sigilo bancário de suas contas na Suíça pousou na mesa do procurador Peter Cosandey, do Ministério Público de Zurique. A razão alegada na solicitação era clara: corrupção no governo Fernando Collor de Mello tendo Paulo César Farias como intermediário. Cosandey colocou o papel no topo da pilha, terminou seu expediente e foi para casa. Os meses se passaram e a resposta não veio. Naquele mesmo ano, a Justiça do Brasil escreveu a Cosandey pedindo uma explicação, e tornou a escrever no ano seguinte, mas o procurador nem se abalou. PC foi preso, foi solto e por fim foi morto e ninguém nunca mais se lembrou daquela rogatória mandada para a Suíça. Ela só existe formalmente até hoje porque está registrada no Bundesamt für Polizeiwesen, a agência do governo suíço responsável por assuntos policiais.

Um informante, que acompanha o caso junto ao Ministério Público de Zurique, insinua que Cosandey foi negligente com o caso. Até 1992, os magistrados suíços podiam se sentar nas solicitações de suspensão do segredo de contas bancárias sem sofrer nenhum tipo de sanção por isso. Em alguns casos, essa situação durava até dez anos. Mas a partir de 1992 as normas sobre o tema foram alteradas, por pressão de alguns países, notadamente Itália, França e Estados Unidos, e os magistrados tiveram de agilizar os processos. Portanto Peter Cosandey poderia ter negado ou aprovado o pedido feito pelo Brasil, mas nunca tê-lo arquivado sem uma resposta. Se Cosandey foi negligente, isso também foi esquecido. Ou melhor, nunca foi cobrado.

Quatro anos depois, a Justiça brasileira voltou a pedir à Suíça a quebra de sigilo de contas de Farias, desta vez para subsidiar a investigação do caso PC-Máfia.

Em janeiro de 1998, tentei saber do Ministério das Relações Exteriores em que pé estava o pedido feito pelo Brasil. O Departamento da Europa do Itamaraty não soube informar a situação da rogatória seis meses após ela ter chegado à Suíça. Na época, limitou-se a anunciar que "a bola estava com os suíços" e sugeriu que talvez a Diretoria Geral de Assuntos Consulares, Jurídicos e de Assistência a Brasileiros no Exterior tivesse alguma notícia do pedido. Em fevereiro de 1998, a Diretoria Geral de Assuntos Consulares etc. também não teve como dizer a quantas andava a solicitação de quebra de sigilo. O órgão simplesmente não tinha registro de nenhuma rogatória enviada à Suíça — mas forneceu informações sobre a tramitação de outros dois documentos enviados para os Estados Unidos (em 1994!), que infelizmente nada tinham a ver com o caso.

Na Suíça, o procurador Jacques Ducry, responsável pelo caso no Ministério Público de Bellinzona, informou a mim que daria uma resposta à rogatória em outubro de 1997. Depois pediu paciência e postergou o resultado para janeiro do ano seguinte. Naquele mês Fernando Henrique Cardoso visitou a Suíça, porém ninguém se lembrou de sugerir ao presidente da República que fizesse algum tipo de gestão pela causa brasileira. Quando janeiro chegou, o procurador Ducry adiou a decisão para fevereiro. Em março explicou que realmente estava atolado de trabalho, mas que de abril não passaria. Passou, mas naquela ocasião o procurador foi categórico:

— Ligue no dia 28 de maio.

Em junho de 1998 — um ano e três meses após a instauração do inquérito do caso PC-Máfia — Jacques Ducry aprovou a quebra de sigilo bancário das contas de Paulo César Farias sem que uma autoridade brasileira do terceiro escalão sequer tivesse lhe telefonado para pedir que apressasse sua decisão.

Mais alguns meses e os documentos chegaram a Brasília. Começava então uma nova batalha, dessa vez para traduzir a papelada. A luta foi travada pelo delegado Paulo de Tarso, que assumira o caso em substituição a Daniel Lorenz.

Paulo de Tarso, o mineiro com cara de sonso mais esperto que apareceu até hoje na Polícia Federal, tinha ótimas credenciais quando foi designado para o inquérito. No ano anterior, atuara numa grande investigação de narcotráfico no Mato Grosso do Sul e durante meses fizera sua melhor cara de distraído para recolher informações sobre o funcionamento da quadrilha entre criminosos da região. Ao final da ação, prendeu sozinho os traficantes e 200 quilos de cocaína que traziam consigo.

Em Brasília, o problema do delegado Paulo de Tarso era verba. O responsável pela causa policial número um do governo não dispunha de recursos para contratar os serviços de tradução dos documentos enviados pela Itália e pela Suíça.

O material da Itália baixou na mesa do delegado logo depois que ele assumiu o caso, no início de 1998, quando ainda perdia noites de sono para entender quem eram Gustavo Delgado, Antonio Scambia, Angelo Zanetti, Alfonso Caruana, Giuseppe Barbaro, Giuseppe Cataldo, Giuseppe Ierino, Giuseppe Pesce, Giuseppe Scibilia, Giuseppe Mazzaferro, Giuseppe Morabito, Jorge Osvaldo La Salvia, Luis Felipe Ricca e El Alacrán e o que exatamente eles tinham feito. Por determinação legal, só um tradutor juramentado — que cobra por hora e cobra bem — podia verter do italiano para o português as 580 páginas que haviam chegado de Roma. Também pelas normas, era preciso fazer uma licitação e, no final do processo, contratar o serviço de menor preço (que era, logicamente, o que demorava mais)

O delegado transformou-se num lobista do inquérito e perdeu horas em gabinetes de Brasília tentando apressar o cumprimento de todas as burocracias exigidas. Gastou sua manha pedindo a secretárias que marcassem horários com seus chefes, convencendo os chefes a liberar a execução do serviço, falando com mais chefes para liberar o pagamento da tradução, fazendo com que o burocrata do Ministério autorizasse o desconto da fatura e ainda tendo de apressar o lerdo do tradutor. Finalmente, em novembro de 1998, dez meses após terem chegado ao Brasil, os documentos da Itália estavam acessíveis numa língua que o delegado entendia.

Três meses antes, o delegado recebera o material da Suíça — 1.721 páginas, em quatro idiomas (alemão, francês, italiano e inglês). Dessa vez, prometeram ao delegado que a tradução ficaria pronta no prazo de 90 dias (após a licitação, é claro). Ninguém contava, entretanto, que a crise econômica nos Tigres Asiáticos seria tão duradoura e forte a ponto de contaminar a Rússia, desestabilizando o resto do planeta e, em especial, o Brasil. Mas a crise veio, e atingiu em cheio as verbas dos órgãos federais, incluindo a PF. Chamaram o delegado Paulo de Tarso, explicaram a ele a loucura que era a volatilidade de capitais na virada do século e o seu impacto nos mercados. E anunciaram que o orçamento da Polícia Federal tinha sofrido um corte em diagonal. Resultado: não havia dinheiro para os tradutores, e o prazo de 90 dias para a tradução do material enviado pela Suíça tinha passado para 180 dias.

Em dezembro de 1998, o serviço parou de vez. Paulo de Tarso foi informado de que as traduções só seriam retomadas quando o orçamento de 1999 estivesse disponível. O delegado não tinha tempo para se lamentar; precisava cuidar dos outros oito casos que estavam sob sua responsabilidade, incluindo a investigação do misterioso dom do ex-deputado João Alves para acertar seguidamente na loteria — um inquérito de suspeita de lavagem de dinheiro que fora aberto a partir das descobertas feitas pela CPI do Orçamento no longínquo ano de 1993.

Certo dia, enquanto olhava os documentos da Suíça em cima de sua mesa sem saber o que estava escrito neles, Paulo de Tarso foi chamado à direção da PF. Lá chegando, ouviu do chefe que alguém soltara na praça um tal dossiê Cayman (uma papelada apócrifa que sugeria que o presidente Fernando Henrique e alguns capas pretas do seu partido tinham uma conta bancária num paraíso fiscal do Caribe) e aquilo estava desestabilizando o governo. Era preciso descobrir quem fizera o dossiê e, se possível, verificar se a conta de fato existia. Paulo de Tarso era designado para mais um inquérito. Na saída, antes de fechar a porta do gabinete, ouviu o diretor gritar:

— É a prioridade da Polícia Federal.

35

Maceió, junho de 1996

Desde as primeiras horas do anúncio da morte de PC Farias, o governo do presidente Fernando Henrique Cardoso se viu envolvido num dilema: deixar a apuração do caso a cargo das instituições alagoanas, como seria natural, ou determinar a sua federalização? Como, desde o início, a Polícia Civil de Alagoas classificara o episódio como um crime comum, o governo federal não tinha nada a ver com as mortes na praia de Guaxuma. A morte de Paulo César e sua namorada deveria ser investigada pela polícia local, sob supervisão do Ministério Público estadual e o arbítrio da Justiça alagoana. Havia, por outro ângulo, a suspeita generalizada de que o empresário fora assassinado numa operação de queima de arquivo. De acordo com esta tese, PC teria sido morto para não entregar os nomes de pessoas envolvidas com um megaesquema de corrupção, lavagem de dinheiro e evasão de divisas — todos crimes da alçada federal. Tratava-se, nessa interpretação, de um caso para a Polícia Federal, o Ministério Público Federal e a Justiça Federal.

A possível reivindicação das apurações para a esfera federal não deixava de ser polêmica. Juristas se dividiam quanto à legalidade da ação. Para alguns, a medida era impossível do ponto de vista legal. Para outros, havia sim brechas na legislação que a legitimavam — entre elas o artigo 144 da Constituição, parágrafo 1º, inciso I ("A Polícia Federal [...] destina-se a apurar infrações penais contra a ordem política e social ou em detrimento de bens, serviços e interesses da União ou de suas entidades autárquicas e empresas públicas, assim como outras infrações cuja prática tenha repercussão interestadual ou internacional e exija repressão uniforme [...]").

Uma intervenção de Brasília em Alagoas era uma decisão política delicada. Assumindo as investigações, a Polícia Federal teria a obrigação moral de solucionar o caso. Do contrário, a instituição — e por tabela, o governo Fernando Henrique Cardoso — seria desmoralizada. Correr o risco de assumir uma missão complicada ou simplesmente deixá-la para Alagoas? Essa era a dúvida do Planalto.

A primeira declaração do presidente da República sobre o assunto foi ambígua:

— O Ministério da Justiça está acompanhando o caso, mas isso depende da promotoria [de Alagoas]. O governo terá todo o interesse em ver o assunto esclarecido — disse Fernando Henrique, em viagem à Argentina, dois dias após o crime.

Menos diplomático, o ministro da Justiça, Nelson Jobim, revelou sua desconfiança no inquérito da Polícia Civil de Alagoas numa conversa com jornalistas no estacionamento do Ministério, em Brasília, cinco dias depois da descoberta dos corpos.

— Vocês já viram crime passional com um tiro só? (...) Não se mata a entidade mantenedora.

Num primeiro momento, o governo optou por uma saída a meio-termo. Reconheceu que o caso era de responsabilidade das autoridades alagoanas, mas destacou policiais federais e um corpo de legistas e peritos neutros para acompanhar os trabalhos em Maceió. Assim, demonstrava para a opinião pública que não estava alheio ao que acontecia em Alagoas, mas não melindrava as instituições do Estado. Para coordenar o grupo de legistas e peritos enviados por Brasília, foi convidado o professor Fortunato Badan Palhares. Para as investigações policiais, o escolhido foi o delegado federal Pedro Berwanger.

Apelidado por seus colegas de "cão farejador", Berwanger era considerado um dos melhores investigadores do país. Formado em cursos no FBI, realizara uma façanha internacional na década de 1980 ao localizar no Brasil o mafioso Tommaso Buscetta, um dos criminosos mais procurados do mundo. Quase 1,90m de altura, barba espessa, carrancudo e mal-humorado, Berwanger chegou a Maceió na tarde do dia 2 de julho, nove dias após a morte de PC Farias e Suzana Marcolino. Examinou o local do crime, leu depoimentos colhidos pela polícia local, analisou fotos dos corpos e conversou com peritos e legistas. Dois dias depois, mandou chamar dois jornalistas que faziam plantão na porta da sede da Polícia Federal em Maceió e anunciou que sua missão estava concluída.

— O trabalho [da polícia de Alagoas] está na linha certa — sentenciou.

Foi embora e não voltou a fazer declarações públicas sobre o caso. A atitude do "cão farejador" desconcertou até seus colegas. Era notório que a direção da Polícia Federal não acreditava na versão de crime passional seguido de suicídio. Em conversas reservadas em Brasília, o diretor da PF demonstrara desprezo pelo inquérito da polícia alagoana e dizia haver indícios de que seguranças de PC haviam mentido sobre as condições em que os corpos foram encontrados. Para provar sua tese, Vicente Chelotti exibia a seus interlocutores um punhado de fotos tiradas por peritos na casa de Guaxuma. As fotografias mostravam que não havia sinais de arrombamento na janela do quarto de Paulo César. As imagens comprometiam a versão de dois seguranças de PC que afirmaram ter forçado a janela com uma barra de ferro para poder entrar no quarto onde estava o casal.

Chelotti também não engolia a história de que os seguranças de Paulo César que estavam de plantão na madrugada do crime não tinham ouvido os tiros que mataram o patrão e sua namorada. Um teste feito por Badan Palhares mostrou que o barulho era perfeitamente audível. Numa de suas visitas à casa de Guaxuma, mais especificamente ao quarto onde foram achados os corpos, o legista da Unicamp fez dois disparos com o mesmo revólver do crime, utilizando munição de festim. Havia cerca de 40 jornalistas de plantão na praia, em frente da casa (eu era um deles), distantes 50 metros do local onde Badan deu os tiros (na madrugada do crime, os seguranças montavam guarda a 40 metros do quarto de PC). O vento soprava forte e os jornalistas estávamos conversando, mas ainda assim todos ouviram os tiros. O som chegou inclusive a ser captado pelo áudio das câmeras de TV.

O diretor da PF também tinha um relatório de seis páginas, preparado pelo delegado federal Marcos Antonio Omena, que esculhambava o trabalho da polícia alagoana. No documento, Omena revelava que o acompanhamento do inquérito feito pela Polícia Federal em Maceió fora realizado de forma precária.

— Nossa tarefa ficou atrelada ao controle do delegado da Polícia Civil dr. Cícero Torres, que, como presidente do inquérito, traçava a pauta de interrogatórios e outras diligências — escreveu o delegado federal.

Omena sugeriu que Cícero Torres utilizara um argumento burocrático para retardar o início da coleta de depoimentos das últimas pessoas que estiveram com PC e Suzana.

— Nenhuma testemunha foi ouvida naquele dia [do crime, 23 de junho], nem nos dois subsequentes. Somente no dia 26 de junho é que começou o trabalho de interrogatório, em razão de ausência de portaria designativa, como justifica a autoridade que presidiu o feito.

Lendo a íntegra dos depoimentos coletados por Cícero Torres, o delegado Omena encontrou uma contradição que considerou grave, mas que foi ignorada pela polícia alagoana. Seguranças e caseiros de PC Farias disseram que o patrão caminhara na praia das 11h30 às 14h30 na véspera de sua morte. A versão, porém, não correspondia ao relato de outras duas testemunhas.

— Gilson Lima da Silva, misto de decorador e pai de santo, afirmou que no sábado [véspera do crime] esteve com Paulo César na casa de praia, onde conversaram das 13h às 16h30 — anotou Omena.

Um dos seguranças de PC, Rinaldo da Silva Lima, confirmou que o decorador pai de santo estivera com o empresário na casa de praia naquele dia. Os outros, não. Para o delegado Omena, "bastam estas duas testemunhas (Gilson e Rinaldo) para que se coloque por terra, ou em dúvida, as afirmações das outras testemunhas que disseram que das 11h30 às 14h30 PC Farias esteve caminhando na praia".

O relatório de Omena também apontava falhas no trabalho da investigação científica.

— Os peritos da Secretaria de Segurança Pública de Alagoas iniciaram o trabalho pericial e, por fim, foram "engolidos" por uma avalanche de cobranças. Depois, foram tragados por uma equipe de peritos da Unicamp, capitaneada por Badan Palhares.

O delegado federal estranhou o fato de Badan ter "desconsiderado a necessidade de feitura de simulação da abertura da janela (do quarto de PC)" para checar a veracidade da versão dos seguranças sobre o suposto arrombamento. Omena também desabonou o perfil psicológico pós-morte de Suzana Marcolino realizado por professores da Unicamp:

— Esse trabalho não deve receber nenhum conceito de valor probante ou de auxílio na área criminal, uma vez que se pautou em depoimentos de familiares de PC Farias, de pessoas que estavam diretamente envolvidas com o apuratório e, de maneira leve, de duas ou três pessoas da família de Suzana.

Um fato ainda mais grave foi descoberto pelo delegado:

— Foram encontrados dois elementos infiltrados na equipe de Badan Palhares: Enrico Di Vaio e Hyung Kwon Kim.

O primeiro era italiano. O segundo, coreano. Ambos, brasileiros naturalizados. Di Vaio era médico em Santos, mas se fez passar por perito criminal, utilizando uma identidade funcional falsificada. Kim portava documentos falsos e se apresentava como médico-legista da Prefeitura de Mongaguá, porém na verdade era estudante do quinto ano na Faculdade de Medicina de Santos. A PF descobriu que Di Vaio e Kim se aproximaram de Badan em Maceió afirmando estarem em férias. Usando as falsas credenciais, pediram autorização ao legista para acompanhar os trabalhos relacionados com o caso de PC e Suzana. Receberam permissão e foram incorporados à equipe de Badan, tendo acesso a reuniões fechadas e ao início da necropsia.

— As pretensões de Di Vaio e seu companheiro ainda não foram bem esclarecidas — afirmou Omena. — Apreendemos dos falsos peritos quatro tubos de filmes, nos quais, revelados, encontramos um levantamento fotográfico perfeito. Apreendemos também recortes de jornais com fotos e dados de PC Farias e seus irmãos.

Ao contrário do que ocorrera com Cícero Torres, a explicação da venda da arma para Suzana não convenceu Omena. Nas conclusões do seu relatório, o delegado federal sugeriu que fosse investigada Mônica Calheiros, a amiga de Zélia Maciel que confessou ter vendido o revólver à namorada de PC.

O relatório do delegado Omena serviu apenas para consumo interno; suas sugestões ficaram no papel. O governo federal preferiu ficar oficialmente fora do caso.

36

Maceió, agosto de 1996

O delegado Cícero Torres concluiu seu relatório com a seguinte versão: Suzana matara PC por ciúme. Um mês antes do crime, Paulo César conhecera Cláudia Dantas, de 31 anos, evangélica, de família tradicional do interior do Estado, e se apaixonara. Na véspera de morrer, PC avisou ao seu irmão Augusto Farias e à própria Cláudia Dantas que iria romper com Suzana. Emocionalmente perturbada e passando por problemas financeiros, Suzana não suportou a desilusão amorosa e o corte da fonte de renda. Tinha uma arma e não hesitou em usá-la. Cícero Torres embasou seu relatório final nas apurações que realizou, no laudo científico coordenado pelo professor Badan Palhares e no parecer psicológico-psiquiátrico de Suzana feito a partir de depoimentos de pessoas que conviveram com ela. Esta última peça foi produzida pelos psiquiatras Acioly Luiz Tavares de Lacerda e Pedro Paulo Lana Pôssas, que trabalharam sob a coordenação da psicóloga Liliana Guimarães — todos da

Unicamp. Foram ouvidos, entre outros, ex-amantes, amigos e alguns poucos parentes. O parecer apontou que Suzana tinha "alto risco para o suicídio ou outros atos impulsivos". Os psiquiatras-investigadores também registraram que "sabe-se do uso de maconha e possivelmente cocaína [na família]".

Na história oficial, Suzana foi considerada uma garota de programa desequilibrada que matou o namorado num acesso de loucura e depois se matou.

Na história oficial, Paulo César Farias morreu tecnicamente falido. O inventário do empresário listou créditos e bens no valor de 3 milhões e 900 mil reais, sendo que suas dívidas com a Receita Federal chegavam a 85 milhões e 200 mil reais.

Para PC, ficou o reconhecimento público dos amigos, como o do frei Adalberto da Soledade. No enterro, diante de uma pequena multidão, o religioso fez as honras de despedida do empresário, chamando-o de "patriota que muito serviu ao país"

ROTAS QUE LEVAM A HOUSTON

Brasília, junho de 1996

Esta reportagem começou a ser apurada, inconscientemente, em junho de 1996, quando o telefone da minha casa tocou num domingo; era o diretor executivo da sucursal brasiliense da *Folha de S.Paulo*, Valdo Cruz, mandando que eu fizesse a mala porque embarcaria num jato para Maceió, em meia hora, para cobrir a morte de Paulo César Farias e sua namorada, Suzana. Antes que eu dissesse qualquer palavra, Cruz explicou:

— Não é trote. Pelo amor de Deus, corre.

Foram 26 dias tumultuados tentando explicar o que até hoje ninguém entendeu. Quando fui chamado de volta a Brasília, estava tomado de curiosidade pelos segredos de PC e Fernando Collor. Continuei reunindo informações, documentos e depoimentos que pudessem ajudar a entender três questões: qual era a dimensão do Esquema PC, como era a participação de Fernando Collor nesse esquema e, principalmente, quem ficara com o dinheiro arrecadado em nome da dupla após o assassinato de Farias. Com o tempo, algumas respostas foram surgindo: a ligação com a Máfia, os subornos pagos para tentar evitar o *impeachment* de Collor, a farsa da versão oficial sobre a morte de PC.

Em junho de 1998, dois anos após a cobertura em Maceió, uma pessoa me telefonou dizendo que acompanhava as minhas reportagens sobre o caso PC-Máfia publicadas na *Folha* e que tinha revelações a fazer. Era uma ligação anônima. Durante um mês e meio mantivemos, eu e a fonte, um contato intenso por telefone, e o produto desse relacionamento tornou-se um dos principais pontos da minha investigação. O que a fonte revelou nos seus testemunhos — e nas suas atitudes — serviu para solucionar algumas questões e multiplicar minhas dúvidas. Somente mais tarde, depois que nosso contato foi interrompido, tive consciência de que, à medida que a fonte ganhava voz e interferia na reportagem, eu também me tornava, involuntariamente, um personagem desta história. A fonte, na verdade, era mais uma das farsas do universo de PC Farias e Collor.

Brasília, junho de 1998

Três e dez da tarde, meu celular toca. Eu imagino que seja ele. Minutos antes a redação da *Folha* me chamara para dizer que alguém tinha ligado à minha procura para falar sobre o caso PC-Máfia e pedira o número do meu celular. O telefone toca. É ele.

— Você não me conhece, mas precisamos nos falar! Tenho muitas coisas para contar sobre as reportagens que estão saindo. É importante! Vocês ainda não descobriram nada... O esquema é muito maior do que vocês imaginam.

Malucos passam o dia telefonando para as redações contando as histórias mais fantásticas e insistindo que elas merecem atenção e espaço no jornal. Poderia ser somente mais um. A regra é sempre a mesma: ouvir a todos, até os malucos. Nunca se sabe quando uma boa história vai surgir.

Pergunto-lhe o que ele tem a dizer.

— Agora, não. Este telefone não é seguro. Eu ligo depois de um outro aparelho. Mas olhe, eles estão preparando tudo, o dinheiro vai sumir, tá entendendo?! Não posso falar agora, mas já está tudo pronto... O dinheiro... vai acontecer em breve... vai tudo desaparecer e vocês não vão achar mais nada, tá entendendo?! Não posso falar mais, te ligo depois.

As primeiras notícias sobre as transações financeiras entre Paulo César Farias e mafiosos italianos tinham sido publicadas um ano antes. As informações ainda eram bastante brutas; somente uma e outra remessa eram conhecidas em detalhes. Sabia-se que as contas bancárias eram cerca de quinze e estavam espalhadas por vários países, a conta de Roterdã era a mais importante e a pista do dinheiro sumia nos Estados Unidos. Ponto. Entre os dados disponíveis havia lacunas enormes. O caso avançava devagar, e ainda era cedo para ter um quadro de como as movimentações bancárias estavam conectadas. Quando telefonaram da redação avisando que a fonte iria ligar, acreditei que poderia ser meu dia de sorte. Mas aparentemente era só mais um maluco.

Faltavam quinze minutos para as cinco da tarde quando ele liga de novo. Dessa vez está bem mais calmo.

— Eu não posso me identificar, me perdoe. Estou ligando dos Estados Unidos; tenho lido as reportagens sobre PC com os mafiosos e sei de muita coisa que pode ajudar. Conheço bem como funciona o mecanismo das contas e posso te garantir que vocês ainda não descobriram um décimo da verdade. Tenho documentos para provar o que digo. São coisas que ainda não surgiram e que, se vocês demorarem muito, ninguém ficará sabendo. Eu falo a verdade, acredite. Por exemplo, eu sei que você conhece as contas de Nova York e Miami, mas você não conhece as do norte, que são ainda mais importantes. Você não conhece as contas de Minnesota, conhece?

A fonte ainda não fala lé com cré, porém seu tom de voz agora está seguro e alguma coisa da geografia dos Estados Unidos ele demonstra saber. Argumento que para confiar no que ele me diz preciso ter uma noção mínima sobre quem é ele; o nome ele dirá se quiser, mas quero entender como ele teve acesso às informações que promete fornecer. Meu interlocutor percebe que desconfio dele e entende que precisa ganhar minha confiança.

— Eu não vou dizer meu nome, pelos menos não agora. Só posso te dizer que conheço as coisas por dentro... Na época dos escândalos de PC no governo Collor eu fazia parte do esquema. Vivi tudo aquilo e meu nome chegou a aparecer no jornal três ou quatro vezes. Por isso até hoje sei como funcionam as coisas. Sei que você deve estar desconfiado, eu também ficaria. Mas estou disposto a fazer o que você quiser para provar que digo a verdade. Só não posso dizer meu nome.

É um avanço. O diálogo está mais ordenado, e meu interlocutor, ansioso para ser digno de crédito. Pergunto se ele não poderia me contar pelo menos seu primeiro nome, porém sua resposta é não. Insisto que precisaria chamá-lo por algum nome.

— Escolha um, invente qualquer nome — responde.

O primeiro que me vem a cabeça é Jorge. Do outro lado da linha, ele dá uma risada.

— Jorge?! Tudo bem! Pensei que você fosse acertar meu nome.

Ele quer voltar ao assunto das transações financeiras, mas explico que ainda preciso de mais elementos para acreditar no que ele dirá. Quem me garante que ele realmente liga dos Estados Unidos? Do outro lado da linha, Jorge fica mudo por alguns segundos. Depois resolve o problema:

— Posso ligar a cobrar. Você verá que estou chamando de Nova York.

A ideia é boa. Anuncio que vou desligar para que ele chame novamente. Passam os minutos e o telefone permanece mudo. De vez em quando procuro o celular com os olhos. Levanto a antena do aparelho na esperança de que ele toque, mas nada.

Às 5h41 o aparelho soa como se tivesse uma sirene. Atendo e ouço, para o meu espanto absoluto, uma gravação da AT&T, em inglês, informando que aquela era uma ligação a cobrar de Nova York. A voz de Jorge surge tranquila do outro lado da linha.

— Desculpe ter demorado tanto, mas precisei trocar de telefone para poder falar mais à vontade.

Agora quem está nervoso e quer falar das contas bancárias e para onde o dinheiro iria sumir sou eu. Peço-lhe que volte ao início, mas que dessa vez explique as coisas de forma clara. Ele respira fundo.

— Você já conhece algumas contas: as da Suíça, a da Holanda e as de Miami e Nova York. Mas existem outras. Minnesota, por exemplo, é um ponto importante do esquema e algumas contas estão lá. Por que Minnesota? Porque fica próximo do Canadá e o esquema tem um braço no Canadá. Mas depois falamos disso. Vamos falar primeiro dos Estados Unidos. O dinheiro da Itália não ia somente para a conta da Holanda, ia também direto para os Estados Unidos. Eu tenho recibos de remessas de 8 milhões de dólares da Itália para os Estados Unidos. Tenho também cópias de cheques. Posso te passar esse material. Eu te conto como toda movimentação é feita, mas meu nome não pode aparecer.

Jorge poderia ter lido na *Folha* que PC Farias tinha contas na Holanda, na Suíça, em Nova York e em Miami. Também poderia estar inventando a tal conexão do esquema em Minnesota. Entretanto dois dados mencionados por ele tinham fundamento e não estavam disponíveis na imprensa até aquele momento. O primeiro deles eram as remessas feitas diretamente da Itália para os Estados Unidos. Era público que PC tinha recebido depósitos de mafiosos na conta da Holanda e que esta, por sua vez, repassara o dinheiro para os Estados Unidos. Mas a informação sobre a existência de transações

Itália-Estados Unidos, sem intermediários, era justamente o principal ponto da minha investigação naquele momento. Eu sabia da ocorrência dessas remessas, no entanto ainda não havia publicado a informação porque não fazia a menor ideia de como elas se encaixavam no quebra-cabeça das transações financeiras. Outro ponto curioso na fala de Jorge era a menção ao braço do esquema no Canadá. Nenhuma das reportagens até então citara o país, mas eu sabia que os mafiosos que mandaram dinheiro para PC tinham uma forte presença no Canadá.

Jorge tem mais surpresas.

— Isso que vou lhe dizer é importante. Eles estão preocupados com as investigações da polícia e com tudo o que está saindo na imprensa. Eles não querem correr riscos e por isso estão raspando o dinheiro de todas as contas e mandando para lugares mais seguros. Muito dinheiro já foi transferido, mas falta esvaziar as contas de maior valor, como a de Miami. Preste atenção: nas próximas 48 horas haverá uma transferência de 39 milhões e 725 mil dólares dos Estados Unidos para a Europa. As operações serão feitas em instituições financeiras de três Estados: Texas, Nova Jersey e Minnesota. Entre os bancos está o Republic Bank. O dinheiro será levado para contas na Holanda e na Inglaterra, no Middle Bank e no Barclays Bank. Tudo será feito em nome de empresas *offshore*.

Jorge me faz acreditar que ele realmente conhece as movimentações financeiras do Esquema PC-Máfia.

— A coisa será feita da seguinte forma — continua ele.

— O dinheiro que está nos Estados Unidos será dividido em várias partes e enviado para a Holanda e a Inglaterra. Ficará nesses dois países muito pouco tempo e depois seguirá para o Canadá, onde será transformado em títulos públicos e ações ao portador negociáveis em bolsa. É um mecanismo complexo, muito bem bolado. De hoje para amanhã, empresários brasileiros sairão de São Paulo para Nova York só para operar o sistema. Tem um banqueiro de Porto Alegre envolvido também. Cada um fará um pedaço da transação, assim será muito complicado rastrear as remessas depois. Eles estão tendo muito cuidado; são muitas as precauções tomadas para que tão cedo ninguém possa entender como o dinheiro desapareceu. Vocês têm de fazer alguma coisa antes que essa operação seja concluída, têm de denunciar, senão adeus dinheiro.

Argumento com Jorge sobre o absurdo daquela situação. Como eu poderia denunciar a suposta transferência de mais de 39 milhões de dólares do Esquema PC-Máfia sem provas? Eu não sabia nem ao menos quem eram as pessoas que patrocinavam as tais operações, a quem Jorge chamava de "eles". E a denúncia tinha de estar nas páginas da *Folha* em 48 horas, caso contrário não adiantaria nada. Mesmo que ele me fornecesse documentos referentes às transações e contasse quem eram "eles", seria preciso checar muitos dados. Uma coisa tinha que ficar clara desde o início: qualquer reportagem sobre o assunto, um pé de página que fosse, só seria publicada se eu tivesse certeza absoluta da veracidade das informações. E isso estava longe de acontecer. Jorge ainda teria de solucionar muitas dúvidas. Por exemplo: ele havia dito que participara do antigo Esquema PC, mas não explicara como ainda tinha conhecimento de transações atuais. Segundo: por que estava tão interessado em atrapalhar a suposta transferência dos 39 milhões de dólares? O que ganharia com isso?

Xeque! Agora Jorge terá de se expor. Ficamos em silêncio segundos eternos até ele decidir o quanto estava disposto a revelar sobre si próprio.

— Veja bem, eu devo explicações à Justiça brasileira. Quando estouraram os escândalos de PC em 1992 meu nome foi envolvido e fui chamado a depor, mas como eu já morava nos Estados Unidos, ficou por isso mesmo. Depois disso, eu continuei trabalhando para eles. Trabalho até hoje, atuando na área de finanças. Quando as notícias sobre a relação de PC com a Máfia começaram a ser publicadas, no ano passado, fiquei preocupado, tive mais noção de onde havia me metido. O esquema é muito forte. E essas mortes todas me assustam.

Jorge fala com a voz trêmula; parece verdadeiramente amedrontado.

— Eu preciso sair do esquema, tenho de pensar na minha segurança. Estão entrando pessoas novas e está tudo ficando muito confuso. Eu tenho de sair dessa vida, você entende? Se eu te der os documentos e você fizer a denúncia, o esquema será detonado e estarei livre. Por isso a transferência dos 39 milhões não pode ser feita. Se esse dinheiro sumir, como está programado, eles se safam e eu me ferro. Se a transferência for concretizada, meu nome vai ficar sujo por um bom tempo. Eu serei um dos operadores das remessas, entende agora?

Pelo que me diz, Jorge está interessado única e exclusivamente nele. Não tem nenhum drama de consciência. Quer só cair fora do esquema e para isso precisa de mim. Seu plano é de fato muito bom. A partir do momento em que eu concordasse em preservar seu nome, por força da lei não poderia nunca revelar sua identidade, mesmo que fosse intimado a fazê-lo na Justiça. É o direito constitucional ao sigilo da fonte. Ele havia pensado em tudo.

Depois de me contar suas pretensões, Jorge diz que precisa desligar o telefone.

— Eu volto a ligar amanhã. Pense em alguma forma de impedir que os 39 milhões de dólares sejam transferidos, isso é importante para que continuemos mantendo contato.

Digo que vou pensar em algo. Antes de desligar, porém, peço que ele me conte quem são as pessoas as quais chama de "eles".

— Amanhã a gente conversa — responde.

59

Roma, Itália, maio de 1998

Depois da apreensão das 5,5 toneladas de cocaína em Borgaro Torinese, em 1994, a Itália foi acertando suas contas, um a um, com os principais integrantes da rede criminosa desbaratada pela Operação Cartagena. O gerente da organização, Antonio Scambia, ganhou a liberdade em troca das informações que dera sobre o esquema; mais tarde foi preso novamente por tráfico de drogas. O tesoureiro do grupo, Angelo Zanetti, responde a processo na Justiça sob as acusações de associação mafiosa e narcotráfico; para não ser preso, refugiou-se na Suíça. Outras noventa pessoas foram indiciadas, sendo mais de sessenta, presas. Contas bancárias do grupo foram congeladas na Suíça e o dinheiro nelas depositado, devolvido à Itália. A Operação Cartagena só tinha um porém: Alfonso Caruana, o número um da rede, continuava foragido.

Desde o início das investigações, a prisão de Caruana se tornara uma obsessão dos organismos antimáfia da Itália.

Difícil era encontrá-lo. Em trinta anos, o mafioso passara pela Venezuela, por Aruba, pela Inglaterra, Suíça, pelo Brasil, por Curaçau, pela Tailândia, Colômbia e pelo Canadá. Poderia estar em qualquer um desses lugares; as maiores chances, pela ordem, recaíam sobre Venezuela, Aruba e Canadá — países onde Caruana concentrara a maior parte das suas empresas de fachada.

O Brasil também era uma possibilidade. Em 1995, o serviço de inteligência canadense avisou à Divisão de Repressão a Entorpecentes da Polícia Federal que o mafioso poderia estar na região de Porto Seguro, na Bahia. Na mesma época, a DRE também recebeu da Itália e da Suíça a informação de que a rede controlada por Caruana tinha ramificações no Brasil, sendo que uma delas era operada pelo carioca Paulo Sércio. Os contatos feitos com a PF pela Itália, Suíça e pelo Canadá em 1995 não eram atos isolados; faziam parte de uma ação conjunta. Naquele ano, os três países, em sintonia com os Estados Unidos, começaram uma grande ofensiva contra a organização de Caruana. A iniciativa foi batizada com o nome dado ao pacto de silêncio dos mafiosos — Operação Omertà. A falta de interesse das autoridades brasileiras fez com que a Polícia Federal ficasse fora da operação. Algumas investigações no Brasil chegaram a ser feitas por agentes antidroga da Itália enviados da base em Miami.

Caruana deixou a Itália em 1968, aos 23 anos de idade, para morar no Canadá. Ao dar entrada no país apresentou-se como eletricista, declarando possuir 87 dólares e 30 *cents*. Em pouco tempo, estava traficando cocaína e heroína para os Estados Unidos, um mercado novo mas promissor. Em 1972, entrou em conflito com o mafioso Paolo Violi, que controlava parte do crime organizado em Montreal e não aceitava que a Máfia se envolvesse no narcotráfico. Ameaçado de morte por Violi, Caruana fugiu para a Venezuela. Mesmo separados por 7 mil quilômetros, os dois mafiosos continuaram disputando o território canadense, e a rivalidade só chegou ao fim seis anos depois, quando Violi e seus irmãos Francesco e Rocco foram mortos pela organização comandada por Caruana.

Naquele mesmo ano, em 1978, Caruana foi detido no aeroporto de Zurique com 600 mil dólares na valise. Tinha 33 anos. Pagou uma multa por não ter declarado a quantia e foi liberado. Era o começo de sua carreira como narcorreciclador, na qual, em pouco tempo, seria considerado o melhor e o maior do mundo.

O mafioso especializou-se no ofício no início da década de 1980, quando se mudou para uma vila de milionários em Lugano, na Suíça, onde supervisionava a lavagem de dinheiro sujo que ganhara na Venezuela e no Canadá. Depois de passar dois anos na Suíça, transferiu-se para a Inglaterra. Comprou uma mansão nos arredores de Londres pelo equivalente a 720 mil dólares, uma BMW 732i, uma Mercedes 500 SEL e montou uma rede de tráfico de heroína tailandesa que abastecia o Reino Unido e o Canadá. Passava grandes temporadas na

Tailândia, controlando as remessas da droga. A rede acabou sendo descoberta pela Scotland Yard, e Caruana teve de voltar ao Canadá. Em Montreal, aparentava levar uma vida ordinária; abriu uma pizzaria, na qual ele mesmo preparava a massa, e sua mulher, Giuseppina, atendia os clientes de avental atrás do balcão. Não demorou e suas atividades como lavador de dinheiro foram denunciadas ao fisco canadense, e o mafioso foi obrigado mais uma vez a se mudar. Retornou então para a Venezuela e durante anos ninguém soube do seu paradeiro.

Caruana reapareceu em 1997 e o fez de forma espetacular. No decorrer da Operação Omertà, ele fora localizado em Woodbridge, no Canadá, e seguido durante semanas por oito agentes disfarçados. As autoridades canadenses, porém, não puderam fazer outra coisa além de acompanhar seus movimentos, já que o mafioso não havia sido condenado no Canadá — advogados existem para isso. Sem provas para acusá-lo por narcotráfico e lavagem de dinheiro, os estrategistas da Operação Omertà decidiram incomodar Caruana com uma pendência antiga com o fisco. Em 1985, o fisco canadense multara o italiano pela omissão de transações bancárias da ordem de 16 milhões de dólares. Na época, Caruana simplesmente ignorou a multa, alegando estar quebrado — o que oficialmente era verdade. Doze anos depois, o débito foi usado como isca para atraí-lo. O mafioso foi convocado à Justiça para explicar por que até aquela data não quitara sua dívida com o fisco. Para espanto geral, Caruana compareceu à audiência, disse ao juiz que sua situação financeira não havia mudado e que não poderia pagar a multa porque, aos 51 anos de idade, sua renda era de apenas 400 dólares semanais, ganhos honestamente lavando carros num lava a jato de Woodbridge. O juiz determinou que o lavador de carros pagasse 90 mil dólares, divididos em prestações durante três anos. Caruana ouviu o veredicto e foi embora.

Esse era o grande problema da Operação Omertà e de outras tantas que a precederam. Oficialmente, o mafioso só cometera crimes na Itália, um país onde ele não ousava botar os pés. Ainda assim, na sua própria terra natal Caruana havia sido condenado uma única vez — por narcotráfico e associação mafiosa, com pena de 21 anos de prisão. No entanto, já havia abandonado a Itália quando a sentença foi proferida. O juiz que o condenou fez menção ao talento do mafioso para se manter fora do domínio da Justiça:

— A enorme capacidade de Caruana, que escapou de cada iniciativa da Justiça durante as últimas décadas, fez com que ele alcançasse o topo do mercado internacional de drogas. Mostrou tamanha habilidade que pode ser considerado um dos mais importantes expoentes no seu ramo.

Caruana continuava livre, comandando o clã Cuntrera-Caruana, uma das maiores organizações criminosas da Itália.

Desde o início do século, os Cuntrera vêm-se casando com os Caruana, uma tradição mafiosa que serviu para fortalecer os laços e os negócios entre as duas famílias de

Siculiana, província de Agrigento. Alfonso Caruana é casado com Giuseppina Cuntrera; a irmã desta, Vicenzina, é esposa de um dos irmãos de Alfonso, Gerlando; e a filha de Giuseppe Caruana, Antonina, é mulher de Paolo Cuntrera e por aí vai. Os matrimônios foram tantos que os Cuntrera-Caruana passaram a ser nome de organização mafiosa. E uma das mais ricas da Itália. Estima-se que seu patrimônio alcance hoje 2 bilhões de dólares.

As áreas de atuação dos Cuntrera-Caruana não poderiam ser outras: drogas e lavagem de dinheiro. Entraram no tráfico nos anos 1930, comprando e vendendo haxixe, e com o passar dos anos incluíram cocaína e heroína no cardápio. Foi uma das primeiras redes a estabelecer *joint ventures* com os cartéis colombianos, uma associação que permitiu maximizar os lucros e atuar em escala. Os negócios se expandiram e o dinheiro se multiplicou rapidamente, surgindo a necessidade de se montar uma lavanderia própria. Começaram reciclando seus próprios recursos, mas a fama acabou atraindo clientes. No início da década de 1990, já eram considerados os maiores narcorrecicladores do mundo.

Tanto no narcotráfico quanto na lavagem de dinheiro, a praça de atuação do clã é o planeta Terra. As digitais dos Cuntrera-Caruana já foram identificadas na Europa (Itália, Espanha, Holanda, Inglaterra, França, Suíça e Alemanha), Ásia (Tailândia e Índia), América do Norte (Estados Unidos, Canadá e México), Caribe (Curaçau e Aruba) e América do Sul

(Colômbia, Brasil e Venezuela). Mesmo estando presentes em tantos lugares, a marca dos Cuntrera-Caruana é a discrição; evitam a violência e distribuem subornos. Na Venezuela e em Aruba, são reis. Os dois Estados concentram, placidamente, a maior parte das empresas legais do clã (imobiliárias, restaurantes, hotéis, financeiras, agências de turismo, cassinos, fazendas, comércio naval, casas de tintas, móveis e CDs). Em março de 1993, o jornal italiano *Corriere della Sera* fez o seguinte comentário sobre os negócios dos Cuntrera-Caruana em Aruba (território holandês autônomo no Caribe, com pouco mais de 100 mil habitantes): "É o primeiro Estado a ser comprado pelos chefes da Cosa Nostra."

Os Cuntrera-Caruana eram o retrato da Máfia na virada do século: bilionária, transnacional e uma ameaça à noção de Estado. E Alfonso Caruana, sua personificação. Esta era a organização que Itália, Canadá, Estados Unidos e Suíça queriam atingir com a Operação Omertà. Durante três anos, duzentos agentes e policiais dos quatro países investigaram dezenas de pessoas, fizeram escutas telefônicas, seguiram suspeitos, vigiaram movimentações financeiras e acompanharam carregamentos de drogas cruzando países. No início de 1998, finalmente tinham descoberto um ponto fraco da rede e estavam prontos para o bote. A ação seria deflagrada no dia 16 de maio, em Houston.

40

Brasília, junho de 1998

Jorge liga para o meu celular no final da manhã. Pergunta se farei a reportagem denunciando a operação montada para fazer desaparecer o dinheiro de PC Farias. Explico-lhe que é impossível. O tempo é curto para que eu receba os documentos que ele mandaria dos Estados Unidos, comprove sua veracidade e publique a matéria antes da transferência dos 39 milhões de dólares. Havia uma alternativa, porém. Eu poderia publicar uma nota cifrada na *Folha*, que falasse no assunto de forma vaga, sem citar nomes, e ele cuidaria para que os operadores do esquema a lessem. Aí era cruzar os dedos e esperar que eles se espantassem e cancelassem a operação.

Jorge diz que aceita a proposta e me dá uma boa notícia: o envio do dinheiro de PC para bancos na Europa iria demorar mais que o previsto, o que me daria mais tempo para investigar.

— Espero que a nota provoque uma reação neles e assim a operação seja suspensa. Tenho que sair dessa enrascada — diz.

Cobro os documentos que ele afirma ter para de fato iniciar meu trabalho — e também para ter a segurança de que não estou sendo enganado. Jorge promete enviar, por fax, alguns comprovantes de remessas e ordens de pagamento do esquema. Mas como vou saber o que os documentos significam? Quem são as pessoas que controlam o dinheiro?

— Sobre isso, eu só falo quando estivermos cara a cara. Por telefone não dá. Por que você não vem a Nova York e então a gente conversa?

Digo a Jorge que também gostaria de me encontrar com ele, o mais rápido possível, desde que recebesse antes as cópias dos documentos.

— Então vá marcando o bilhete para adiantar. Ainda hoje o fax estará nas suas mãos.

Depois de falar com Jorge, informo ao diretor da *Folha* em Brasília como estão sendo feitas as negociações e proponho a viagem para Nova York. Recebo autorização para marcar a passagem e, para minha sorte, consigo vaga para um voo no dia seguinte. Agora é só esperar os documentos. Às 2h15 da tarde, Jorge telefona novamente. Diz que está com medo e pergunta se a nota será mesmo publicada no dia seguinte. Respondo que sim.

— Minha vida depende disso — afirma.

A passagem para Nova York já está marcada para o dia seguinte à noite; é um voo da United Airlines, digo a ele.

— Ótimo! Podemos nos encontrar num hotel qualquer perto do aeroporto La Guardia. É melhor não sermos vistos juntos em Manhattan — pondera Jorge. — Todo cuidado é pouco agora. Eu faço as reservas do hotel, pode deixar que fica tudo por minha conta, eu patrocino. Ainda não tive chance de passar o fax para você, isso tem de ser feito quando eu estiver sozinho. Te ligo ainda hoje para passar o nome do hotel. Aguarde o fax com os documentos.

Dispenso a cortesia do hotel e reitero que só embarco com cópia dos documentos em mãos. Se ele estava preocupado com a segurança dele, eu estava com a minha.

— Pode esperar — ele tenta me tranquilizar.

Passo o dia inteiro vigiando o fax e nada. A ansiedade me tortura. Faltando três minutos para as nove da noite, Jorge telefona.

— As coisas estão complicadas por aqui, estamos fazendo um monte de reuniões para acertar a transferência do dinheiro. Você não imagina como esses caras são espertos, o negócio é muito sofisticado. Olhe, ainda não tive condições de passar o fax para você. Só vou poder fazer isso quando me livrar deles. Quando me liberarem, vou direito a um lugar qualquer que tenha serviço de fax. Pode ficar tranquilo, você terá os documentos ainda hoje. Também não tive tempo de reservar o hotel. Pode ser que fique para amanhã. Mas dá tempo; antes de você embarcar, ligo avisando onde será o encontro.

Jorge começa a me deixar inseguro, e receio que ele esteja mentindo ou então que não tenha documento nenhum. Peço a ele que adiante alguma coisa sobre o teor dos papéis que está enviando.

— Tenha calma. Eu não posso me descuidar — ele resiste. — Eu imagino que você esteja desconfiado, mas procure entender minha situação. Você não sabe o que virou a minha vida. Hoje a minha neurose com segurança é tão grande que até meu endereço eu não conto para algumas pessoas da família. Minha mulher sabe que meus negócios são estranhos, mas não faz a menor ideia em que estou metido. Minha vida virou um inferno e eu preciso acabar com isso. Agora, tem uma coisa: eu não piso no Brasil por nada desse mundo. Vou detonar tudo, e, depois, desaparecer. Entende por que eu preciso tomar certos cuidados? Ainda mais porque eu não estou sozinho nessa. Tem um amigo meu que também pode ajudar. Ele não tem nada a ver com a coisa em si, só faz a abertura de algumas contas bancárias, não tem noção direito do esquema. Indiretamente, ele também está envolvido na transação dos 39 milhões de dólares, depois explico direito. O fato é que ele pode ajudar. Eu e ele podemos atuar em conjunto, mas para isso não posso levantar suspeita perante o grupo. Aguarde os documentos ainda hoje, e amanhã ligo para dizer o nome do hotel.

MORCEGOS NEGROS

O desabafo de Jorge parece real e me faz recobrar as esperanças. Coloco a cadeira perto do aparelho de fax e fico olhando cada papel que sai dele. Às onze da noite, meu coração quase vem à boca quando vejo a cópia de um documento com a marca do Citibank chegando. "Alcides S. Amaral é o novo presidente do Citibank Brasil", diz o texto. Alarme falso. É um *release* da assessoria de comunicação do banco. Espero até a meia-noite e meia. Nada. Vou embora para casa.

No dia seguinte, sai a nota cifrada na *Folha* anunciando que uma suspeita transferência de 39 milhões 725 mil dólares seria realizada no exterior nos próximos dias e que brasileiros estariam por trás da operação. Passo o dia inteiro esperando o fax, com a mala pronta, mas nada acontece. Jorge não liga, e os documentos não chegam. Desisto do voo para Nova York.

41
Houston, EUA, maio de 1998

A tarde cai e as cores da planície começam a mudar. Um alívio para os ocupantes da caminhonete Ford-150 que cruza o centro do Texas na monótona Highway 59, uma reta sem fim. John Hill, de 29 anos, e seu amigo Richard Court, de 31, estão exaustos depois de se revezarem ao volante nas últimas 24 horas com uma breve parada, na madrugada, num motel à beira da estrada. A viagem começara em Sault Ste. Marie, no Canadá, e estava quase no fim. John e Richard mal podiam esperar a hora de descarregar a mercadoria num depósito afastado do centro de Houston e receber o pagamento. Era o modo mais fácil de ganhar 50 mil dólares que alguém já tinha inventado.

Não era a primeira vez que a dupla levava cocaína do Canadá para os Estados Unidos. O esquema era o de sempre: receber a droga em Sault Ste. Marie, esconder os pacotes no fundo falso da caminhonete e depois cruzar a fronteira e cortar os Estados Unidos de norte a sul, evitando as rodovias principais. Chegando ao Texas, tomavam o rumo de Houston pela Hwy-59. Um carro equipado com rádio seguia na frente para antecipar possíveis barreiras da polícia — uma tática providencial que reduzia ao mínimo os riscos da operação. A confiança era tanta que desta vez eles nem se deram ao trabalho de preparar o compartimento secreto para esconder a droga; limitaram-se a colocar os pacotes na carroceria da caminhonete e os cobriram com um plástico. O carro que seguia na frente era a garantia de que nenhum problema iria acontecer. Caso houvesse uma *blitz* à frente, John e Richard seriam avisados a tempo de evitá-la. A tarde caía, era quase noite e o rádio permanecia mudo.

Quando o carro do Departamento de Segurança Pública do Texas apareceu no retrovisor da caminhonete com as sirenes ligadas, John e Richard entraram em pânico. Não houve tempo para reação. Os policiais que abordaram a caminhonete que levava os dois traficantes do quinto escalão dos Cuntrera-Caruana sabiam que a dupla levava 200 quilos de cocaína Só não esperavam encontrar os pacotes na carroceria da caminhonete. A rota de tráfico Sault Ste. Marie-Houston tinha sido monitorada durante meses pelos agentes disfarçados da RCMP (Royal Canadian Mounted Police), da DEA e do FBI; o flagrante era o primeiro ato da Operação Omertà.

Os 200 quilos de cocaína apreendidos — uma quantidade irrisória diante da dimensão dos negócios dos Cuntrera-Caruana

— eram a prova que faltava para que os investigadores canadenses, italianos, norte-americanos e suíços deslanchassem as ações mais importantes da operação. As marcas feitas nos pacotes e o material usado nas embalagens conferiam com descrições feitas por integrantes da organização em telefonemas grampeados pela polícia dos quatro países. Com as provas nas mãos, começava a caçada.

Oito dias depois do flagrante, Pasquale Cuntrera foi detido em Málaga, no sul da Espanha, quando tentava conseguir um passaporte falso para embarcar para a Venezuela. O criminoso sexagenário foi algemado com as mãos para trás, deixando em evidência sua proeminente barriga, estufada sob uma camisa de grossas listras verticais coloridas, dois números menor que seu manequim. Pasquale havia fugido da Itália naquele mesmo ano, poucos meses antes de ser condenado a 21 anos de prisão por narcotráfico. O ministro do Interior da Itália agradeceu de público a ação dos policiais espanhóis.

Dois meses se passaram sem que nada acontecesse. Em julho, quando as coisas pareciam ter esfriado, veio outro golpe: doze traficantes foram presos em oito cidades diferentes do Canadá e do México, quase ao mesmo tempo. Domenic Rossi, de 68 anos, foi preso de camiseta, calção e chinelos em Richmond Hill, no Canadá, e ficou tão atordoado que precisou ser atendido por médicos. Reação mais violenta teve Anna Staniscia-Zaino, 43 anos, capturada em Montreal. Quando percebeu um bando de fotógrafos querendo registrar sua prisão, a traficante olhou-os por cima de seus óculos escuros, fechou os punhos algemados e vagarosamente retesou o dedo médio das duas mãos enquanto desfiava uma série de palavrões. Junto com Anna estavam Marcel Bureau, de 51 anos, Nunzio Larosa, de 50, e seu filho Anthony Larosa, de 22. Ignazio Genua, de 30 anos, foi apanhado em Toronto. No México, foram presos Alberto Minelli, 33, e Oreste Pagano, no dia em que completava 60 anos de vida.

O quarteto mais importante — todos de sobrenome Caruana — foi detido no Canadá. Gerlando (irmão de Alfonso), de 54 anos, recebeu voz de prisão em St. Leonard. Estava com seu sobrinho Giuseppe, de 28 anos. Outro irmão de Alfonso, Pasquale, de 50 anos, foi agarrado em Maple. E em Woodbridge, no dia 15 de julho, a Operação Omertà marcou seu maior tento: aos 52 anos de idade, calvície avançada e vários quilos acima do peso, Alfonso Caruana foi finalmente capturado e colocado numa cela na Divisão 32, em North York.

— Prendemos um ícone do crime organizado — definiu orgulhoso o inspetor Ben Soave, da RCMP.

A Operação Omertà rendeu mais frutos. Dias depois, foi preso na Venezuela Vito de Maria, que, aos 61 anos de idade, condenado à prisão perpétua por oito assassinatos, continuava sendo o principal matador dos Cuntrera-Caruana. Em outubro foi a vez dos testas de ferro do clã na Venezuela: Ezequiel Jaimes, Edwar Jaimes, Graciano Di Mauro e Milagros

Belandria. Ao todo foram vinte prisões. O inspetor Ben Soave voltou a analisar os resultados da operação:

— A organização foi ferida, e seus negócios vão sofrer um abalo. O mercado da droga trabalhará mais devagar, com menos eficiência, o que fará com que os preços subam. Mas nesse ramo sempre há peças sobressalentes. Infelizmente as prisões não terão um impacto significativo quando se olha o quadro por inteiro.

A avaliação do inspetor foi confirmada oficialmente pelo Cisc (Criminal Intelligence Service Canada), num documento com projeções sobre a atuação de mafiosos no país após a Operação Omertà:

> Eles continuarão envolvidos em corrupção para obter favores e evitar a Justiça. Suas habilidades para influenciar figuras políticas e financeiras consistem num desafio para as forças de segurança do país. A lavagem de dinheiro continuará sendo uma das chaves dos seus negócios. Ou seja, permanecerão sendo uma ameaça para o Canadá.

Alfonso Caruana não sairá da prisão tão cedo. Depois de responder no Canadá pelos 200 quilos de cocaína apreendidos com John e Richard, finalmente cumprirá na Itália a pena de 21 anos a que fora condenado à revelia. Outros processos — como o da Operação Cartagena — devem fazer com que este período seja alargado consideravelmente.

Poucos dias após ser detido, Caruana compareceu a uma corte canadense para ouvir as acusações formais a que responde. Sua causa foi assumida pelo conceituado advogado John Rosen, famoso pela defesa que fez do *serial killer* sexual Paul Bernardo, já condenado. Até agora, o mafioso tem se negado a colaborar com a Justiça. Os Cuntrera-Caruana ainda choram a prisão de seu líder máximo. Mas continuam no negócio.

42
Brasília, julho de 1998

Estou esperando o garçom com meu almoço quando o celular toca. É Jorge, ligando a cobrar. Ele nem me dá tempo de questionar o sumiço do dia anterior e vai logo dizendo que não poderá falar muito.

— Depois explico o bolo de ontem, me desculpe. Não posso te contar agora, é arriscado, tenho de usar outro aparelho. Liguei só para te tranquilizar. A nota assustou os caras, todo mundo está nervoso aqui. Volto a telefonar ainda hoje.

Estragou meu almoço. Minha tarde também. Às 15h40 ele tornou a chamar para dizer praticamente as mesmas coisas do telefonema anterior. Dois minutos depois, ligou de novo só para avisar que estava entrando numa reunião e que só iria poder falar com mais calma à noite. São 20h16 quando finalmente isso acontece.

— Você deve estar puto comigo por ter perdido o voo, mas não tive culpa. Eles me prenderam até tarde ontem e acabei não podendo passar o fax, nem marcar o hotel. E hoje ainda tive de chegar cedo aqui para mais uma série de reuniões. Me desculpe. Eles ficaram sabendo da nota na *Folha* no início da tarde, alguém ligou do Brasil contando. Ficaram assustados, mas, ao contrário do que eu imaginava, não cancelaram a transferência do dinheiro. Agora, querem fazer tudo mais rápido ainda. Estou fodido! Pelo menos não desconfiaram de mim. Eles acham que alguém do Brasil vazou a informação, alguém do escritório do sul. A ordem é raspar tudo que tem nas contas o mais rápido possível. O esquema é perfeito, ninguém vai achar nada depois. Minha parte na operação já está definida: vou para Amsterdã receber parte do dinheiro lá, depois mando tudo para o Canadá. Estou fodido!

Não sei o que fazer, digo a Jorge. Fiz minha parte no trato; ele, não. Nem sei se acredito mais nele. Jorge pede que eu não desista.

— Você precisa acreditar em mim. Vou te contar algumas coisas. Sempre tive a preocupação de que um dia pudesse ser abandonado por esses caras se o esquema caísse. Por isso, tenho xerocado todos os documentos que posso. Sabia que essa era uma forma de me garantir se eles quisessem me sacanear, porém eles nunca fizeram isso. Então aconteceu uma coisa estranha: o fisco aqui dos Estados Unidos começou a pegar no pé de um monte de gente do esquema, inclusive eu, e começamos a desconfiar que haviam descoberto alguma coisa. Mesmo assim não ligamos muito, porque nada de ilegal foi feito aqui. Mas comecei a ficar mais preocupado quando li as reportagens sobre a conexão do esquema com a Máfia. Achei que o fisco poderia estar nos investigando por causa dos negócios com a Máfia. Desesperei! Aí bolei o plano de estourar tudo. Tenho cópia de recibos da Itália e dos Estados Unidos e de cheques em meu próprio nome. Eu movimento quatro contas no Texas e outras em Minnesota, Nevada e Nova York. Nos últimos tempos, tirei cópia de muitos documentos dessas contas. Várias pessoas me dão suporte; tem um gerente indiano e um contato em Nevada só para operações com Montevidéu; os dois fazem parte do esquema. Vou te passar o nome de todo mundo, inclusive dos cabeças que controlam os quatro grupos principais, aqui nos Estados Unidos, em São Paulo, na Itália e na Holanda. Você precisa acreditar. Me diga o que você quer. Quer saber detalhes de qual documento?

Como é que eu vou saber que documentos ele tem? Peço que fale de transações nas quais aparecem nomes. Ouço Jorge folheando papéis.

— Contrato das ilhas Cayman em nome de Sílvio Costa; memorando de 2 de novembro de 1995 de Angelo Zanetti autorizando a transferência de 2 milhões 335 mil dólares para contas em Miami e Houston; dois passaportes em nome de Paulo Guimarães, um legítimo e outro falso; vários recibos de depósito feitos pela empresa BK Associated Limited; fax com timbre da Itália; recibo de transferências para o Citibank em nome de Renato P. Pinto e/ou Cláudia Pinto; recibos de transferências do Citibank de Miami para o Bank One do Texas (200 mil dólares, 272 mil dólares, 38 mil dólares e 69 mil dólares); comprovantes de remessas de Miami para Barcelona (48 mil dólares e 112 mil dólares); comprovantes de remessas de Barcelona para Amsterdã (48 mil dólares e 112 mil dólares); recibo de transferência eletrônica do Citibank de Miami para o First Union Bank da Georgia em nome de Cláudio B. Matos; cheque de Carlos Augusto para Cláudio B. Matos no valor de 2 milhões de dólares com data de 10 de fevereiro de 1997 e cópias de cheques depositados nas contas bancárias do Texas operadas por mim entre dezembro de 1996 e março de 1997, no valor total de 7 milhões, 500 mil dólares e uns quebrados.

A lista de Jorge me fornecia um farto material para investigação — com um pouco de sorte, poderia confirmar ou desmentir alguns dados. Era uma ótima oportunidade para verificar se ele falava ou não a verdade. Fico particularmente interessado na referência ao nome de Angelo Zanetti. Tento aproveitar o melhor momento de inconfidência de Jorge e peço-lhe que revele quem são "eles".

— São seis cabeças que controlam tudo. Mas eles não são os verdadeiros donos do dinheiro — diz, voltando a ser vago.

Arrisco o palpite óbvio e questiono se algum dos irmãos Farias está por trás do esquema.

— Pode apostar nisso — afirma Jorge.

Pergunto se o ex-presidente Fernando Collor faz parte do grupo.

— Nós tínhamos um clube. Comprávamos pessoas responsáveis por grandes negócios no Brasil. Isso acabou; ficou somente o gerenciamento do dinheiro. Até onde eu sei, Collor não está no esquema. Muito tempo atrás, presenciei uma ligação que foi feita para ele propondo-lhe a participação numa jogada, mas ele recusou. Depois disso, nunca mais ouvi falar no nome de Collor. Para mim, ele está fora.

Indago se é possível calcular quanto dinheiro o grupo maneja.

— É difícil saber, mas nesses anos todos vi passar grandes somas. Arriscaria dizer que são uns 400 milhões de dólares.

Volto ao assunto da transferência dos 39 milhões de dólares para os bancos da Holanda e Inglaterra.

— É o dinheiro da conta em Miami, que será dividido em seis partes diferentes por medida de segurança. Eu fiquei responsável por transferir a quantia maior (11 milhões e 600 mil dólares), em remessas que serão feitas pelo Israel Bank. Minha passagem para Amsterdã está marcada para depois de amanhã e até agora não decidi o que fazer. Contava que a operação seria suspensa por causa da nota que saiu no jornal, mas eles resolveram seguir adiante. Agora não tem jeito, tenho de viajar para Amsterdã, do contrário eles vão saber que fui eu quem vazou a informação e aí estarei realmente em apuros. Não dá mais para a gente se encontrar em Nova York, não dá tempo. Também não posso me arriscar a passar o fax para você, seria perigoso andar com os documentos por aí. Certamente eles dobraram a segurança interna e devemos estar sendo vigiados. Mas podemos mudar nosso encontro para Amsterdã. Passo pessoalmente a você cópia dos documentos, antes de a transferência ser fechada. Faço melhor: dou a você extratos do dia de algumas contas.

Resolvo fazer mais uma tentativa. Marcamos um novo encontro em Amsterdã para dali a dois dias. Jorge diz que vai ligar no dia seguinte para passar as coordenadas. Mais vinte e quatro horas de angústia.

43
Maceió, março de 1997

A conclusão do inquérito do delegado Cícero Torres sobre a morte de PC e Suzana tinha colocado o Ministério Público e a Justiça de Alagoas numa situação constrangedora. Os promotores deveriam apontar o culpado (ou os culpados) pela morte; à Justiça, caberia decidir sobre a inocência ou culpa dos réus. Mas se a Polícia Civil não havia indiciado ninguém, o que fazer? As duas instituições não sabiam como responder a essa pergunta. Na dúvida, o Ministério Público optou por manter-se em silêncio — não pediu o arquivamento do inquérito, tampouco requisitou novas investigações, retardando o envio do caso à Justiça.

Seis meses se passaram até que fosse tornada pública a informação do envolvimento financeiro de Paulo César com a Máfia. Uma notícia, em especial, chamou a atenção das instituições alagoanas: a Itália descobrira que, poucos dias antes de ser assassinado, PC Farias havia feito uma reunião conturbada na casa de praia em Guaxuma. Nesse encontro, estavam os dois testas de ferro de Farias que movimentavam as contas abastecidas pela Máfia — os argentinos Luis Felipe Ricca e Jorge Osvaldo La Salvia. Ricca contou em depoimento a magistrados italianos que, na reunião, PC e La Salvia tiveram uma discussão dura porque o ex-tesoureiro de Collor acreditava que suas contas haviam emagrecido além do normal no período em que estivera preso. A revelação dos dados levantados pela Itália era tudo o que o Ministério Público e a Justiça de Alagoas precisavam para sair da defensiva.

O juiz da 8ª Vara Criminal de Maceió, Alberto Jorge Correia de Lima, determinou então a reabertura das investigações e autorizou que fosse feito um novo laudo sobre as mortes de PC e Suzana. Para essa tarefa foram convidados peritos e legistas de São Paulo, de Alagoas, da Paraíba e do Rio Grande do Sul. Dessa vez o trabalho foi feito de forma discreta, sem gravadores e câmeras por perto. Os corpos de Suzana e Paulo César foram exumados pela segunda vez para uma nova necropsia, e os testes de balística foram refeitos.

As conclusões dos legistas Genivaldo Veloso de França (da Universidade Federal da Paraíba) e Daniel Muñoz (da USP), do especialista em balística Domingos Tochetto (da Escola Superior da Magistratura do Rio Grande do Sul) e do perito Nicholas Soares Passos (da Secretaria de Segurança Pública de Alagoas) destroçaram a versão oficial de crime seguido de suicídio, do delegado Cícero Torres e da equipe do legista Fortunato Badan Palhares.

Fotos tiradas na cena do crime logo após os corpos terem sido encontrados mostravam muitas manchas de sangue — no peito, nos braços, no pescoço, nas pernas, na camisola e no sutiã de Suzana e no lençol. Não havia, porém, sangue na arma. Analisando o ferimento fatal de Suzana, Badan havia sustentado que ela praticamente encostara o cano do revólver no peito ao se matar. Os autores do segundo laudo questionaram a explicação: como o sangue havia esguichado sobre o corpo de Suzana e sobre o lençol sem atingir também a arma?

Eles notaram outra contradição relacionada ao revólver. Badan fizera testes para detectar impressões digitais na arma, mas não as encontrou. Ainda assim, considerou o fato normal, argumentando que o cabo do Rossi calibre .38 era feito de material rugoso, o que dificultaria a fixação das impressões. Os peritos destacados para as novas investigações avaliaram que a justificativa de Badan era frágil. Para se certificarem, buscaram uma comprovação científica por meio de simulações de tiro com um revólver idêntico ao utilizado no crime de Guaxuma.

Vinte pessoas (três mulheres e dezessete homens) foram convidadas para o teste. Foram entregues a elas a arma e cinco balas; a tarefa consistia em colocar as balas no tambor do revólver e atirar. Depois de cada sessão, os peritos faziam a coleta de impressões digitais. Detalhe: antes de buscar as impressões, a superfície da arma era limpa. Nas vinte simulações, não foram registradas marcas dos dedos no cabo da arma. Entretanto em todos os casos verificou-se a presença de impressões digitais nas partes em aço inoxidável do revólver cano, armação e tambor. Ou seja, a simulação mostrava que não era possível sequer cogitar que Suzana efetuara os disparos e que depois o revólver tivesse sido limpo por outra pessoa. Se Suzana tivesse atirado (contra PC ou contra si própria), necessariamente suas digitais ficariam impressas na arma.

O passo seguinte foi examinar a pele das mãos de Suzana. Não foram encontrados resíduos de antimônio, chumbo e bário (elementos que compõem as substâncias químicas iniciadoras da espoleta), tampouco de cobre e zinco (presentes no invólucro da bala). Havia sim resíduos de pólvora nas mãos de Suzana, o que significava somente que ela manuseara uma arma (não necessariamente a do crime).

Uma terceira necropsia realizada no corpo da namorada de PC foi decisiva para mostrar que o laudo de Badan estava errado. Nos novos exames, constatou-se que, entre duas a três semanas antes de morrer, Suzana fraturara um pequeno osso, de 2,8 centímetros de comprimento, localizado no pescoço — a apófise estiloide. De acordo com os legistas, a fratura — que não fora descrita no laudo de Badan — era um sinal de estrangulamento. Suzana portanto fora vítima de algum tipo de violência menos de um mês antes de morrer, e esse fato foi ignorado nas investigações do delegado Cícero Torres.

Outra constatação relativamente simples ajudou a soterrar o trabalho de Badan. Para provar que Suzana se matara, o legista da Unicamp tinha recorrido a cálculos de balística — ciência que estuda o movimento e o comportamento de corpos atirados no espaço, principalmente de projéteis disparados por meio de explosão. Com a ajuda de uma espécie de lanterna de raio *laser*, Badan projetou toda a trajetória da bala, do momento em que ela saiu do revólver até atingir velocidade zero. O legista estudou a posição em que Suzana estava quando a bala entrou no peito e o caminho que o projétil percorreu dentro do corpo, até sair pelas costas. Calculou de que forma o projétil continuou em movimento e atravessou uma parede de madeira que estava atrás de Suzana a 69,5 centímetros de altura em relação ao chão do quarto. Também levou em consideração que, depois de atravessar a parede, a bala atingiu o braço direito de uma cadeira na sala, antes de cair inerte no chão. Badan havia sido categórico: a física provava que Suzana atirara contra o próprio peito quando estava sentada na cama, a uma altura de 79 centímetros em relação ao chão. Todos os cálculos do legista estavam amparados numa premissa: Suzana media 1,67m — dado disponível numa ficha de identificação fornecida pela Secretaria de Segurança Pública de Alagoas. Aí estava o erro de Badan.

Os legistas e peritos que fizeram o segundo laudo não confiaram na informação da altura de Suzana registrada na ficha da secretaria. Caso houvesse uma diferença na altura, todos os cálculos da balística ficariam comprometidos. O melhor a fazer era ignorar o dado disponível na ficha da

Secretaria de Segurança Pública e fazer uma medição precisa. Havia, entretanto, um problema: não era mais possível obter a altura exata de Suzana simplesmente medindo seu corpo. O enterro da namorada de PC ocorrera quase um ano antes; a decomposição do corpo inviabilizava uma leitura segura. Os especialistas recorreram então a uma tabela reconhecida internacionalmente — Trotter e Gleser, de 1958 — que determina a altura de uma pessoa pelo comprimento dos ossos da tíbia e do fêmur. A tabela foi estabelecida a partir do estudo sistemático de cadáveres, com uma margem de erro de apenas 2,9 centímetros para mais ou para menos.

Medidos os dois ossos de Suzana e consultada a tabela, verificou-se que a namorada de PC Farias media 1,57m — dez centímetros a menos que a altura registrada na ficha da Secretaria de Segurança Pública e utilizada como parâmetro por Badan Palhares. O dado exato permitia concluir que, se Suzana tivesse disparado o revólver quando estava sentada na cama, a bala teria atingido sua cabeça ou passado por cima do seu ombro antes de atingir a parede. O novo laudo apontou que Suzana estava mesmo na cama quando recebeu o tiro, mas não sentada. Na verdade, ela se levantava, projetando o corpo para a frente, quando foi alvejada — posição interpretada pelos peritos como uma tentativa de autodefesa.

Uma reportagem de minha autoria com informações do novo laudo foi publicada pela *Folha de S. Paulo*, causando a revolta de Badan Palhares e do delegado Cícero Torres. Em artigo publicado no jornal, em setembro de 1997, com o título "Qual era mesmo a altura de Suzana?", o legista da Unicamp rebateu o novo laudo e defendeu seu trabalho:

> A altura de Suzana é fundamental. Estando errada, estará errado todo o resto — a começar pela trajetória do tiro e por sua projeção em relação à parede trespassada pela bala. Tudo se alteraria, desde a curva feita pela arma em seu movimento de recuo (e, nele, a distância e a forma em que a arma foi encontrada) até o tamanho e a forma das gotas de sangue encontradas na cama. Por fim, situando o buraco da parede numa altura inamovível de 69,5 centímetros do piso, a posição de Suzana no momento do tiro depende indubitavelmente de qual fosse a sua altura. (...) Indagar a altura de Suzana pode corresponder a outras indagações igualmente pertinentes: quanto medem a verdade, a competência de certos peritos, a ética da informação?

No artigo, Badan refutava o método utilizado na nova perícia e reafirmava sua crença na veracidade da informação sobre a altura de Suzana registrada na ficha da Secretaria de Segurança Pública de Alagoas:

> Lá está sua altura verdadeira.

A irmã de Suzana, a jornalista Ana Luíza Marcolino, de 35 anos, ficou revoltada com o artigo de Badan. Ela, o irmão, Jerônimo, e a mãe, Maria Auxiliadora, tiveram a vida desestruturada após a morte de Suzana. A maioria dos amigos sumiu, e o telefone quase não tocava mais. Ana Luíza e Jerônimo perderam o emprego. Até a empresa que deveria pagar o seguro de vida de Suzana se negou a fazê-lo porque o laudo oficial indicava suicídio. Sem condições de permanecer em Maceió, por medo de que algo de sinistro lhes acontecesse, Ana Luíza e Jerônimo optaram por sair da cidade, levando junto a mãe e o padrasto. Alugaram a casa que tinham e se mudaram para o interior da Paraíba. Somente alguns parentes foram informados do novo endereço — Zélia Maciel, a prima que comprara a arma junto com Suzana, não estava nessa lista. Para Ana Luíza, era um acinte a afirmação feita por Badan Palhares de que Suzana media 1 metro e 67 centímetros:

— Ela media entre 1,57m e 1,58m, eu tenho certeza. Ela era baixinha, colocava sapatos de salto alto para disfarçar sua altura. Uma mulher presta atenção em questões como essa, ainda mais em relação à irmã — disse a mim, por telefone, do esconderijo onde passara a viver.

Com as informações do segundo laudo, a promotora Failde Mendonça, responsável pelo caso no Ministério Público de Alagoas, se recusou a pedir o arquivamento do caso como um crime seguido de suicídio. Failde acreditava ter elementos para apontar um duplo homicídio, de autoria ainda incerta. Deixou de lado o inquérito realizado pelo delegado Cícero Torres e determinou a realização de novas apurações.

Três meses depois, a Secretaria de Segurança Pública de Alagoas nomeou um novo delegado para o caso, Jobson Cabral, depois que outros cinco recusaram o convite. Em pouco tempo, o delegado se desentendeu com seus superiores e abandonou a tarefa para a qual fora designado. No final de 1997, foi a vez da promotora Failde sair do caso, alegando problemas de saúde.

44

Brasília, julho de 1998

Os nomes citados por Jorge no último telefonema são um começo para a minha investigação. Com a ajuda de uma fonte, consigo fazer uma pesquisa na rede de dados da Polícia Federal que registra informações sobre pessoas condenadas ou investigadas. O resultado me surpreende. Um dos nomes mencionados por Jorge havia sido alvo da PF, justamente na época do Collorgate. Trata-se de um funcionário de uma das empresas da família Farias em Maceió. O curioso é que nada fora provado contra o suspeito e ele nem sequer chegara a ser indiciado. Faço uma busca nos jornais da época, porém não há registro de ninguém com aquele nome. Fico animado com a descoberta. Jorge mencionara um nome que tinha ficha limpa e nunca havia sido citado pela imprensa, mas que já fora investigado por suspeita de envolvimento com o Esquema PC. Sem dúvida era um dado novo — e nada óbvio. Ainda não era possível saber se Jorge estava mentindo ou falando a verdade, mas uma coisa era certa: ele conhecia o universo de PC Farias.

    Meu entusiasmo dura pouco. Depois de marcar um novo encontro, dessa vez em Amsterdã, Jorge sumiu. Não sei mais o que pensar.

    Passo alguns dias tentando definir o perfil de Jorge. O sotaque é de nordestino, e o inglês, fluente. Provavelmente mora nos Estados Unidos, conforme comprovam as várias ligações a cobrar de Nova York e o modo de falar, trocando palavras e expressões em português por inglês (ligação a cobrar é *collect call*, gerente é *manager*, revista é *magazine*). Cita com familiaridade ruas, lugares e bairros da cidade, demonstrando conhecê-la bem. É prolixo e domina vários assuntos (política brasileira, macroeconomia, relações diplomáticas entre países etc.). Lê diariamente jornais brasileiros e tem fixação pelas colunas de bastidores políticos. Intercala momentos de pura objetividade com desabafos carregados de emoção. Tem muita intimidade com finanças e bancos estrangeiros. E um detalhe curioso: tudo indica que Jorge está numa residência quando faz os telefonemas mais longos e que são pagos por ele. Nestas ocasiões, quase sempre ouço o latido agudo de um cachorro que se chama Toby ou Boby, que sempre obedece a suas ordens para ficar quieto.

    Com o sumiço do meu misterioso contato, volto a trabalhar em outros assuntos. É final de julho e estou no Rio para a cobertura do leilão da Telebrás. Faz vinte e sete dias que não tenho notícias de Jorge. Estou no quarto do hotel quando atendo o celular.

— Alô, Lucas? Sou eu, Jorge.

Minha primeira reação é de protesto. Mas não dura muito. Quero mesmo é saber o que aconteceu.

— Vou te contar a verdade. Depois que nos falamos pela última vez, fiquei com muito medo. Por um momento desisti de tudo. Não ia te ligar nunca mais. Como havia lhe contado, aquela nota no jornal deixou o pessoal assustado. Eles passaram a fazer um controle maior sobre nossos movimentos. Descobri sem querer que eles tinham pedido ao *manager* de um hotel onde fiquei hospedado recentemente a relação das ligações que fiz. Minha sorte é que tomo muito cuidado quando telefono para você, mas mesmo assim entrei em pânico. Depois disso, comecei a achar que estava sendo monitorado 24 horas por dia. Outras pessoas que trabalham comigo também tinham a mesma sensação. Não aguentei a pressão e desisti do plano, entende? Mas mandei um recado avisando. Você recebeu?

Eu não tinha recebido recado nenhum, digo a Jorge.

— Telefonei para a correspondente da *Folha* em Nova York. O nome dela é Alessandra, não é? Ela não estava, mas deixei um recado na secretária eletrônica pedindo que ela entrasse em contato com você e transmitisse o recado que nosso encontro estava cancelado. Você não recebeu mesmo?

Minha paciência estava por um fio. Eu não tinha recebido nenhum recado, nenhum aviso, nenhum telefonema, nada. E aquilo me fazia perder a confiança nele.

— Desculpe. Eu entendo a sua situação. Também estaria da mesma forma se fosse comigo. Mas continue acreditando. Cheque com a Alessandra; ela vai confirmar que eu deixei o recado na secretária eletrônica. Por favor, não desista agora! Vou dar tudo o que você precisa. Estou decidido! Tenho de acabar com tudo! Você não imagina o que acontece quando se entra num jogo desses. A personalidade da gente muda. Passei anos mentindo para a minha família, para os meus amigos. Isso foi interferindo no meu casamento, mas eu não enxergava. Quase perdi minha mulher. Hoje não prezo mais o dinheiro, prezo a minha liberdade! Estou dizendo essas coisas para você e ela está aqui na minha frente. Agora ela sabe de tudo. Eu cometi um grande erro, manchei o nome da minha família. Mas se puder vou consertar alguma coisa. Tenho medo de morrer; quero voltar a ter uma vida normal, nem que tenha de pagar por isso. Minha mulher sabe de tudo e me apoia. Estou olhando para ela agora... vou fazer de tudo para reconquistá-la.

OK, Jorge queria desabafar. Mas e a transferência dos 39 milhões de dólares? O que exatamente ele pretendia fazer?

— Fui para Amsterdã e fiz a minha parte na transação. O dinheiro já está longe... Estão sendo feitas outras transferências. Agora acontece quase diariamente; o volume de saída é muito grande. Em alguns dias não haverá mais nada nos Estados Unidos e nós vamos ser desarticulados. Eles vão sumir e meu nome vai ficar marcado por causa das transações. Quem vai se foder sou eu! Sei que pode demorar, mas um dia a polícia vai chegar ao meu nome, não tem jeito, não tem saída para mim. Você entende por que não liguei para você? Desculpe, mas minha cabeça estava a mil. Mas agora estou pronto! Vou sair dessa vida de qualquer jeito, vou dar todos os documentos de que você precisa para denunciar o esquema. Também quero colaborar com a polícia. Você acha que isso pode contar a meu favor?

Respondo-lhe que precisaria fazer uma consulta para dizer com precisão, mas acreditava que sim. Dependia muito dos delegados, promotores e juízes envolvidos no caso. Digo a Jorge que poderia sondar a Polícia Federal, se ele quisesse, claro.

— Quero sim! Fale com a Polícia Federal. Eu estou no Texas e daqui sigo para Denver, no Colorado, mas no sábado estarei de volta a Nova York. Ligo para saber como foi a conversa.

No dia seguinte, telefono para Alessandra Blanco, correspondente da *Folha* em Nova York. Ela confirma que Jorge realmente deixara uma mensagem para mim na secretária eletrônica dela, mas isso tinha acontecido num dia tumultuado e ela acabou não passando o recado adiante. De volta a Brasília, procuro um delegado da Polícia Federal que conheço. Questiono se alguém que tivesse envolvido num grande esquema de corrupção e lavagem de dinheiro poderia ser beneficiado pela lei caso colaborasse com a Justiça. Minha fonte na PF explica que sim, conforme prevê o artigo 6º da Lei 9.034/95, chamada Lei contra o Crime Organizado: "Nos crimes praticados em organizações criminosas, a pena será reduzida de um a dois terços quando a colaboração espontânea do agente levar ao esclarecimento de infrações penais e sua autoria." A decisão sobre a diminuição da pena, entretanto, cabe a um juiz.

Na segunda-feira, Jorge telefona.

— E aí, falou com a correspondente da *Folha* em Nova York? Falou com a Polícia Federal?

Conto-lhe o resultado da consulta à Polícia Federal e Jorge se anima.

— Essa é uma ótima notícia! Estava esperando a sua resposta para ver se daria certo o novo plano que bolei. Agora que meu nome está registrado na operação de transferência do dinheiro, não adianta simplesmente te passar os documentos. Mesmo que você não revelasse meu nome nas reportagens, a polícia acabaria chegando até mim. Então pensei o seguinte: você fala com a Polícia Federal que eu estou disposto a contar tudo o que sei e a entregar os comprovantes das transações. Mas não ponho os pés no Brasil, isso eu não faço. Teríamos de nos encontrar — eu, você e um delegado — aqui nos Estados Unidos. Entrego os documentos para você e para o delegado e dou um depoimento formal contando tudo. Se quiser, você pode até publicar uma entrevista comigo, com meu nome real aparecendo inclusive.

A nova operação proposta por Jorge me colocaria na delicada condição de intermediário de um criminoso com a polícia. Um criminoso que queria colaborar com a Justiça, mas ainda um criminoso. Para isso, eu precisaria do aval da direção da *Folha de S.Paulo*, explico a ele. Jorge concorda. Pondero que estava na hora de ele me revelar seu nome verdadeiro, já que decidira mesmo torná-lo público.

— Calma, a gente chega lá — responde. — Vá articulando as coisas para que isso aconteça rapidamente.

A direção da *Folha* em Brasília consulta a chefia do jornal em São Paulo e me autoriza a falar com a Polícia Federal. Aciono então o mesmo delegado com quem falara anteriormente e faço um relato de tudo o que acontecera até então, concluindo com a proposta de Jorge. O delegado pede um tempo para discutir o assunto com seus superiores. Dias depois, me chama para um encontro e diz:

— A Polícia Federal quer se encontrar com Jorge e aceita fazê-lo fora do país. Dependendo das informações que nos forem fornecidas por ele, iremos comunicar à Justiça que a testemunha se apresentou de forma espontânea e que está colaborando. Ao final do inquérito, podemos sugerir que ele seja beneficiado com a redução da pena pelos crimes cometidos.

Jorge fica empolgado quando conto o resultado da consulta à PF. Digo-lhe que prefiro que nosso encontro seja independente do contato que ele fará com o delegado — e que aconteça antes.

— Tudo bem. Daqui a alguns dias, tenho um compromisso em Dallas. Depois, vou ter alguns dias de folga. Em vez de voltar para Nova York, posso ir para Houston, que não fica longe. Podemos nos encontrar em Houston. Pego você no aeroporto e vamos de carro para Galveston, um balneário próximo de lá, bem tranquilo. É um lugar onde estaremos em segurança. Faço reservas num bom hotel; nem vamos precisar sair dele. Passamos dois dias juntos analisando documento por documento e, ao final, fazemos a entrevista. Depois, voltamos para Houston e nos encontramos com o delegado para dar meu depoimento.

Negativo. Veto Galveston falando abertamente o motivo: apesar de Jorge ter incluído a Polícia Federal nos seus planos, ainda considero arriscado viajar sozinho de carro com ele. Ele diz compreender minha posição e fala que o encontro será da forma como eu quiser. É minha vez de fazer exigências. Ponto um: o encontro será num hotel de Houston, escolhido por mim. Ponto dois: a direção da *Folha* e a Polícia Federal farão contatos, por telefone, durante o período em que estivermos juntos para saber se está tudo bem. Ponto três: eu só embarcarei se souber seu nome verdadeiro. Cruzo os dedos. Jorge topa. Quis saber o que ele faria depois de detonar o esquema.

— Já te disse que não cometi crime nenhum aqui. Portanto, não podem me prender. Para o Brasil, não volto.

Prefiro acompanhar de longe o que a Justiça brasileira vai decidir sobre o meu caso. Minha preocupação é com o pessoal do esquema. Eles vão ficar furiosos e podem querer se vingar. Conto com duas coisas. Eles terão muita dor de cabeça quando suas reportagens forem publicadas e a Polícia Federal começar a agir. Depois, se vierem atrás de mim, estarei longe. Pretendo me mudar para o Canadá; meus advogados já estão vendo a questão do visto. Vou sumir.

Combinamos a data do encontro: 17 de agosto. Cobro de Jorge a revelação do seu nome verdadeiro.

— Veja lá, estou confiando em você... Meu nome é Flávio Medeiros.

Terminada nossa conversa, imediatamente começo a verificar as informações disponíveis sobre Flávio Medeiros. No banco de dados da *Folha* não consta nada. Encaminho uma busca nos arquivos da Polícia Federal e da Justiça Federal, que me dirão se Jorge (agora, Flávio) já foi investigado ou indiciado, respondeu a processo ou foi condenado. A resposta só estará disponível em 48 horas, o que me dá tempo suficiente para planejar a viagem para Houston — e também para levantar material para a reportagem sobre a descoberta do dinheiro de PC Farias e para a entrevista com um dos homens que ajudavam a esconder a fortuna.

Como funcionou o Esquema PC durante o governo Collor? Quem recebeu propina e quanto recebeu? O que deram em troca? O que se fala sobre a morte de PC entre os integrantes do esquema? Quais eram as ligações internacionais de PC? Como era a relação do esquema com Angelo Zanetti e outros mafiosos? Quanto o esquema angariou? O que foi feito com o dinheiro após a morte de Paulo César? Quem o controla atualmente? Quem se beneficia dele? São muitas as perguntas que tenho para Flávio, o primeiro integrante do Esquema PC a contar como funcionava a máquina de corrupção, desvio de verbas públicas e lavagem de dinheiro montada por Farias. Mais que isso: ele pode indicar o destino do dinheiro de Paulo César após sua morte, um dos maiores mistérios da história policial do país. Será uma entrevista histórica: "a autoridade tal foi subornada", "o empreiteiro x pagou propina", "o banqueiro y ajuda a esconder o dinheiro"...

O delegado da Polícia Federal destacado para viajar a Houston também está ansioso para ouvir o que Flávio tem a dizer. Será a oitiva mais importante de sua carreira. Para a segurança dele e minha, agentes da CIA que trabalham no CDO (Centro de Dados Operacionais, da PF), em Brasília, são informados da operação para que possam acionar seus colegas nos Estados Unidos, caso haja necessidade. Um cônsul brasileiro está de prontidão. Todos aguardam o sinal de Flávio.

No dia seguinte, ele telefona.

— Pronto para a viagem?

Digo a ele que ficarei hospedado no Braeswood Hotel e que minha passagem (Brasília-São Paulo-Chicago-Houston) está marcada para domingo, 16 de agosto (na verdade, meu bilhete é para o dia 14, já que prefiro chegar antes para fazer algumas sondagens sem que ele saiba). Flávio sugere outro itinerário. Diz para eu esquecer Chicago e fazer a escala em Miami, indicando companhias aéreas e horários de voos.

— Você chega mais rápido e mais descansado.

Ele tem razão, os voos para Houston via Miami são muito melhores. Mudo meu bilhete.

Dia 13. Recebo o resultado da pesquisa sobre o nome Flávio Medeiros e quase não acredito. Nos arquivos da PF e da Justiça Federal constam várias pessoas com esse nome, mas nenhuma que tenha sido investigada, indiciada ou julgada por envolvimento com o Esquema PC. Passo o dia olhando meu celular, esperando a chamada de Flávio (ou Jorge, sei lá!). Quando ele liga, vou logo dizendo que descobri que o nome dele não é Flávio Medeiros.

— Não estou mentindo. Nunca disse a você que tinha sido investigado, mas sim que tinha sido convocado a prestar depoimento à Justiça e não compareci. Eles me convocaram em 1992, pode checar. Farei o seguinte: vou te mandar por fax uma cópia da intimação, que guardo até hoje. Pode ficar sossegado, vai dar tudo certo. Já estou em Dallas, estou com o número um do esquema em Cleveland. Escute: lembra daquele meu amigo sobre o qual falei uma vez? Ele também quer falar. Ele tem outras informações que eu não tenho. Pode ser uma pessoa importante para você. O que você acha?

Ainda não engoli direito a história da falta de registros com o nome dele nos arquivos da PF e da Justiça Federal. Digo que vou continuar pesquisando o nome Flávio Medeiros e que, se descobrir que ele está mentindo, avisarei à polícia. Quanto ao amigo dele, depois a gente vê isso. Primeiro quero receber o fax com a cópia da intimação da Justiça.

— Vou providenciar — responde.

Tenho pouco tempo para encontrar o que procuro — o registro de que, em algum dia no ano de 1992, Flávio Medeiros foi intimado a depor num dos processos do Esquema PC e não compareceu. Depedo da boa vontade de um funcionário da Justiça Federal que me ajuda na pesquisa. Minha fonte explica que não será fácil encontrar o que busco, não é a área dele, mas talvez um amigo possa colaborar. Enquanto espero, vou falar com o delegado designado para ouvir Flávio nos Estados Unidos. Conto o que está acontecendo e ele recomenda que eu me acalme. De certa forma, o comportamento hesitante de Flávio se encaixa no perfil dos criminosos que estão prestes a delatar a organização à qual pertencem, pondera. Nessas situações, é de esperar que haja retrocessos e avanços súbitos e eventuais mentiras. Fico mais aliviado. Por via das dúvidas, o delegado reitera que posso lhe telefonar se precisar de apoio em Houston. Alguém irá aparecer em meu socorro, diz. Por fim faz uma recomendação:

— Da chegada em Houston até o embarque de volta ao Brasil, desconfie de tudo e de todos à sua volta. Encontre-se com Flávio em lugares públicos e movimentados. Em hipótese alguma fique sozinho com ele.

Naquele mesmo dia, outro delegado da Polícia Federal que acompanha a operação me chama para uma conversa e sugere que um agente viaje comigo para Houston disfarçado de fotógrafo. Não gosto da ideia. Eu já estava numa situação delicada, atuando de intermediário entre Flávio e a PF. Precisava reforçar para ambos minha condição de jornalista naquela história. Agradeço a oferta; vou com um fotógrafo de verdade.

Passo o dia correndo, ligando de hora em hora para a redação a fim de saber se chegou fax para mim. Nada. No final do dia, sou comunicado de que só há um fotógrafo disponível com visto válido e inglês fluente — condição imposta pela direção da *Folha* como reforço na segurança da operação. Ligo para ele, em São Paulo, e explico nossa missão. A foto é o mais fácil; nosso personagem vai posar. No entanto, será preciso ficar atento o tempo todo. Haverá um esquema de apoio, caso haja necessidade, mas ainda assim existe um risco potencial e temos de estar preparados para uma situação de emergência. O fotógrafo vacila. Diz que não está acostumado a coberturas daquele tipo e que talvez não seja a pessoa apropriada. Desisto do fotógrafo; vou levar uma câmera e eu mesmo faço a foto. Melhor ir sozinho do que com uma pessoa que está com mais medo do que eu.

O dia acaba e nem sinal de Flávio ou do fax. É madrugada do dia 14, estou na festa de aniversário de uma amiga, no Lago Sul de Brasília, quando ele liga.

— Desculpe não ter entrado em contato antes. Procurei a cópia da intimação, mas não encontrei. Ficou em Nova York; eu não achava que ia precisar desse documento, sinto muito. Você não consegue cópia disso aí?

Estou tentando, respondo, mas argumento que é ele quem tem de provar que é Flávio Medeiros.

— Veja o que você pode fazer. O importante é que não cancelemos nosso encontro. Dia 17, está tudo em cima. Tenho uma novidade: meu amigo quer mesmo colaborar. Ele está em outra cidade, mas queria te ouvir. Seria importante para incentivá-lo. Podemos fazer uma teleconferência agora, se você topar. Nós três ficamos na linha; eu e você conversamos, e ele escuta. Você tem de colocar medo nele, tá entendendo? Fale da Máfia, da Polícia Federal...

Concordo, menos interessado no amigo e mais curioso em saber o que Flávio está armando dessa vez.

— Te ligo em um minuto.

O minuto demora meia hora. Mas ele liga.

— Pronto, meu amigo já está na linha nos ouvindo. Ele não vai falar nada, por enquanto, só vai nos escutar. Podemos começar? Como disse para você, estou disposto a contar tudo o que sei e a entregar documentos que estão em meu poder. Tomei essa decisão porque não aguento mais a pressão e quero colaborar com a Justiça. Também estou disposto a testemunhar diante de um delegado, desde que seja aqui nos Estados Unidos. Essa é a minha posição. Gostaria que você explicasse de novo todas as implicações desse caso, que contasse como estão as investigações.

Flávio nunca falara daquela maneira antes. Em momentos de desabafo, ele perguntava o que eu achava que aconteceria a ele, mas agora era diferente; ele estava pedindo informações sobre a apuração do caso. Resolvi sair pela tangente, fazendo um longo relato de tudo o que eu publicara na *Folha* sobre a ligação de PC com a Máfia. Contei da descoberta dos depósitos nas contas bancárias de PC e do inquérito aberto no Brasil para tentar identificar os beneficiários do dinheiro. Falei também da desconfiança da Polícia Federal sobre o possível envolvimento do ex-presidente Fernando Collor e da família Farias no caso.

— O que vai acontecer com os Farias e com Collor?

Respondo que não sei dizer, que isso vai depender dos documentos que ele possui. Pergunto se ele tem alguma coisa específica sobre os irmãos de PC e sobre o ex-presidente. Flávio desconversa e pede que eu conte mais. Prossigo o relato das informações já públicas sobre o caso. Quarenta minutos depois, ele diz que está satisfeito e anuncia que vai desligar.

Vou para casa, mas não consigo dormir. O que Flávio queria? Por que tantas perguntas?

Amanhece o dia 14 e tenho poucas horas para decidir se embarco ou não. A pesquisa na Justiça Federal não ficará pronta antes do horário do voo. Também não quero adiar a viagem pela terceira vez; sinto que tudo está por um fio. Flávio liga.

— Queria repetir a teleconferência, é possível? A linha na qual meu amigo estava caiu no início da ligação, e ele não ouviu quase nada. Vamos repetir?

Respondo que não. Agora só converso pessoalmente, chega de telefonemas. Estarei no Braeswood Hotel na segunda-feira esperando por ele, afirmo. Já faz um mês e meio que estamos negociando. Ou resolvemos tudo de uma vez, ou não tem mais encontro nenhum. Flávio pede que eu considere a hipótese de adiar a viagem até que o amigo dele se convença a ir junto para Houston. Falo que vou pensar. Flávio não imagina, mas faltam poucas horas para o meu voo, e acho difícil mudar de ideia agora. Ele avisa que vai ligar mais tarde para saber da minha decisão. Sei que não haverá tempo, mas concordo. Nos despedimos e desligo o telefone.

Chega a hora de ir para o aeroporto. Entrego meu celular a um amigo da sucursal da *Folha* em Brasília. Peço que atenda às ligações e que, se alguém chamado Flávio ligar, avise que fui para São Paulo e que o aguardo segunda-feira em Houston.

45

Houston, EUA, agosto de 1998

— Você veio fazer o que na cidade?

Pergunta difícil essa. Não sei o que dizer a Hooch, o motorista do Braeswood Hotel encarregado de transportar os hóspedes. É meio-dia, acabo de chegar no voo da Continental, vindo de Miami. Tento uma resposta curta; digo que sou jornalista e que viajo a trabalho.

— Que tipo de trabalho?

Estou aqui para me encontrar com um desconhecido que diz ter provas de onde estão centenas de milhões de dólares retirados ilegalmente do Brasil por um empresário que foi caixa de campanha de um ex-presidente, que tinha negócios com a Máfia e que morreu em circunstâncias misteriosas. Não, melhor inventar alguma história para Hooch. Digo que vou entrevistar um músico brasileiro que mora em Houston, que toca música clássica e que ainda não é conhecido. Olho a cidade pela janela, tentando acabar com aquele interrogatório.

Houston — a maior cidade do Texas, à frente da capital, Austin, e de Dallas — abriga mais de 2 milhões de habitantes. A cidade cresceu com o *boom* do petróleo, no início da década de 1970, tornando-se sinônimo de oportunidade no sul dos Estados Unidos. Aqui estão sediadas gigantes da produção e do refino de petróleo, como Texaco e Shell. Houston também é a sede da National Aeronautics and Space Administration, a Nasa, e conta com um dos melhores centros médicos do mundo, principalmente nas áreas de tratamento de câncer e doenças do coração.

No *check in* do Braeswood Hotel, o atendente reconhece meu nome. Alguém havia ligado naquela manhã, sem se identificar, perguntando se eu já estava no hotel. Imagino que tenha sido Flávio, querendo saber quando eu chegaria. Antes de embarcar para os Estados Unidos, telefonei para a redação em Brasília e soube que ele havia me procurado. Paciência, agora é esperar que ele chame de novo. Pode ser que Flávio ligue antes do combinado.

Passo o resto da sexta-feira no quarto do hotel e o sabado também. Repasso as perguntas que preparei para a entrevista, releio o material de pesquisa que levo sobre PC Farias, assisto à TV. O tempo não passa. Faço então um retrospecto do que Flávio dissera ao telefone nos 45 dias em que mantivemos contato.

- Irmãos de PC Farias ficaram com a fortuna do empresário após sua morte;
- O ex-presidente Fernando Collor não está envolvido com o esquema que administra o dinheiro de Paulo César;
- Os recursos somam hoje cerca de 400 milhões de dólares;
- O dinheiro é lavado no exterior com a ajuda de muitas pessoas. Entre elas, o funcionário de uma das empresas da família Farias em Maceió, empresários e um banqueiro brasileiros;
- As contas bancárias utilizadas para a reciclagem são em número bem maior que as quinze já descobertas pelos investigadores italianos;
- As remessas feitas pelo mafioso Angelo Zanetti para contas do esquema nos Estados Unidos incluem operações em Houston;
- Os atuais donos do dinheiro estão preocupados com o rumo das investigações realizadas pela Itália e pelo Brasil. Por isso montaram uma megaoperação para movimentar os recursos e, assim, dificultar sua localização;
- As contas nos Estados Unidos estão sendo esvaziadas, e o dinheiro, mandado para bancos na Holanda e Inglaterra. De lá, os recursos serão remetidos para o Canadá, onde serão trocados por títulos públicos e ações ao portador.

Chega o domingo, o dia marcado para o contato. Há mais de 48 horas estou no quarto do hotel esperando a ligação de Flávio. Olho a piscina do Braeswood da minha janela; o dia se arrasta.

Meia-noite, o domingo acabou e não recebi o telefonema de Flávio. Algo saiu errado. Consulto a direção da *Folha* em Brasília e o delegado da Polícia Federal que monitora o caso. Decidimos que devo esperar mais 48 horas. Estou exausto. Não quero mais pensar ou tentar adivinhar o que está se passando. Só sei que as coisas não estão acontecendo da forma como imaginava. Não tenho mais energia para pensar no que devo fazer, qual atitude tomar. A espera dos últimos dias consumiu minhas forças. Quero dormir até que Flávio me ligue ou então até que acabe o prazo estipulado para que ele faça contato. Adormeço de roupa, embalado pelo barulho do aparelho de ar-condicionado.

Acordo 12 horas depois e me dou conta de que nada aconteceu; desconfio que Flávio não vai ligar mais.

Mais um dia. Preciso matar o tempo. Folheio a revista de bordo do voo Miami-Houston, que peguei no avião. Leio uma reportagem sobre a excelência dos hospitais em Houston e outra sobre compras no México, vou passando as páginas e paro na de número 91. Meu coração dispara.

A revista traz o anúncio de uma empresa de Houston que faz relógios para brinde, a Lynx Marketing Corporation. Para fazer encomendas, diz o anúncio, basta enviar o cupom que está na revista, indicando o modelo do relógio e a quantidade desejados e a logomarca que será impressa no fundo do mostrador. Há doze opções para escolha. Entre os modelos do anúncio, estão relógios da Hewlett Packard, Sanyo e Marinha dos Estados Unidos. O relógio com o código MA4, pulseira preta, 25 dólares a unidade, tem a marca da *Gazeta de Alagoas On Line*, versão eletrônica do jornal da família de Fernando Collor.

A empresa do ex-presidente faz seus relógios em Houston. O que quer dizer esse fato? De alguma forma, poderia estar relacionado com os motivos que me levam a estar em Houston? É prematuro afirmar qualquer coisa. A única certeza é que vim até aqui atrás dos segredos de PC Farias, mas acabei encontrando uma referência que me remete a Collor, o que de forma alguma eu esperava. É impossível dizer por que, mas a rota do crime de Paulo César termina onde começam os mistérios do ex-presidente.

Flávio não vai ligar, Flávio não existe, nem Jorge. Ligo para o delegado e conto minha descoberta. Por que motivo Flávio, ou seja lá qual for seu nome verdadeiro, me atraiu para Houston? Por que fez com que eu envolvesse nessa farsa o jornal para o qual trabalho e a Polícia Federal? Só consigo imaginar que a pessoa que se esconde atrás de Flávio tinha o objetivo de me tirar do caminho, me confundir. E ao mesmo tempo me indispor com a direção do jornal e a PF, dois suportes importantes para a minha investigação.

— Você caiu numa armadilha — diz o delegado. — Saia daí agora.

Telefono para a Lynx enquanto faço a mala. Celine, a atendente, me conta que o relógio da *Gazeta de Alagoas On Line* foi feito recentemente. Alguém levara a logomarca pessoalmente.

Telefono para a redação da *Folha*. Acabou, estou voltando.

PARTE 6

O VOO DOS MORCEGOS

46
Brasília, dezembro de 1992

"O tempo é o senhor da razão." O ditado se tornou um dos símbolos do governo Fernando Collor no instante em que apareceu estampado numa camiseta usada pelo presidente numa corrida matinal em Brasília. Depois do *impeachment*, a frase ganhou sentido algo profético: o tempo passou a ser, ao mesmo tempo, castigo e aliado de Collor. Para retomar seu projeto de poder, ele teria de esperar oito anos — uma eternidade para um político superativo de 43 anos. O ex-presidente entendeu, no entanto, que esse período era exatamente o que ele precisava para apagar as marcas mais profundas dos escândalos que o abateram. E o tempo lhe foi generoso.

Pouco mais de sete anos após o *impeachment*, algumas das acusações contra o ex-presidente continuavam à deriva, sendo caprichosamente empurradas pela burocracia da capital federal. Depois de uma longa investigação, o Ministério Público decidiu processar o ex-presidente por sonegação, exigindo que ele pagasse ao fisco 5 milhões e 500 mil reais referentes a impostos que deixaram de ser recolhidos na Operação Uruguai, mais juros e multa. A 4ª Câmara do Conselho de Contribuintes chegou a colocar em dúvida a própria existência da Operação Uruguai, afirmando que "inexistem cheque, recibo de depósito, nota promissória e extratos bancários que possam atestar a realização do suposto empréstimo". O caso deveria ser julgado pelo Supremo Tribunal Federal. Entretanto, em setembro de 1999, o Supremo e o Ministério Público Federal concluíram que ex-presidentes, ex-parlamentares federais e ex-ministros de Estado acusados de crimes cometidos durante o exercício do cargo não têm direito a foro privilegiado. Assim o inquérito passou a ser de responsabilidade da Justiça Federal, o que adiou a conclusão do caso.

Em outro processo, a resposta oficial sobre uma denúncia feita contra Collor demorou quase dez anos para sair. No dia 9 de abril de 1991, um consórcio de empreiteiras recebeu do governo federal 20 milhões de dólares como parte do pagamento pela construção da hidrelétrica de Xingó. No dia seguinte, o mesmo consórcio depositou o equivalente a 1 milhão de dólares em uma conta fantasma do Esquema PC. Passaram-se oito anos e sete meses, até que, em novembro de 1999, o Ministério Público entendeu que houve desvio de dinheiro e pediu a abertura de processo criminal contra Collor e os empresários Olacyr de Moraes (Constran), Emílio Odebrecht (Grupo Odebrecht) e Jesus Murilo Mendes (Mendes Júnior) por apropriação de recursos públicos. Em março de 2000, o processo foi arquivado por falta de provas.

Collor só precisava de tempo. E cada vez precisava menos. A partir de 2001, quando terminaram os oito anos de suspensão de seu direito de candidatar-se, o ex-presidente ficou desimpedido para retomar seu projeto, podendo concorrer, já no ano seguinte, aos cargos de deputado federal, senador, governador ou presidente da República. Ele dizia querer o último, e era possível que não estivesse blefando. Enquanto esperava, Collor reidratava seu sonho eleitoral.

O Supremo Tribunal Federal considerou, em despacho de 1993, que o processo de *impeachment* tinha corrido de forma legal, sacramentando a decisão do Senado, tomada meses antes. Collor, contudo, tentou driblar a decisão da corte suprema do país. Em 1998, pediu e obteve permissão da 6ª Vara da Justiça Federal para candidatar-se nas eleições daquele ano. Ao tomar conhecimento da notícia, o ex-presidente fez a seguinte declaração ao repórter Xico Sá:

— O caminho natural será uma candidatura à Presidência da República. Afinal, um mandato popular foi tomado por uma quartelada parlamentar. Nada (em relação às denúncias) foi comprovado. O Supremo Tribunal Federal me absolveu (da acusação de corrupção passiva). Eu estarei em campanha, andando por todos os municípios, guetos, favelas. Falarei diretamente com o povo e me entenderei diretamente, sem que haja nenhuma interferência maléfica ou nefasta daqueles que me arrancaram do poder em 1992.

Na época, ninguém apostava um pedaço de fumo de rolo na candidatura de Fernando Collor, que certamente seria derrubada pelo Supremo. Era questão de tempo. Ainda assim, Collor foi adiante. Na curta campanha, encontrou-se com produtores de cana-de-açúcar em Pernambuco, discursou para eleitores paulistas no salão dos fundos da churrascaria Shibata, em Mogi das Cruzes, e reuniu-se com taxistas em São Paulo. Em agosto, o ex-presidente apareceu em cadeia nacional de TV, durante 40 segundos, para anunciar sua candidatura e propor a construção de um país "justo e digno".

— Ao assistir a esse programa, vocês tenham a certeza de que sou candidato a presidente do Brasil. O que eu desejo, minha gente, é que vocês façam o meu julgamento — propôs.

No mês seguinte, o Supremo se manifestou novamente sobre a condição política de Collor, rejeitando sua candidatura, como era previsto. O ex-presidente já tinha percorrido quase cem municípios alagoanos pedindo votos para ele e seus candidatos.

Ao completar 50 anos, em agosto de 1999, Collor anunciou que tentaria se eleger prefeito de São Paulo, no ano seguinte, pelo PRTB (Partido Renovador Trabalhista Brasileiro). Mais um balão de ensaio; a candidatura foi barrada pelo STF.

Um dos momentos simbólicos da volta de Collor foi sua presença, na condição de pré-candidato a prefeito de São

Paulo, no *Programa Raul Gil*, da Record, a TV da Igreja Universal, em setembro de 1999 (21 pontos no Ibope contra 15 na Globo). Anunciado pelo apresentador, Collor foi recebido pela plateia aos gritos de "Fernando, Fernando, Fernando!". Chamando Collor de "eterno presidente", Raul Gil perguntou ao auditório e aos telespectadores:

— Quem nunca errou?

Collor participou do quadro da chapelaria, no qual o convidado escolhe se tira ou não o chapéu para personalidades da cena nacional e internacional, distribuiu sorrisos e refez seu tradicional gesto de punhos cerrados com braços para o alto. Ao final, foi brindado com mais uma mensagem de Raul Gil para a plateia:

— Ninguém vai mudar o pensamento de ninguém. O que você pensa é seu. O que você acredita é seu. Ninguém deve meter-se no seu voto. Ninguém deve meter-se naquilo que você quer, porque nós temos Jesus no coração.

Na busca de alianças para sua candidatura, Collor participou de um jantar oferecido por empresários paulistas, visitou o Centro de Tradições Nordestinas e afirmou que gostaria de convidar o ex-arcebispo de São Paulo d. Paulo Evaristo Arns para ser seu tesoureiro na campanha eleitoral. O PRTB levou ao ar, no seu horário gratuito na TV, um programa intitulado "A esperança está de volta com Collor", no qual o ex-presidente pediu "uma ampla aliança com a sociedade" contra os que interromperam seu projeto para o país.

Fernando Collor era um candidato com alguma densidade. Mesmo antes de começar a propaganda eleitoral, pesquisas realizadas por diferentes institutos para checar a intenção de votos para prefeito de São Paulo apontaram que o ex-presidente largaria no oitavo lugar na disputa, com um percentual entre 4% e 9% — à frente de pré-candidatos como Geraldo Alkimin, vice-governador do Estado, e os empresários Emerson Kapaz e Guilherme Afif Domingos. O cacife de Collor também podia ser medido na cena política alagoana, onde ele apoiava o governador Ronaldo Lessa, do Partido Socialista Brasileiro, recebendo em troca quatro secretarias de Governo e a companhia de habitação, ocupadas por sequazes do ex-presidente.

Pouco antes do início formal da campanha pela Prefeitura de São Paulo, Collor disse que, caso vencesse a disputa, não concorreria na eleição presidencial de 2002. Mesmo porque, segundo ele, não tinha pressa, já que teria condições de pleitear a Presidência da República nas eleições de 2006, 2010, 2014 e, aos 69 anos de idade, em 2018.

Uma coisa era certa: a partir de 2001 ele estaria exercendo plenamente seus direitos políticos depois de oito anos de jejum. As apostas nas futuras candidaturas de Collor já haviam começado.

47
Maceió, fevereiro de 1998

A letargia do Ministério Público de Alagoas em relação às investigações da morte de PC e Suzana começou a constranger outras instituições envolvidas no caso. Os procuradores tinham três gavetas repletas de novos exames que apontavam para o duplo homicídio, mas simplesmente não tomavam atitude alguma. A situação irritou o juiz da 8ª Vara Federal do Estado, Alberto Jorge Correia de Lima. O magistrado dizia abertamente que o Ministério Público já deveria ter proposto à Justiça que alguns dos investigados fossem a julgamento. Havia provas suficientes para bancar que PC e Suzana tinham sido assassinados, e a cena do crime, montada:

- Suzana tinha hematomas no corpo;
- Poucos dias antes de morrer, ela sofreu um estrangulamento, fraturando um pequeno osso no pescoço, a apófise estiloide;

- Suzana vestia sutiã e camisola quando seu corpo foi encontrado, mas ela nunca usava as duas peças juntas, segundo parentes;
- O relato dos seguranças e funcionários que estavam na casa no momento do crime era questionável. A janela do quarto não foi arrombada do modo que disseram, e os tiros eram perfeitamente audíveis;
- Seguranças e funcionários da casa entraram em contradição sobre o que PC teria feito na véspera de sua morte;
- Documentos de Suzana entregues à família dela estavam rasgados, faltando a parte da assinatura;
- Zélia Maciel, prima de Suzana, deu três versões diferentes do caso. Primeiro disse que Suzana não tinha arma. Depois disse que comprou o revólver do crime junto com a prima. Mais tarde, contou que, ao contrário do que afirmara antes, tinha visto Suzana praticar tiro ao alvo com a arma;
- Novos testes na pele das mãos de Suzana mostraram que ela não disparou nenhuma arma no dia do crime, nem nos que o antecederam;
- Não havia impressões digitais de Suzana na arma, o que seria impossível de ocorrer caso ela tivesse atirado — mesmo levando em consideração que o revólver tivesse sido limpo depois;

- Não havia sangue na arma, o que contradiz a descrição de que Suzana se matou com o revólver praticamente encostado no peito;
- Exames realizados nas vísceras de PC Farias indicaram que ele morreu no máximo às 2h30. Deduz-se então que não seja dele a voz masculina que deu ordens a Suzana às 3h54 da mesma madrugada, quando ela deixou um recado na secretária eletrônica do dentista Fernando Colleoni;
- O celular que ela usou pouco antes de morrer desapareceu;
- Nos exames de balística, o legista Badan Palhares levou em consideração que Suzana era 10 centímetros mais alta do que ela de fato era. A falha comprometeu a versão de que Suzana estaria sentada na cama quando foi alvejada. Novos exames demonstram que ela estava, na verdade, se levantando da cama, projetando o corpo para a frente.

O novo promotor designado para o caso, Luiz José Gomes de Vasconcelos, soube das críticas do juiz, mas não moveu uma palha para concluir seu trabalho. Nos treze meses seguintes, o promotor não tomou uma posição com relação ao crime, nem pediu novas investigações policiais e científicas para esclarecer dúvidas que porventura ainda pudesse ter.

Essa postura mudou radicalmente quando, em março de 1999, o jornalista Mário Magalhães, da *Folha de S.Paulo*, descobriu fotos em que PC Farias aparece abraçado à namorada — ele mais alto que ela, confirmando a verdadeira altura de Suzana. A notícia foi dada com destaque, e o promotor se viu obrigado a trabalhar. Primeiro deu uma declaração dizendo que a fotografia do casal era o elemento que faltava para dirimir a dúvida sobre a altura de Suzana. Depois anunciou à imprensa a retomada das investigações.

— Nós passamos a vislumbrar uma nova versão para esse crime — comentou.

O despertar do Ministério Público teve reflexo na Justiça. O juiz Alberto Jorge solicitou à Secretaria de Segurança que indicasse um novo delegado para o caso. Incentivada pelo recém-empossado governador Ronaldo Lessa, que vislumbrou a oportunidade de começar sua gestão com o pé direito, a Secretaria de Segurança Pública designou não um, mas dois delegados. E a Polícia Civil, por sua vez, converteu-se instantaneamente à nova onda. Durante somente sete dias, os delegados Antonio Carlos Azevedo Lessa e Alcides Andrade de Alencar estudaram as peças de investigação disponíveis; depois, deram uma entrevista onde descartaram "totalmente" a versão do inquérito do colega Cícero Torres.

— É ponto pacífico que Suzana foi executada. Agora estamos procurando provas para saber quem devemos indiciar pela morte dela — disse o delegado Alencar ao completar sua primeira semana no caso, sem ter feito uma diligência sequer.

O ministro da Justiça, o alagoano Renan Calheiros, ex-líder do governo Collor na Câmara, também se mostrou mais sensível ao caso. Renan se ofereceu — durante uma entrevista, é claro! — para pagar a realização de mais um laudo e colocou a Polícia Federal à disposição para o que fosse necessário.

A retomada das investigações coincidiu com o assassinato de Rinaldo da Silva Lima, um dos seguranças da casa de PC Farias. Os indícios, segundo a Polícia Civil, eram de que Rinaldo fora morto numa emboscada — ele saía de um bar quando foi fuzilado com dois tiros no rosto e um no tórax. A execução de Rinaldo comprometeu ainda mais a possibilidade de que fossem apontados os autores da morte de PC e Suzana. Isso porque Rinaldo, além de suspeito, era uma das principais testemunhas do caso. Era dele a declaração de que, na véspera do crime, Paulo César tinha recebido, na casa de praia, o dublê de decorador e pai de santo Gilson Lima da Silva. Gilson afirmara ter estado com PC para discutir a nova decoração da casa, ocasião na qual o empresário tratou Suzana com carinho, submetendo a ela as mudanças propostas pelo decorador. Nos depoimentos que deram à polícia, outros seguranças e funcionários da casa de Guaxuma contaram uma versão diferente (o patrão tinha feito uma longa caminhada na praia na tarde do crime), omitindo o encontro com Gilson.

Depois da morte de Rinaldo, os delegados se apressaram em ouvir todas as outras testemunhas do caso. Não se descobriu grande coisa além do que já se sabia, mas velhas desconfianças foram reanimadas. Como a de que o deputado federal Augusto Farias, do PPB (Partido Progressista Brasileiro), pudesse estar envolvido na morte do irmão.

Desde a primeira hora, Augusto constou da lista de suspeitos da Polícia Federal. Para a PF, a morte de Paulo César só seria solucionada quando fosse solucionada a seguinte questão: quem ficou com o dinheiro do ex-tesoureiro de Collor? Imaginar que seria Augusto era mais que óbvio: ele era a pessoa mais próxima de PC, tinha imunidade parlamentar e, após a morte do irmão, assumira o lugar de líder dos Farias e tutor dos sobrinhos. A Polícia Federal sempre considerou suspeito o fato de o deputado ser um fervoroso defensor da tese de homicídio seguido de suicídio e de ter colaborado ativamente para que a versão do crime passional se espalhasse (foi Augusto, por exemplo, quem vazara para a imprensa a informação de que Paulo César queria terminar o namoro com Suzana para ficar com Cláudia Dantas).

Com a retomada do caso, desta vez com o viés de duplo homicídio, Augusto passou a ter atitudes ainda mais incisivas para tentar provar que o irmão fora assassinado pela namorada. Quando os seguranças de PC Farias passaram a ser pressionados pela Polícia Civil para que contassem o que de fato ocorrera na noite do crime, Augusto tratou de colocar bons advogados à disposição deles. Sob a influência do deputado, o jornal da família Farias, a *Tribuna de Alagoas*, deflagrou uma campanha contra os novos investigadores. Os delegados Lessa e Alencar foram acusados de comandar uma quadrilha de extorsão e torturar presos, porém nada foi provado. O deputado também pediu que a Justiça interpelasse os dois delegados por causa de uma entrevista na qual afirmaram considerar "estranhos" os ataques que o irmão de PC desferia contra os que duvidavam da versão de crime passional.

Os delegados continuaram insinuando abertamente que Augusto era o alvo. Agindo dessa forma, acreditavam que o irmão de PC poderia tomar alguma atitude comprometedora. Acertaram na mosca. Augusto queria se livrar da condição de suspeito e autorizou o chefe da sucursal da *Tribuna de Alagoas* em Arapiraca, Roberto Baía, a tentar uma negociação com os delegados. Lessa e Alencar aceitaram conversar com o jornalista, mas se precataram — com uma minicâmera e um gravador escondidos, registraram o encontro. De forma velada, o funcionário do jornal dos Farias apresentou ao delegado Lessa uma proposta de suborno para que Augusto não fosse indiciado. O delegado jogou a isca, perguntando o valor da oferta.

— Você é quem diz — respondeu Baía.

Divulgada a informação da tentativa de suborno, a imagem de Augusto como o vilão da história se firmou — apesar de os delegados não terem conseguido nenhum elemento que indicasse o envolvimento direto do deputado na morte do irmão e de Suzana. Augusto já estava condenado pela opinião pública, e seus pares no Congresso não demoraram a entender isso. Na Câmara dos Deputados, o descarte de Augusto passou a ser visto como necessidade de preservação da instituição. Um motivo e uma oportunidade para levar adiante o projeto não demoraram a aparecer. O motivo chamava-se Jorge Meres Alves de Almeida, e a oportunidade, a CPI do Narcotráfico.

Jorge Meres era motorista de uma quadrilha de roubo de cargas que fora preso no Maranhão e passara a colaborar com a polícia contando o que sabia sobre seus antigos comparsas. A comissão parlamentar de inquérito, que ganhava destaque nacional e simpatia da população, soube que ele tinha feito acusações contra parlamentares — entre eles, Augusto Farias — e convocou-o a depor em Brasília. Diante dos deputados da comissão e de meia dúzia de câmeras de TV, Jorge Meres fez uma revelação estrondosa: a gangue para a qual trabalhara operava no Maranhão, em São Paulo, em Alagoas e em Rondônia, e, entre seus integrantes, estavam o deputado estadual maranhense José Gerardo e os deputados federais Hildebrando Pascoal, do Acre, e Augusto Farias. Segundo o relato de Meres, o irmão de PC cedera uma fazenda no interior do Maranhão para servir de esconderijo para a carga roubada. Ele contou também que Augusto havia participado de reuniões da gangue nas quais foram discutidos planos para eliminar dois inconvenientes: Stênio Mendonça, delegado que investigava o roubo de cargas no Maranhão, e Paulo César Farias.

Abandonado pelo seu partido, Augusto teve os sigilos telefônico e fiscal quebrados por ordem da CPI, e colegas e aliados no Congresso passaram a lhe virar as costas. Incentivados pela repercussão das denúncias feitas por Jorge Meres, os deputados da comissão não perderam a chance de viajar a Maceió, onde também deram sua contribuição para as novas apurações da morte de PC. Convocaram os seguranças suspeitos para depor, deram-lhes ordem de prisão — revogada pouco mais de vinte e quatro horas depois — e ouviram velhas e novas denúncias. A viagem a Alagoas não rendeu nenhuma grande revelação, mas também não foi totalmente perdida. Numa *blitz* autorizada pela Justiça, integrantes da CPI encontraram documentos particulares do deputado na sede da Tigre Vigilância Patrimonial Ltda. O telefone da empresa figurava no catálogo telefônico de Maceió como sendo de Augusto. O deputado, no entanto, não constava como dono da Tigre nos registros da Junta Comercial, mas sim um assessor dele, Marcos André Tenório Maia. Os indícios eram que Augusto utilizara um laranja para esconder a condição de proprietário da empresa — fato que poderia ser caracterizado como quebra do decoro parlamentar, passível de perda do mandato. A CPI, entretanto, não provou que Augusto era ligado ao roubo de cargas e ao tráfico de drogas, e a Câmara manteve seu mandato.

A reviravolta no caso da morte de PC e Suzana também abateu o legista Fortunato Badan Palhares. As falhas no laudo do legista foram consideradas propositais, sem que nenhuma prova neste sentido fosse apresentada. As acusações contra Badan subiram de tom com a identificação de erros grosseiros em uma dezena de outros trabalhos do legista relacionados com mortes polêmicas — e ele foi declarado homem a soldo do crime organizado. Mais frágil que Augusto, Badan foi esfolado pela Polícia Civil de Alagoas, pela CPI do Narcotráfico. Acossado pela imprensa, juntou-se a Augusto na galeria dos vilões nacionais.

A CPI foi o palco do linchamento. Chamado a depor novamente, Jorge Meres afirmou que o legista produzira laudos falsos para a quadrilha integrada por ele e por Augusto Farias. Outro a testemunhar contra Badan foi Geraldo Bulhões, ex-governador de Alagoas, que declarou ter ouvido dizer que o legista recebera 400 mil reais para sustentar a versão de que Suzana matara PC e depois se suicidara. Rapidamente correu o boato — registrado por alguns repórteres — de que o dinheiro teria sido entregue a Badan dentro de uma mala. Deputados da CPI contaram a história do suborno a jornalistas, deram declarações, mas não apresentaram um único indício de que a acusação pudesse ser verdadeira.

Mesmo sem elementos concretos, jornais, revistas, TVs e rádios reproduziram toda e qualquer frase dos integrantes da CPI contra o legista. O deputado Pompeo de Mattos afirmou que Badan "vendia laudos por encomenda" e prestava "serviço para o crime organizado". Segundo o deputado Ricardo

Noronha, o legista era o "doutor do crime". A revista *Época* publicou o seguinte: "A Comissão Parlamentar de Inquérito descobriu ainda que o médico-legista Fortunato Badan Palhares tem estreito relacionamento com a turma do narcotráfico. Não a integra, acham os deputados, mas pode prestar serviços a ela." *O Globo* deu título para o caso em uma matéria que dizia que Geraldo Bulhões havia "garantido" que o laudo de Badan fora forjado por 400 mil reais. *O Estado de S. Paulo* publicou que, "segundo os parlamentares da CPI, a quebra de sigilo de Badan comprova movimentação bancária nesse montante, na mesma época (da morte de PC Farias e Suzana)". Entretanto, quando a reportagem foi publicada, a comissão não havia recebido um único extrato das contas do legista da Unicamp. Quando os dados das contas-correntes de Badan chegaram, um deputado da CPI divulgou à *Folha de S.Paulo* que o legista recebera depósitos de um advogado ligado ao crime organizado e que seu saldo médio era muito superior aos seus rendimentos. A notícia foi publicada com destaque na capa de jornal. A primeira informação foi negada posteriormente pela própria comissão; a segunda foi contestada por Badan, e, em vez de rebatê-lo, a CPI se calou. Até a revista *Veja* — que uma semana depois do crime havia sustentado, com a manchete "Caso Encerrado", a versão de crime passional seguido de suicídio — passou a publicar textos negativos sobre o trabalho do legista.

A versão do crime passional seguido de suicídio foi oficialmente substituída em novembro de 1999. Ao final das investigações, os delegados Lessa e Alencar concluíram que PC Farias e Suzana haviam sido assassinados numa trama que envolvia a disputa pelo poder e pela fortuna do empresário. Sem dar mais explicações, o promotor Luiz José Gomes de Vasconcelos acrescentou que o enredo também passava pelo narcotráfico.

Augusto Farias foi denunciado como coautor da morte do irmão e de Suzana. A participação do deputado no crime foi explicada pelos seguintes aspectos: a proteção "exacerbada" dos ex-seguranças suspeitos; a tentativa de suborno dos delegados e os ataques contra eles; a defesa da tese de crime passional por meio da *Tribuna de Alagoas* e as desavenças com o irmão por causa de dinheiro. Os delegados não conseguiram apontar quem apertou o gatilho do revólver, mas cogitaram a hipótese de ter sido o próprio Augusto. Também foram denunciados como coautores do duplo homicídio todos os que estavam na casa de Guaxuma quando ocorreu o crime e quando os corpos foram encontrados (os seguranças Adeildo Costa dos Santos, José Geraldo da Silva, Reinaldo Correia de Lima Filho e Josemar Faustino dos Santos, o garçom Genivaldo da Silva França, o vigia Manoel Alfredo da Silva e os caseiros Leonino Tenório de Carvalho e Marise Vieira de Carvalho). A Justiça de Alagoas, contudo, acatou apenas a denúncia contra os quatro seguranças. A situação de Augusto era especial, já que ele possuía foro privilegiado por ser parlamentar. Seu caso foi parar nas mãos do procurador-geral da República, Geraldo Brindeiro, e do Supremo Tribunal Federal, onde foi arquivado por falta de provas.

Com relação a Badan Palhares, o delegado Lessa fez a seguinte observação ao anunciar o término das apurações: "há financiamento de laudos". O promotor Vasconcelos determinou que fosse aberto inquérito para investigar a conduta do legista e do delegado Cícero Torres.

O secretário de Segurança Pública de Alagoas, Edmilson Miranda, elogiou a si próprio e às instituições do Estado.

— Em Alagoas, não há proteção para o crime. Temos homens de bem na nossa polícia, na nossa Justiça. Alagoas não é paraíso da impunidade.

O novo ministro da Justiça, José Carlos Dias, esteve em Alagoas e entrou no coro dos contentes com o final da história.

— Não descarto a hipótese de que PC Farias tenha sido assassinado pelo crime organizado. Confio no trabalho feito pela polícia de Alagoas.

O mistério que cerca a morte de Paulo César Farias e Suzana Marcolino permanece.

48

São Paulo, junho de 1992

Recém-instalada, a Comissão Parlamentar de Inquérito que investiga o Esquema PC aponta suas baterias contra o governo, e começa a contagem regressiva para a queda do presidente Fernando Collor. As denúncias crescem em escala geométrica, e são poucos os que ainda têm dúvida de que Paulo César montara uma organização destinada a desviar verbas públicas. Longe dos holofotes do Congresso, os auditores da Receita Federal Satoshi Sanda e Martinho Takahashi são incumbidos de realizar uma vistoria de surpresa numa das empresas de fachada de PC, a Verax S/A, com sede em São Paulo. A firma fora aberta poucos meses antes, com a finalidade de, segundo o próprio empresário, ser a "*holding* que deterá as ações de todas as outras companhias do grupo, feita dentro de um sentido de planejamento familiar, objetivando a sucessão hereditária". Na *blitz*, notas fiscais são checadas, documentos são vasculhados, e os livros-caixa, analisados.

Um microcomputador encostado no canto de uma sala, desligado e sem documentação, chama a atenção dos fiscais, que decidem levá-lo.

No Instituto Nacional de Criminalística, o microcomputador é ligado à tomada. Trata-se de um modelo 286, importado, com disco rígido com capacidade para 40 megabytes, duas unidades de disco flexível (5,25" e 3,5"), apto para operar em rede com outros computadores. O micro está vazio, e há sinais de que seus dados foram apagados recentemente. Os técnicos acham, contudo, que é possível recuperar alguns arquivos.

A primeira tentativa é feita utilizando-se o programa Norton Utilities, mas o resultado é insatisfatório. Uma nova experiência é feita, dessa vez com o programa Rescue Plus. A operação é bem-sucedida; muitos arquivos são restaurados, alguns de forma integral, outros, parcialmente. Um deles — de nome CASH e senha de acesso COLLOR — lista, em linguagem codificada, 118 itens relacionados com o governo federal. Outro arquivo restabelecido traz uma descrição sintética da estrutura do Esquema PC, sua hierarquia e doutrina. Para enfrentar a avalanche de denúncias e garantir a sobrevivência do esquema, Paulo César Farias e sua equipe haviam preparado diagnósticos para reorientar suas atividades, com a fixação de novas políticas. Alguns trechos do arquivo, na sua redação original:

ESTRATÉGIAS

1. Institucional
2. Operacional

DIAGNÓSTICO

Refluir: retirada estratégica de modo a reduzir sensivelmente o grau de exposição e de vulnerabilidade.

O sentimento generalizado contra o lobista titular vem se cristalizando e se consolidando dia a dia.

Permitir espaço ao *lobby* para operar, seja o político, seja o tradicional.

Liberar as áreas não elegíveis. Admitir que não é possível enquadrar todos os ministérios. Repensar as áreas de atuação (importantes, expressivas e rentáveis), parceiros (confiáveis e fiéis) e CAF (tanto o valor nominal quanto a sua redistribuição de modo a possibilitar que as próprias empresas tenham espaço para atender a base da pirâmide decisória).

Alternativamente, definir novo modelo operacional, o qual envolva de forma mais direta a participação da empresa-político.

Relatório gerencial deve ser repensado de modo a espelhar a realidade financeira que se está vivendo.

Regularizar o registro da Verax e dar fachada como uma atividade regular e normal (concessionária).

Alagoar (*sic*): repensar atuação operacional; como envolver os políticos em um acordo operacional.

Por conveniência e necessidade, o *bigboss* modificou a estratégia de atuação, com claras e evidentes decisões de completo expurgo da ação dos operadores, o que implica rediscutir o modelo existente a partir de um balizamento superior.

Por maior que seja o expurgo, o mercado (parceiros mais expressivos e confiáveis) sempre terá em conta que o relacionamento entre os dois amigos é mais duradouro que um casamento e, paliativamente, irá buscar soluções para os seus problemas, não importando quem sejam os futuros interlocutores, mas tendo em conta que não poderá deixar de dar sua contribuição permanente ao sistema anterior.

Definida a nova estratégia, orientar os operadores mais confiáveis a respeito da futura atuação deles e de seus respectivos contrapartes.

Estabelecer estratégia de atuação junto à opinião pública, via imprensa.

São mais do que evidentes as tentativas orquestradas, tanto por meios de comunicação como de alguns empresários e até mesmo de algumas autoridades, de se vincular todo e qualquer escândalo ao nome de P., de modo a, se não acabar com ele, pelo menos reduzir substancialmente sua ação junto aos órgãos de decisão. Neste sentido, nota-se também tentativa de atingir as pessoas mais ligadas a P., com vistas a reduzir sua ação e influência.

Entre as recomendações de cautela e prudência, destacam-se as destinadas a evitar sinais de riqueza e ostentação.

Deve-se discutir também novos conceitos de CAF por níveis de projeto, para determinadas áreas:

— Até um determinado patamar, não teria incidência;

— Em um nível intermediário, o CAF seria uma vez só (*up front*);

— Para as empresas confiáveis, seria feito um sistema a partir da empresa.

9/12 — Detalhamento do planejamento estratégico

    (x)01 — Composição do núcleo de inteligência e coordenação

    (x)02 — Composição e atribuição da coordenação geral

    (x)03 — Quadro de coordenadores setoriais/operadores e código

    (x)04 — Quadro dos órgãos operativos, respectivos, contatos e códigos

    (x)05 — Quadro dos órgãos que requerem alteração de seus dirigentes

    (x)06 — Quadro de órgãos disponíveis

    (x)07 — Quadro por operador dos projetos em andamento

    (x)08 — Quadro dos projetos em andamento e *cashflow*

(x)09 — Quadro de *fee* para projeto

(x)10 — Quadro de valor mínimo por projeto (varejo e atacado)

(x)11 — Quadro de *fee* para operador/dirigente

(x)12 — Quadro de execução do caixa

(x)13 — Quadro de performance financeira dos operadores/dirigentes

(x)14 — Quadro das maiores empresas e suas respectivas interfaces

(x)15 — Proposta de programa de trabalho do operador

(x)16 — Proposta de programa de trabalho do dirigente com base no orçamento

(x)17 — Quadro dos editais de concorrências publicados, composição do núcleo de inteligência e coordenação/membros do NIC

Composição e atribuições da coordenação geral. Membros natos e coordenação geral.

1. Paulo, Coordenador-geral
2. Bandeira, Coordenador Adjunto/BsB
3. Ruy, Coordenador Adjunto/SP
4. Rose, Tesouraria Central/SP
5. Jorge, Processamento de Dados/SP

PRINCIPAIS ATRIBUIÇÕES DA COORDENAÇÃO GERAL

a) Interagir junto a órgãos, operadores e clientes visando à otimização dos resultados dos projetos;

b) Centralizar e processar as informações referentes aos projetos;

c) Manter atualizado o *follow-up* dos projetos e *performance* dos operadores;

d) Atualizar as previsões do *cashflow*, sua execução por projeto, operador e dirigente;

e) Processar a tesouraria nacional e internacional

15/11 Planejamento estratégico — Introdução

A atual quadra recomenda uma profunda meditação a respeito do trabalho desenvolvido, particularmente quanto aos seus métodos, riscos e vulnerabilidades. A propósito, este último aspecto tem-se mostrado como o mais relevante de todos, pois o fracasso em seu controle leva ao desmantelamento de todo o projeto por mais significativos que sejam os êxitos dos demais resultados.

PREMISSAS BÁSICAS

Com o objetivo de estabelecer a uniformidade de entendimento quanto aos conceitos envolvidos, é oportuno definir claramente as seguintes premissas:

1) Fixação dos objetivos;

2) Determinação da exequibilidade e identificação dos recursos;

3) Execução de programas de ação;

4) Manutenção do controle e fixação de objetivos.

É inegável a conveniência da definição clara dos objetivos que se pretende alcançar e em que horizonte de prazo, particularmente quando se tem um discurso para o público externo e outro para o público interno.

I. PARA O PÚBLICO EXTERNO

Trata-se de um item que exige maior meditação a partir de agora, uma vez que no objetivo utilizado pelo discurso para o público externo era para fazer o "funding" da campanha política.

II. PARA O PÚBLICO INTERNO

Pode-se afirmar que os objetivos do sistema ora em discussão, para o público interno, dividem-se em tangíveis e intangíveis.

1. TANGÍVEIS

a) Obter receitas via recebimento de comissão por intermediação de negócios, cujo percentual ou valor é fixo e ajustado, previamente, caso a caso;

b) Obter receitas via recebimento de comissão por intermediação de negócio, ajustada consoante o resultado a ser alcançado ou o ganho de eficiência a ser omitido, variável e aleatoriamente quantificada;

c) Formar *joint ventures* com empresas que tenham objetivos passíveis de serem viabilizados pela capacidade de alavancagem do sistema.

2. INTANGÍVEIS

a) Colaborar com a eliminação dos cartéis e oligopólios, mediante a estruturação e fortalecimento de novos grupos econômicos;

b) Atuar como uma auditoria externa informal;

c) Contribuir para organizar a oferta de bens e serviços adquiridos ou controlados pelas interfaces do sistema;

d) Agir visando a substituição dos tradicionais beneficiários de oportunidades econômicas, propiciadas pela ação das interfaces do sistema, por outros que partilham dos mesmos propósitos que orientam o sistema;

e) Coibir a ação de pseudointermediários e ou beneficiários na aquisição de bens ou serviços pelas interfaces do sistema. Considerando os vários aspectos envolvidos na elaboração deste trabalho, seria conveniente estabelecer como prazo final para sua execução o último trimestre de 1994.

MANUTENÇÃO DOS CONTROLES

Este ponto passa a ter fundamental importância na medida em que o diagnóstico a respeito das atividades até então desenvolvidas aponta a necessidade de controles mais eficazes e eficientes, particularmente quanto aos riscos e sigilo envolvidos.

Assim, a proposta operacional envolve a reestruturação do sistema e também a utilização do processo sistólico, de modo a reduzir sensivelmente a sua atuação. De imediato, propõe-se o estabelecimento de um núcleo de coordenação, composto por um coordenador-geral e cerca de dez coordenadores setoriais, que deverão se reunir periodicamente, se possível semanalmente, para avaliar o andamento do planejamento estratégico, bem como o estágio dos projetos em andamento e recomendar ações necessárias e eventualmente correções de rumo.

A criação do núcleo de coordenação e o trabalho dos coordenadores setoriais visam introduzir as "barragens" necessárias para preservar e liberar o coordenador-geral para as reais e fundamentais questões do sistema.

Nesse sentido, a escolha dos coordenadores setoriais passa a ter fundamental importância para o êxito da atuação do núcleo. Muitos deverão ser os predicados destas pessoas, ressaltando a competência, maturidade, discrição, dentre outros.

Caberá ao núcleo definir de imediato alguns conceitos básicos referentes à abrangência do trabalho do sistema, particularmente quanto à seleção das interfaces e seus respectivos operadores, as substituições necessárias e factíveis dos dirigentes, sugestões de interfaces negociáveis politicamente, critérios quanto à remuneração das partes envolvidas etc.

O microcomputador guarda mais que a doutrina do "sistema"; registra também informações específicas sobre "projetos em andamento". Nos arquivos OAS1, OAS3 e OAS4, há listas de obras públicas realizadas pela Construtora OAS em vários Estados, com planilhas que informam o cronograma de liberação de verbas e os percentuais da CAF, a comissão para o "sistema". Outro arquivo do micro traz dados de beneficiários da organização. A então ministra da Economia, Zélia Cardoso de Mello, aparece nessa lista. O assessor particular de Zélia, João Carlos Freitas Camargo, também. Com relação a este último, além dos dados básicos (empregador, função, telefones, endereços e nomes de secretárias), consta também o número de uma conta bancária no Banorte, em São Paulo (mais tarde a Polícia Federal descobriu que o "sistema" havia depositado 250 mil dólares na conta do assessor, responsável pelo pagamento de despesas da ministra Zélia).

Uma cópia dos arquivos da Verax chegou às mãos do delegado Paulo Lacerda, que investigava o Esquema PC. Ao ler o documento, o policial imaginou ter conseguido uma prova definitiva de que PC Farias e Fernando Collor eram mais que dois corruptos flagrados em ação. Para Lacerda, os arquivos da Verax mostravam que Collor e PC haviam construído uma organização criminosa sofisticada, sobre a qual pouco ou quase nada se conhecia.

Por oito votos a zero, os juízes do Supremo Tribunal Federal acolheram pedido dos advogados de Paulo César para que a apreensão do microcomputador da Verax fosse considerada irregular, já que tinha sido feita sem ordem da Justiça. Com a decisão, os arquivos do micro não puderam ser usados como prova em cerca de 30 processos contra PC e Collor. Para efeito legal, o "sistema" nunca existiu.

49
Brasília, setembro de 1997

No auditório do Senado, os procuradores italianos Piercamilo Davigo e Paolo Ielo dão uma palestra sobre o combate ao crime organizado na Itália. A plateia ouve com atenção. Eles explicam como as instituições italianas tiveram de se modernizar para conseguir avanços na luta contra a Máfia e contra a corrupção infiltrada nos mais altos escalões do governo e do Congresso. Na Itália, contam Davigo e Ielo, os juízes acompanham os inquéritos de perto, atuando em sintonia com a polícia e com os procuradores. Não raro, os magistrados participam de diligências e estão presentes no momento da captura de criminosos. Os procuradores, por sua vez, têm poderes bastante amplos. Podem, por exemplo, mandar prender um suspeito por até 48 horas. Ou requisitar, para as investigações, peritos, criptógrafos, técnicos em informática e outros profissionais que trabalham em órgãos públicos. Em casos excepcionais, os procuradores têm autonomia para ordenar a colocação de escutas, devendo conseguir, no prazo de dois dias, uma autorização judicial que avalize a medida. Davigo e Ielo narram algumas vitórias conseguidas por meio do mecanismo que permite a redução da pena do criminoso como incentivo para que ele denuncie seus superiores. Na opinião dos italianos, a cooperação internacional é, no entanto, o principal fator de sucesso nas grandes operações de combate ao narcotráfico, à lavagem de dinheiro e ao tráfico de armas — crimes que têm como características o fato de se interligarem e de não reconhecerem fronteiras.

Na plateia, há um espectador que conhece bem o assunto e também poderia dar seu testemunho. Mas a ele convém evitar a publicidade. Por razões de segurança, nosso personagem não faz questão de ser apresentado ou que se faça aqui a descrição física dele e de seus modos. Basta dizer que ele é um agente da Itália destacado para trabalhar no Brasil.

Semanas antes de assistir à palestra no Senado, o Agente — vamos chamá-lo assim — viajara à Bahia e ao Ceará para investigar mafiosos que atuam no país. Na missão, levantara informações sobre o envolvimento de italianos com o tráfico de cocaína e a lavagem de dinheiro por meio de negócios nos ramos imobiliário e de hotelaria. O Agente descobrira também que uma grande partida de cocaína estava deixando o Brasil rumo à Itália e armara uma operação para monitorar todo o trajeto da droga, identificando assim o funcionamento das várias etapas do tráfico — o flagrante só seria feito quando a droga chegasse à Europa (estratégia conhecida no meio policial como entrega controlada). Os dados colhidos pelo Agente no Nordeste foram repassados para seus superiores no Brasil e na Itália; parte do material também chegou às mãos das direções da Polícia Federal e do Serviço de Inteligência brasileiros.

Ao final da palestra no Senado, o Agente deixa o auditório na companhia de um amigo brasileiro, com quem compara a exposição dos procuradores italianos com a realidade de seu trabalho no Brasil. Passados 16 anos, posso revelar: o "amigo" era eu.

— A cooperação internacional pressupõe o interesse das duas partes. Nas relações com o Brasil, nem sempre isso acontece — queixa-se o Agente. — Veja o caso da ramificação da Operação Cartagena no Brasil. Abrimos nossos arquivos e até agora a apuração está praticamente parada. Estamos falando de uma organização internacional que traficava toneladas de cocaína, que montou uma base no Brasil e que se envolveu com pessoas poderosas que tinham acesso ao Palácio do Planalto. É difícil entender por que as investigações não andam.

Os chefes do Agente em Roma tinham a seguinte teoria sobre o caso PC-Máfia. No início do governo Collor, com as promessas de derrubada da hiperinflação, abertura de economia e início do processo de privatização, mafiosos identificaram a oportunidade de multiplicar suas operações de lavagem de dinheiro no Brasil. Ao procurar brechas no Executivo que lhes proporcionassem facilidades, a Máfia deparou-se com uma avenida: o governo Collor estava ávido para ser corrompido e contava com uma organização interna dedicada exclusivamente a esse fim. Por intermédio do argentino Jorge Osvaldo La Salvia, alguns mafiosos se aproximaram de PC Farias com interesses vários, entre eles a compra de estatais para lavagem de dinheiro e a obtenção de facilidades para entrada e saída do país. Entretanto a parceria foi prejudicada com a explosão de denúncias contra o Esquema PC e a subsequente crise que se instalou no governo. A Máfia ainda tentou evitar o *impeachment* de Fernando Collor, oferecendo suporte financeiro a Paulo César para que ele subornasse deputados federais. Não deu certo e PC acabou tendo de fugir do país. Mais uma vez, os mafiosos ajudaram seu parceiro no Brasil, colaborando com sua fuga. O Agente e seus superiores acreditavam que o dinheiro do narcotráfico fora utilizado para apoiar a estrutura política em torno de Collor — assim como acontecera no México do ex-presidente Carlos Salinas. As provas de que o dinheiro da Máfia chegara até Paulo César Farias eram fartas, e uma investigação mais aprofundada poderia indicar se Fernando Collor também se beneficiara, tendo tomado ou não conhecimento da origem dos recursos.

O interesse da Itália em esclarecer a real dimensão do caso esbarrava na resistência das instituições brasileiras ligadas ao Estado a investigar com profundidade o universo de Fernando Collor e Paulo César Farias. Em Roma, a impressão que se tinha era que, de certa forma, a morte de PC resolvera os problemas do Palácio do Planalto, do Ministério da Justiça, da Polícia Federal, do Ministério Público, do Congresso, do Judiciário etc. Por que os corruptos — ativos e passivos — do Esquema PC não foram punidos? Por que muitos deles puderam continuar fazendo seus negócios sem nunca ter sido incomodados? Por que alguns tiveram permissão para disputar novamente uma vaga no Congresso ou para concorrer aos cargos de prefeito e governador? Por que houve tanta negligência nas investigações da morte de PC? Por que Collor nunca fora condenado pela Justiça? Nada disso interessava mais, Paulo César estava morto.

EPÍLOGO

Brasília, setembro de 1998

O Agente é chamado a um gabinete no segundo andar da Embaixada da Itália. Acaba de chegar mensagem de Roma, enviada pela Direção Central para Serviços Antidroga. Diz o comunicado que os *carabinieri* estão investigando uma organização criminosa dedicada ao tráfico de entorpecentes que atua no eixo Colômbia-Brasil-Itália. O caso fora batizado de Operação Windshear. Segundo o relato, a quadrilha utilizara o Learjet prefixo I-LIAD para levar cocaína da América do Sul para a Europa. Viajaram no avião quatro pessoas, entre elas o italiano Massimo Valentino Angelo Bonetti, de 45 anos, um dos chefes da organização. Bonetti — passaporte número 904883F, nascido em Brescia e residente em Perugia (via dell'Acero, 58) — é o alvo principal da operação. Os *carabinieri* querem saber todos os movimentos dele no Brasil. A missão do Agente é levantar as informações.

Com a ajuda de um amigo da Polícia Federal, o investigador italiano consegue fazer uma pesquisa no controle de registro de passageiros e tripulantes de voos internacionais que chegam e partem do Brasil. Em meia hora, o Agente deixa o edifício "Máscara Negra" da PF com a lista das viagens de Bonetti ao país.

A primeira visita do traficante ao Brasil aconteceu em fevereiro de 1991. Ele entrou no país pelo Aeroporto Internacional de Recife num voo particular procedente de Cabo Verde. Deixou o país dois dias depois, também em avião particular, que saiu do Rio rumo à Venezuela. O traficante visitou novamente o Brasil uma semana depois e tornou a fazê-lo em dezembro de 1993, setembro de 1995, dezembro de 1996 e abril de 1997. Das seis viagens, cinco foram feitas em aviões particulares. Bonetti nunca permaneceu mais que 48 horas em território nacional.

O Agente estudou a lista até decorá-la. Conversou sobre sua investigação com colegas brasileiros, mostrou-lhes a relação de viagens de Bonetti e, de um deles, recebeu uma dica:

— Faça uma pesquisa no jato que trouxe o traficante ao Brasil pela primeira vez. Você vai descobrir o que tanto procura.

O jato — o Learjet 35 prefixo PT-LOE — estava registrado, na época do voo, em nome da Sotan Táxi Aéreo. A empresa pertencia a uma família de usineiros de Alagoas muito próxima a Fernando Collor — os Lyra, dos irmãos João, senador, e Carlos, empresário.

A amizade de Collor com os Lyra é antiga. João foi um dos principais financiadores de Collor na eleição para o governo do Estado e indicou um afilhado seu para cuidar do caixa de campanha: Paulo César Farias. Collor foi eleito. Pouco tempo antes de sair candidato à Presidência, o então governador fez um acordo com os usineiros de Alagoas que lhes permitia não recolher impostos estaduais. Os Lyra foram beneficiados.

Na campanha presidencial de 1989, a parceria foi reativada: Collor fez um acerto com os Lyra para que pudesse usar o avião da Sotan e os serviços do seu piloto, Jorge Bandeira. O candidato do PRN cruzou o país no avião da Sotan, e, nas viagens, seu tesoureiro mantinha longas conversas com o piloto. O jeitão despachado do comandante Bandeira, como era chamado, atraiu a simpatia de PC Farias, que, mais tarde, convidou-o para ser seu piloto pessoal e sócio numa empresa de táxi aéreo. Bandeira acabou se tornando braço direito do empresário e um dos principais operadores de suas negociatas. Depois da eleição presidencial, o Learjet continuou sob os cuidados de Bandeira e, formalmente, ainda pertencia à Sotan. Mas, de fato, servia ao Esquema PC, especialmente a Paulo César.

O Agente considerou suspeito o fato de o traficante Bonetti ter feito sua primeira viagem ao Brasil justamente num avião do Esquema PC e decidiu buscar mais informações sobre o voo. Descobriu o seguinte: no dia 29 de janeiro de

1991, quando as denúncias contra o governo Fernando Collor começavam a despontar na imprensa, Bandeira viajou no avião da Sotan para os Estados Unidos. Dessa vez, estava na condição de passageiro, acompanhado da mulher e das filhas. Na volta, nove dias depois, o jato fez um roteiro em zigue-zague. Dos Estados Unidos, voou até Cabo Verde, na África. O avião foi reabastecido e mais quatro pessoas embarcaram — todos estrangeiros, entre eles o traficante Bonetti. De Cabo Verde, o jato seguiu viagem até Recife.

Cinco meses após ter viajado com Bonetti no Learjet da Sotan, o comandante Bandeira se tornou proprietário formal do avião — apenas no papel, já que o dono da aeronave, de fato, era PC Farias. Em julho de 1991, o PT-LOE teve seu registro modificado no DAC (Departamento de Aviação Civil), passando a figurar em nome da Mundial Táxi Aéreo. De acordo com a Polícia Federal, a Mundial era uma empresa de fachada de PC, aberta em nome de Bandeira, utilizada para lavar o dinheiro arrecadado com o tráfico de influência durante o governo Collor. De outubro de 1991 a agosto de 1992, a Mundial emitiu notas fiscais no valor equivalente a 1.012.103 dólares para clientes como o governo de Alagoas, a construtora Norberto Odebrecht (que tinha contratos no governo federal) e uma empresa fictícia, a Italian Sistem's.

Com os registros do voo de Bonetti no avião do Esquema PC, a Itália finalmente conseguiu um elemento concreto para afirmar que, no período em que Collor era presidente da República, Paulo César tivera relação direta com mafiosos narcotraficantes.

O Agente aprofundou sua pesquisa e descobriu que Paulo César fora dono de três outros aviões (PT-LHR, PT-OMC e PT-OHU, este último conhecido como *Morcego Negro*, o preferido de Farias). O investigador italiano tentou obter informações sobre os voos do *Morcego Negro* e seus passageiros, mas esbarrou num obstáculo: na gestão de Collor, o avião utilizava bases aéreas (aeroportos de uso exclusivo das Forças Armadas, do presidente da República e seu *staff*), ficando, portanto, livre do controle da Polícia Federal. Foi o mais longe que o Agente conseguiu ir. Na impossibilidade de seguir adiante na apuração, o investigador italiano passou os dados que reunira para seus superiores e para a chefia da Divisão de Repressão a Entorpecentes da PF.

Com as informações colhidas pelo Agente, o serviço de inteligência da Embaixada da Itália em Brasília produziu um relatório sigiloso para a Direção Central para Serviços Antidroga de Roma. Um dos trechos do documento (protocolado no dia 21 de setembro de 1998 sob o código 777/C.1-2/8562/98/LEO) faz referência ao possível envolvimento do Esquema PC no narcotráfico.

Na época em que Collor era presidente, havia insistentes boatos sobre o envolvimento do piloto pessoal de Farias no tráfico de drogas, utilizando para esse fim o Learjet de propriedade de Farias denominado *Morcego Negro*. Não foram feitas investigações porque esse avião de Farias costumava decolar do hangar presidencial.

No relatório, Paulo César é tratado como "homem de confiança do ex-presidente do Brasil Fernando Collor de Mello assassinado em 1996 em circunstâncias até agora misteriosas". Ao citar Collor, o documento faz uma referência, entre parênteses, à Operação Cartagena.

A Divisão de Repressão a Entorpecentes da PF não investigou o assunto. Tampouco repassou os dados recebidos do Agente para a DCOIE (Divisão de Combate ao Crime Organizado e Inquéritos Especiais), o setor da Polícia Federal que investigava o caso PC-Máfia. O Ministério Público também não foi informado do voo de Bandeira e Bonetti no avião do Esquema PC.

Durante um ano, o Agente tentou avançar por conta própria, mas sem a ajuda da Polícia Federal não teve sucesso. Em 1999, a Itália desistiu de insistir com as instituições brasileiras para que apurassem a ligação de PC com a Máfia. O Agente foi orientado a abandonar o caso.

No dia 9 de abril de 1999, dois procuradores envolvidos no caso PC-Máfia fizeram para mim uma avaliação das apurações. Segundo eles, a investigação estava perdida. O inquérito não tinha rumo, ou seja, um crime e um suspeito definidos. Havia sim dois crimes flagrantes (evasão de divisas e sonegação fiscal), porém ambos prescritos, já que seu autor, PC Farias, não existia mais. O caso em si era muito complexo e ninguém no Ministério Público o entendia direito — incluindo os dois procuradores. As instituições brasileiras não tinham fôlego para rastrear as contas de PC Farias no exterior, assim como não estavam preparadas para o combate ao crime organizado de forma geral. O dinheiro do ex-tesoureiro de Collor nunca seria repatriado — essa oportunidade fora consumida pela burocracia da Polícia Federal, do Ministério Público e da Justiça Federal, que demoraram a agir. Tecnicamente, o inquérito era inócuo, servindo apenas como treino para casos futuros.

No Brasil, a conexão do tesoureiro de Collor com a Máfia não passa de uma lenda. Oficialmente, não existe o fluxograma dos investigadores italianos, reproduzido neste livro, que detalha a movimentação financeira entre PC Farias e mafiosos.

A presença de mafiosos no país também está registrada no rol das histórias fantásticas. No Ceará, Eduardo M. é apenas o dono de um restaurante, Vitorio G. não passa de um comerciante de pedras preciosas, Luigi R. é somente um professor de um colégio de padres, Antonio R. e Sergio V. são dignos empresários da construção civil, Domenico

S. vive de rendas, Alfredo G. passa o tempo velejando no seu iate. No Rio de Janeiro, Luigi F. administra seu restaurante em Ipanema. Na Bahia, Enrico P. recebe jogadores de futebol e atores famosos em seu hotel no sul do Estado, e Fabrizio A. administra uma pousada. Nenhum desses cidadãos italianos está envolvido em tráfico de drogas, lavagem de dinheiro, sonegação e evasão de divisas. É o que diz a história oficial.

POSFÁCIO À EDIÇÃO DE 2013

Fernando Collor se levanta de sua confortável cadeira de couro azul anil, atravessa o plenário do Senado e sobe os três degraus que levam ao púlpito. O calhamaço que traz nas mãos é repousado na bancada de madeira à sua frente. Antes de começar a ler seu discurso, dá uma passada de olhos no público que irá assistir a seu primeiro pronunciamento como senador da República.

15 de março de 2007, data histórica: o dia em que Fernando Collor renasceu.

Collor veste terno e gravata escuros impecáveis e não aparenta ter 57 anos — e não é por causa da tinta preto graúna que esconde seus cabelos grisalhos. A respiração ofegante que enche os alto-falantes do Senado indica que ele está nervoso. É o que se vê de forma mais clara logo em seguida quando ele começa a ler a primeira página do discurso, mas inesperadamente para. Por nove intermináveis segundos, a fala de Collor fica congelada no ar... Até que enfim ele destrava e anuncia: "Os episódios que aqui vou rememorar obrigaram-me a padecer calado e causaram mossas na minha alma e cicatrizes no meu coração."

Eleito cinco meses antes, com 550.725 votos, pelo PRTB (Partido Renovador Trabalhista Brasileiro) de Alagoas, Collor está pronto para, como ele mesmo define, virar a página do passado. Por troça do destino, o palco de sua ressurreição é o mesmo Senado que, 15 anos antes, o escorraçara da cena política no primeiro e até hoje único *impeachment* de um presidente da República.

O caso de Collor é singular, mas não para ele. Já nas primeiras palavras de seu pronunciamento, ele diz que as "injustiças" que sofrera e as "acusações infundadas" que sobre ele recaíram têm paralelo com o que aconteceu com os imperadores D. Pedro I e D. Pedro II e os presidentes Deodoro da Fonseca, Washington Luís, Getúlio Vargas e João Goulart. "Os atos de força tornaram-se quase uma rotina periódica de nossa história política", afirma. Collor classifica o pedido de *impeachment*, acatado pelo Senado em 1992, como "um patético documento". Com citações em inglês, francês e latim, o agora senador se esforça para desconstruir um dos maiores escândalos políticos do país. Reescreve a história do Brasil, tendo uma grande bandeira nacional às costas.

Por três horas e 31 minutos, Collor falou o que quis. E mais: nos apartes de seus colegas, ouviu o que desejava. "Reconheço que Vossa Excelência pagou um preço muito alto em um país onde ninguém paga preço algum quase nunca, ou nunca", relativizou o líder do PSDB, Arthur Virgílio (AM). O também tucano Tasso Jereissati (CE) foi ainda mais longe, questionando se de fato o colega alagoano cometera algum pecado político: "Talvez Vossa Excelência tenha sido o homem público da história recente do país que pagou o mais alto preço por eventuais erros cometidos — se é que os cometeu." Epitácio Cafeteira (PTB-MA) pediu a palavra para registrar que Collor fora vítima de injustiça. Mão Santa (PMDB-PI) afirmou que o ex-presidente era orgulho da democracia, do Nordeste e do país. Joaquim Roriz (PMDB-DF) deu parabéns a Collor e chamou-o de presidente. Efraim Morais (PFL-PB) disse que naquele dia o novo colega de Senado contava a verdade para o Brasil. "Tenho a certeza de que Vossa Excelência ainda tem muito a dar para o nosso país." Outro que vislumbrou um futuro glorioso para Collor foi Wellington Salgado (PMDB-MG): "A história não termina aqui não, a história não termina com esse discurso [...]. Tenho visto que Vossa Excelência tem um caminho longo a percorrer, um caminho que vai mostrar como funciona a democracia do nosso país. Eu quero estar vivo para ver até onde vai a história de Vossa Excelência."

Da história, tudo se podia esperar. Até porque, em sua nova vida política, Fernando Collor era aliado de seu antigo adversário e desafeto Luiz Inácio Lula da Silva, agora presidente da República. E um aliado cortejado, como deixou claro o líder do governo Lula no Senado, Romero Jucá (PMDB-RR), num dos últimos apartes do pronunciamento de Collor: "Quero contar com o apoio, com a palavra amiga, com a crítica corajosa, com a palavra leal de Vossa Excelência, que é um senador que chega a esta Casa com história, com biografia e, principalmente, com uma visão de futuro muito grande." Collor devolveu no mesmo diapasão, acenando com uma parceria estreita com Lula, num arranjo político inimaginável até pouco tempo: "Quero dizer a Vossa Excelência, como líder do governo, pode contar comigo. Sou um soldado seu, seu liderado, esperando apenas suas ordens e orientações para que possamos ajudar o governo a alcançar as metas que todos nós desejamos, para a felicidade da população brasileira."

As cenas explícitas de compadrio político entre Collor e o líder do governo do PT no Senado inspiraram o também alagoano Renan Calheiros, antigo líder do governo *collorido* no Congresso e agora presidente do Senado. Renan encerrou a cerimônia de renascimento político de Collor qualificando-a como um "espetáculo exuberante". "O pronunciamento de Vossa Excelência cala fundo neste Senado. [...] E, com grandeza, com altivez, com galhardia, refaz a sua autobiografia com muita sinceridade e com muita verdade. [...] Vossa Excelência é hoje maior do que foi um dia. Parabéns!" A plateia aplaude, vários senadores aplaudem, o senador Romeu Tuma, ex-chefe da Polícia Federal na era Collor, chora de emoção.

O futuro de Fernando Collor de Mello seria de fato promissor. Decifrar os caminhos da história é que ficaria difícil.

No dia de sua posse como senador, Collor trocou o PRTB pelo PTB de Roberto Jefferson, membro destacado da finada *tropa de choque collorida* no Congresso. Jefferson, por sua vez, havia se bandeado para o lado de Lula cinco anos antes, na eleição presidencial de 2002, ante a promessa de pagamento ilegal, sem registro na Justiça Eleitoral, de 20 milhões de reais para o PTB. Como, depois de assumir o governo, o PT não pagou tudo o que devia ao PTB, Jefferson rompeu com Lula e denunciou um megaesquema de financiamento ilegal de campanha, tráfico de influência, lavagem de dinheiro e corrupção nas hostes petistas (o PC Farias da vez — ou seja, o operador financeiro — atendia pelo nome de Marcos Valério Fernandes de Souza).

Durante a crise que abalou fortemente o governo do PT, Fernando Collor ficou ao lado de Lula.

Collor ajudou Lula. E Lula ajudou Collor. Com o aval do petista, o alagoano se tornou presidente da Comissão de Infraestrutura do Senado. Trocaram afagos. Em 2009, já refeito do Escândalo do Mensalão, Lula elogiou Collor numa cerimônia pública em Alagoas, dizendo "fazer justiça" ao ex-desafeto pela sustentação que este vinha lhe dando no Senado. No ano seguinte, Collor se candidatou ao Governo de Alagoas com uma campanha escorada em Lula e na sua candidata à sucessora, Dilma Rousseff. Em ritmo de forró, as diferenças entre o *caçador de marajás* e o *sapo barbudo* se dissolveram de vez. Um trecho do *jingle* de Fernando Collor dizia: "É Lula apoiando Dilma, é Dilma apoiando Collor, e os três para o bem da gente." Eleita presidente, Dilma também pagou seu tributo à aliança. Em 2013, numa entrevista à rádio do grupo de comunicação da família Collor, a presidente tascou: "O senador Fernando Collor tem sido um parceiro nosso [...]."

Não demorou muito, contudo, para que o novo Collor se parecesse com o antigo. A serenidade, a paciência e a altivez tão elogiadas pelos senadores no discurso triunfal de sua volta foram para o beleléu em agosto de 2009. Insatisfeito por ter sido citado por seu colega Pedro Simon (PMDB-RS) num discurso no Senado em que este defendia o afastamento de José Sarney (PMDB-AP) da presidência da Casa, em razão de uma (nova) série de denúncias contra o maranhense, Collor devolveu na mesma hora. Dedo em riste, arfante, sobrancelha arqueada e músculos do rosto retesados, o alagoano não apenas defendeu Sarney (sim, Collor, Sarney e Lula estavam juntos) como chamou Simon de parlapatão. Exigiu ainda que o gaúcho evitasse pronunciar seu nome no Senado sob pena de revelar fatos "incômodos" sobre o colega. E, no velho estilo bateu-levou, vociferou: "São palavras que eu não aceito [...]. São palavras que eu quero que o senhor as engula e as digira como julgar conveniente."

Resumo da ópera: o PT havia mudado (e muito); os ancestrais esquemas de corrupção continuavam de pé; e Collor conseguira se reciclar sem precisar se transfazer.

Sexta-feira, 10 de maio de 2013, são quase dez da noite, mas faz calor em Maceió. Praticamente escondido atrás de pilhas de documentos encadernados com capa amarelo ovo que se erguem à sua frente, em sua mesa de trabalho, o juiz Maurício Breda, responsável pelo julgamento do caso da morte de Paulo César Farias e Suzana Marcolino, ordena em voz alta que todos os presentes na sala do Tribunal do Júri fiquem de pé. Será lida a sentença.

Trata-se também de uma data histórica: o dia em que PC e Suzana morreram de novo.

Dezessete anos se passaram desde que Paulo César e a namorada foram encontrados mortos com um tiro de revólver calibre .38 cada. Depois de idas e vindas, quatro seguranças de PC estão sendo julgados por um júri popular sob a acusação de terem se omitido na função que exerciam, contribuindo assim para as mortes. Por falta de provas, o Ministério Público não acusa os seguranças de terem feito os disparos, muito menos indica quem seria o mandante (ou mandantes) do crime. A carência de provas, a fragilidade da acusação e o dilatado do tempo entre o crime e o julgamento não são os únicos trunfos dos réus, os policiais militares Adeildo Costa dos Santos, José Geraldo da Silva, Josemar Faustino dos Santos e Reinaldo

Correia de Lima Filho. Eles contam ainda com o apoio irrestrito do poderoso ex-deputado federal Augusto Farias, que assumiu o comando do clã após a morte do irmão. Augusto custeia o advogado responsável pela defesa do quarteto e age ele próprio como defensor. No segundo dia do julgamento, ao depor perante os jurados, usando um vistoso relógio de ouro no pulso e um elegante terno risca de giz, o irmão de PC intercedeu em favor dos réus: "Hoje eu tenho certeza de que esses coitados são inocentes." Como sua opinião sobre os acusados não tinha sido arguida, o juiz fez-lhe uma admoestação: "Eu não estou perguntando ao senhor sobre a inocência dos réus. Eles têm advogado. Peço que o senhor responda as perguntas. Aqui não é lugar para discurso."

O julgamento foi recheado de cenas óbvias, como a guerra de laudos entre os adeptos da tese de assassinato seguido de suicídio — Suzana teria matado PC e depois se matado — e os adeptos da tese de duplo assassinato cometido por uma terceira pessoa. E também de cenas inesperadas, como a revelação de que desaparecera do Fórum de Maceió a arma do crime e material usado na coleta de resíduos das mãos de Suzana Marcolino e seu namorado. Muitos dos depoimentos foram marcados por expressões como "não me lembro", "não me recordo", "fica difícil dizer com precisão depois de tanto tempo"... São 17 anos, afinal de contas; ademais, Alagoas ainda pode ensejar em alguns uma prudente dose de amnésia.

Depois de cinco dias de um julgamento monótono e sem grandes novidades, o juiz finalmente lê a sentença. Os jurados concluem que há provas suficientes para sustentar que PC e Suzana foram assassinados por outrem. Porém, por falta de provas, é impossível apontar o(s) autor(es) material(is) e intelectual(is) do crime. Os jurados entendem também que os seguranças Adeildo e José Geraldo tinham o dever de garantir a vida do patrão e de sua namorada, já que estavam de plantão na casa de praia de PC na noite do crime. Mas absolvem os dois PMs alegando "clemência". Os outros dois réus, Josemar e Reinaldo, que não estavam de plantão na madrugada fatídica, também são absolvidos.

De certa forma, um desfecho esperado. Afinal, a justiça só seria alcançada naquele tribunal do júri se 17 anos antes as investigações tivessem sido feitas de forma correta. A justiça deveria ter sido iniciada no dia que os corpos foram encontrados, naquele longínquo 23 de junho de 1996.

Há dois corpos furados de bala, há oficialmente um duplo assassinato, mas não há culpados. Duas decisões (pouco promissoras, diga-se de passagem) — uma do juiz, outra do Ministério Público — empurram a novela um pouco mais adiante. Augusto — cuja acusação de ser o mandante do crime fora arquivada cinco anos antes, pelo Supremo Tribunal Federal, por falta de provas — terá de responder a um inquérito por suspeita de suborno de dois delegados de Alagoas que haviam investigado o possível envolvimento do irmão de PC no duplo homicídio. O Ministério Público também segue à risca o *script* e anuncia que vai recorrer, ainda que as chances de mudança no resultado final sejam menos que remotas. No mais, um fim melancólico: um crime sem castigo; a conhecida impunidade que ronda o caso PC/Collor há mais de vinte anos.

Collor revive e, cada dia mais, no velho estilo Collor. Enquanto corria o terceiro dia de julgamento do caso da morte de PC e Suzana, o senador alagoano rasgou em público, numa sessão em que presidia a Comissão de Infraestrutura do Senado, um documento que lhe fora enviado pela direção do DNIT (Departamento Nacional de Infraestrutura de Transportes), órgão vinculado ao Ministério dos Transportes. "Nós não podemos aceitar informações falseadas. Nós temos é que rasgar isso aqui", disse Collor, enquanto destroçava a papelada, para espanto dos presentes. Em seguida, chamou um funcionário do Senado, mandou que ele colocasse os pedaços de papel dentro de um envelope e os enviasse à direção-geral do DNIT.

Numa ponta, o retorno de Collor. Na outra, o frustrante desfecho do julgamento da morte de Paulo César e Suzana. No meio, muitas perguntas. Por que corruptos e corruptores do Esquema PC não foram punidos? Quem matou Paulo César e sua namorada? Por que motivo? Onde foi parar a fortuna desviada no governo Collor? A quem serve a impunidade nesses casos?

Apesar das provas robustas fornecidas pela Itália ao Brasil, as investigações sobre as ligações financeiras do ex-tesoureiro de Collor com a máfia italiana também não deram em nada. Depois de bater cabeça durante anos e perder-se na burocracia do serviço público e na falta de pressão do Palácio do Planalto, a Polícia Federal acabou produzindo um relatório considerado insuficiente pelo Ministério Público e pela Justiça Federal. Assim, o caso acabou arquivado — para a sorte, aliás, de quem passou a manejar as contas bancárias do Esquema PC depois da morte do ex-tesoureiro. (Segundo o próprio Collor disse ao jornalista Geneton Moraes Neto, as sobras da campanha presidencial de 1989 ultrapassaram a cifra de 50 milhões de dólares.)

Em 2006, dez anos após a morte de PC, portanto, constatei pessoalmente em Montevidéu que ainda não havia sido fechada uma das principais contas controladas por Paulo César no exterior. Trata-se da conta número 5.020.050 do ABN-Amro Bank, agência Ciudad Vieja (centro da capital uruguaia), cujo titular figura sob o nome fantasia Monte Tiberino S/A. Segundo me informou a gerência da agência, esta conta, que era conectada com outras contas do ex-tesoureiro abastecidas por mafiosos italianos, havia sido "zerada" pouco tempo antes. Mas ainda continuava aberta, apesar de inoperante.

Ainda em 2006, fiz outra descoberta, desta vez em Alagoas: Augusto Farias havia registrado uma espetacular escalada financeira nos três anos seguintes à morte de PC. Entre 1996 e 1999, o irmão de Paulo César, de forma direta ou indireta, adquiriu quatro fazendas no valor de 700 mil reais, aumentou seu patrimônio visível em quase 200% e ainda recebeu, por intermédio de uma empresa, 5,8 milhões de reais sem origem declarada. A súbita ascensão patrimonial de Augusto ficou registrada em documentos obtidos no ano 2000 pela CPI do Narcotráfico, que investigou o irmão de PC. Como naquele ano Augusto renunciou ao mandato de deputado federal para evitar ser cassado pela CPI, as informações acabaram sendo engavetadas. São dados bancários e fiscais de Augusto e de pessoas e empresas apontadas pela CPI como seus testas de ferro. De acordo com os documentos da CPI, Augusto e seu principal assessor, Marcos Maia (segundo a CPI, "laranja" de Augusto), possuíam um patrimônio total declarado de 292 mil reais em 1996, ano da morte de PC. Dois anos depois, os bens visíveis da dupla somavam 865 mil reais, o equivalente a um aumento de 196%.

Valores ainda mais expressivos constavam da movimentação financeira da Tigre Vigilância Patrimonial, de Augusto.

Aberta em Maceió em abril de 1997 (dez meses após a morte de PC), a Tigre pertencia formalmente a Marcos Maia. A CPI, no entanto, concluiu que Augusto era o verdadeiro dono da empresa, dada a quantidade de documentos pessoais dele encontrados na sede da Tigre durante uma fiscalização. De 1997 a 1999, segundo os dados da CPI, a Tigre recebeu 5,8 milhões de reais de origem não esclarecida.

Havia mais: de acordo com os documentos arquivados na CPI do Narcotráfico, 11 meses após a morte de seu irmão, Augusto Farias comprou quatro fazendas no município de Santana do Mundaú, na zona da mata de Alagoas. Juntas, as fazendas Samambaia, Catuaba, Gruta Funda e Riacho do Brejo somavam 2.345 hectares, o equivalente a mais de 2 mil campos de futebol. Valor do negócio à época: 700 mil reais. Formalmente, a transação fora feita em nome da Bluarte Peças e Serviços, controladora da Blumare, concessionária de automóveis da família Farias. Entretanto, documentos apreendidos pela CPI na sede da Tigre indicavam que o real dono das fazendas era Augusto.

A Comissão Parlamentar de Inquérito verificou que pelas mãos de Augusto circulavam grandes somas de dinheiro. Na época do assassinato de seu irmão, Augusto deu início à construção de uma casa de 387 metros quadrados na Praia Bonita, município de Barra de São Miguel, a 40 quilômetros da capital. Trata-se de uma das regiões mais valorizadas de

Alagoas, com forte apelo turístico. Augusto não parou por aí. No ano seguinte, num período de 19 dias, vendeu 466 cabeças de gado. Logo depois, entre julho e outubro de 1997, vendeu mais 220.

Na época em que revelei o teor dos documentos da CPI numa série de reportagens publicadas no *Correio Braziliense* e em outros jornais, entrei em contato com Augusto, mas ele se recusou a falar. "A imprensa só faz matéria negativa. Tem de fazer matéria positiva. Um abraço", disse ele, desligando o telefone. Contatado em seu telefone celular, Marcos Maia se identificou, mas logo em seguida, após ser informado do teor da reportagem, ficou mudo. Liguei novamente, deixei um recado na secretária eletrônica, mas não obtive resposta.

Nem tudo deu errado na parceria entre Itália e Brasil, desenhada na década de 1990, para o combate ao crime organizado transnacional e que tinha o caso PC/Máfia no centro da mesa. Se o Brasil desperdiçou as chances que teve, a Itália soube colher frutos importantes.

Dois exemplos:

Em janeiro de 2001, cinco meses após o lançamento de *Morcegos negros*, foi preso em Goiânia um personagem citado no livro, o italiano Mario Baratta, condenado a 23 anos de prisão pela Justiça de seu país por assassinato e envolvimento com a Máfia. A ação foi realizada pela Polícia Federal com suporte da *Direzione Investigativa Antimafia* da Calábria. Baratta, de 45 anos, havia fugido da penitenciária Esmeraldino Bandeira, em Bangu, no Rio. A pedido da Itália, foi extraditado para aquele país.

Outro peixe graúdo da Máfia agarrado no Brasil foi Francesco Salzano, *capo* do clã dos Casalesi, facção da Camorra. Autor de um triplo homicídio na Itália, em um acerto de contas entre mafiosos, Salzano, de 38 anos, foi preso em Fortaleza em fevereiro de 2011. A operação foi solicitada e monitorada por autoridades de Nápoles. Salzano também foi mandado de volta à Itália.

Em maio de 2013, quando escrevo este posfácio para a nova edição de *Morcegos negros*, percebo que, do ponto de vista pessoal, também preciso botar um ponto final nesta história. Faz 17 anos que persigo o caso e o caso me persegue. É muito tempo. Muita coisa aconteceu.

Relendo o texto original do livro, publicado em 2000, acho graça em algumas passagens que me transportam a um passado que agora parece distante demais, como quando levanto a antena (!) do meu celular — um Motorola DPC 650, que, com o carregador, atingia o tamanho de um tijolo. Ou quando fico durante dias esperando informações que vão chegar por fax, o meio mais moderno no Brasil de então para enviar e receber cópias de documentos.

Nessas quase duas décadas de investigação do caso, passei por situações inusitadas — para dizer o mínimo. No sul da Itália, na minúscula comuna de Locri, o clã mafioso dos Morabito me recebeu em sua casa com um lauto almoço. Francesca, filha de Giuseppe Morabito — foragido chefão da 'Ndrangheta, apelido *U Tiradrittu* (boa mira, em dialeto calabrês) —, preparou a massa na hora, em cima da mesa da sala. Por dois dias, o marido de Francesca, Rocco Carrozza, que já respondera por acusações de sequestro, tráfico de drogas, extorsão e associação mafiosa, me guiou pela Calábria em seu Alfa Romeu azul — por vezes a 175 km/hora. Em Africo, Gioiosa Jonica e Grotteria, Carrozza me apresentou a integrantes de outros clãs mafiosos, como os Mazzaferro, os Ierino e os Pesce, que, juntamente com os Morabito, haviam articulado a rede que importara 11 toneladas de cocaína da Colômbia na década de 1990 e cuja ramificação financeira chegava a Paulo César Farias.

No episódio de Houston, relatado aqui, deixei o hotel pela porta dos fundos, fui para o aeroporto e peguei o primeiro avião para Miami, seguindo orientações de um delegado da Polícia Federal que, do Brasil, monitorava minha tentativa de fazer contato nos Estados Unidos com um suposto operador financeiro do Esquema PC.

Graças ao tempo que passou, diluindo pressões e riscos, pude agora reescrever trechos do livro e revelar minha participação, omitida na época, em alguns episódios (o irmão de Suzana Marcolino mostrando a mim os hematomas no corpo dela, de madrugada, no velório em Maceió; os discretos encontros com policiais e procuradores italianos, em Roma e em Turim, nos quais recebia documentos e informações sigilosos do caso; as campanas em Buenos Aires para localizar Luis Felipe Ricca, testa de ferro de PC em contas bancárias conectadas com a Máfia; as conversas com gerentes de bancos de Montevidéu sobre a estrutura financeira operada por PC...).

Hoje, posso falar abertamente da ameaça de morte que recebi em 1998, quando, numa de minhas muitas viagens a Alagoas, investigava a morte de PC e Suzana. Uma advertência explícita para que eu parasse de mexer no caso sob o risco de não voltar para casa, feita por telefone, por uma voz feminina.

Posso — e devo — continuar denunciando o processo judicial kafkiano que respondi em Alagoas, movido por um juiz local, por afirmações que eu fizera, na edição original de *Morcegos negros*, sobre a letargia nas investigações da morte de Paulo César e sua namorada. Entre 2000 e 2006, vivi dentro de um labirinto sem conseguir me defender. As testemunhas que apresentei no processo, por exemplo (um senador, um ex-juiz e um promotor), não foram sequer ouvidas. Uma petição que fiz no Tribunal de Justiça de Alagoas desapareceu do processo. Ao fim, fui condenado.

O caso finalmente tinha um culpado.

Ainda em 2006, a fim de digerir o castigo a que fora submetido (o pagamento de 175 salários mínimos, mais custas de advogados), escrevi um artigo intitulado "Eu sou o criminoso do caso PC Farias". O último parágrafo dizia o seguinte: "Sim, eu me sinto perplexo, indignado e impotente diante do ocorrido. Mas ainda assim vejo um fio de coerência em toda essa história: se a gangue que se formou sob a sombra do governo Fernando Collor é inocente, eu só poderia estar mesmo do outro lado." E aqui estou.

FONTE DE DOCUMENTOS OFICIAIS

BRASIL
    Justiça Federal
    Polícia Civil de Alagoas
    Polícia Civil da Bahia
    Polícia Civil de São Paulo
    Polícia Federal
    Polícia Militar de Alagoas
    Supremo Tribunal Federal

CANADÁ
    Cisc (Criminal Intelligence Service Canada)
    RCMP (Royal Canadian Mounted Police)

ESTADOS UNIDOS
    DEA (Drug Enforcement Administration)
    UNDCP (United Nations International Drug Control Programme)

ITÁLIA
    Direzione Investigativa Antimafia, Centro Operativo Reggio Calabria
    Embaixada da Itália em Brasília
    Interpol-Roma
    Procura della Repubblica/Busto Arsizio
    Procura della Repubblica/Catanzaro
    Procura della Repubblica/Milano
    Procura della Repubblica/Perugia
    Procura della Repubblica/Torino
    Procura della Repubblica/Venezia

ARQUIVOS DE ORGANIZAÇÕES NÃO GOVERNAMENTAIS
    Euripes (Istituto di Studi Politi, Economici e Sociali/Itália)
    IBGF (Instituto Brasileiro Giovanni Falcone)

BIBLIOGRAFIA

Arlacchi, Pino. *Adeus à Máfia — As confissões de Tommaso Buscetta*. Ática. São Paulo, 1997

Betancourt, Darío & García, Martha Luz. *Contrabandistas, Marimberos y Mafiosos — Historia Social de la Mafia Colombiana (1965-1992)*. TM Editores. Bogotá, 1994

Blickman, Tom. *The Rothschilds of the Mafia on Aruba*. TNI, 1997

Castilho, Ela Wiecko V. *O controle penal nos crimes contra o sistema financeiro nacional*. Del Rey. Belo Horizonte, 1998

Castillo, Fabio. *Los Nuevos Jinetes de la Cocaína*. Oveja Negra. Bogotá, 1996

Conti, Mario Sergio. *Notícias do Planalto: A imprensa e Fernando Collor*. Companhia das Letras. São Paulo, 1999

Fortuna, Eduardo. *Mercado financeiro: produtos e serviços*. Qualitymark Editora. Rio de Janeiro, 1997

OAB. *A OAB e o impeachment*. Conselho Federal da OAB. Brasília, 1993

Pinto, Luís Costa. *As duas mortes de PC Farias*. Best Seller. São Paulo, 1996

Prado, Geraldo & Douglas, William. *Comentários à lei contra o crime organizado*. Del Rey. Belo Horizonte, 1995

Reavis, Dick. *Texas*. Compass American Guides. Oakland, 1995

Short, Martin. *Mafia: Sociedad del Crimen*. Planeta. Barcelona, 1987

Skidmore, Thomas E. *Uma história do Brasil*. Paz e Terra. São Paulo, 1998

Suassuna, Luciano & Pinto, Luís Costa. *Os fantasmas da Casa da Dinda*. Contexto. São Paulo, 1992

Tokatlian, Juan Gabriel. *Drogas, Dilemas y Dogmas — Estados Unidos y la Narcocriminalidad Organizada en Colombia*. TM Editores/Cei. Bogotá, 1995

Ziegler, Jean. *A Suíça lava mais branco.* Brasiliense. São Paulo, 1990

PERIÓDICOS, AGÊNCIAS DE NOTÍCIAS E MEIOS ELETRÔNICOS

Ansa (Itália)
Associated Press (EUA)
Canada News (Canadá)
Canadian Press (Canadá)
Clarín (Argentina)
Corriere della Sera (Itália)
El País (Espanha)
El Universal (Venezuela)
Época
Folha de S. Paulo
IstoÉ
Jornal do Brasil
La Repubblica (Itália)
La Stampa (Itália)
Le Monde (França)
Montreal Gazette (Canadá)
O Estado de S. Paulo
O Globo
Playboy
The Boston Globe (EUA)
The Globe and Mail (Canadá)
The Seattle Times (EUA)
The Toronto Sun (Canadá)
The Washington Post (EUA)
Time (EUA)
Toronto Star (Canadá)
Veja
Vistazo (Equador)

ÍNDICE

ABN-Amro Bank, 120, 122, 162, 163, 166, 399
Abraços, João Carlos, 49, 50, 51, 95, 96, 97, 100, 117, 135, 141, 165, 182
Acioli, Ana Maria, 59
Acuña, Juan, 128
Albuquerque Júnior, Luiz, 242-243
Alencar, Alcides Andrade de, 352, 355, 360
Alfa Trading, 211
Alfieri, Carmine, 26
Alfonsín, Raúl, 137
Algemene Bank Gibraltar, 22
Almeida, Flávio, 243
Almeida, Jorge Meres Alves de, 356
Alongi, Giuseppe, 171
Alves, João, 258
Amaral, José, 229
Andrade Gutierrez, 58
Arena (Aliança Renovadora Nacional), 205
Arlacchi, Pino, 174
Arns, Dom Paulo Evaristo, 347
Associação Brasileira de Imprensa, 204
Associação da Camorra, 26
Astrocambio, 22
Audi Bank, 123, 157, 158
Aurea Trading International (ATI), 21
Ausiello, Francesco, 65, 66, 68, 76, 87, 88

Badalamenti, Gaetano, 89
Baía, Roberto, 355
Banca Popolare Dell'Etruria e Del Lazio, 21
Banca Popolare Vicentina, 21
Banco Central (Brasil), 55, 60, 210
Banco Financial Português, 225, 227, 230
Banco Intercontinental, 22
Banco Migros, 157
Banco National de Panama, 22
Banco Rural, 218
Banco Sudameris, 27
Bandeira, Jorge Walderio Tenório, 61, 159, 216, 383
Bank One (Texas), 306
Banorte, 373
Baratta, Mario, 177, 402
Barbaro, Giuseppe, 67, 256
Barbosa Lima Sobrinho, Alexandre José, 204
Bardellino, Antonio, 26
Barclays Bank, 278
Basili, Benedeto, 96
Bastos, Marcus Vinícius Reis, 233
Belandria, Milagros, 300-301
Belle Tours Viagens, 139
Bertosi, João César, 141
Berwanger, Pedro, 261
BK Associated Limited, 305
Bolsa de Valores do Rio de Janeiro, 27
Bonetti, Massimo Valentino Angelo, 381
Bradesco, 140
Bridi, Sônia, 115
Brindeiro, Geraldo, 234, 235, 361
Brown, Thomas, 125, 126
Bueno, Carlos Eduardo, 234
Bulhões, Geraldo, 358, 359
Bundesamt für Polizeiwesen (Suíça), 253
Buoncristiano, Sergio, 177
Bureau, Marcel, 300

Buscetta, Tommaso, 170, 174-175, 176, 261, 262

Cabral, Jobson, 317
Cabrini, Roberto, 190
Caja de Madrid, 22
Calheiros, Mônica, 243-4, 266
Calheiros, Renan, 353, 392
Camargo, João Carlos Freitas, 373
Campos, Ricardo, 61
Capone, Alphonse, 173
Carabinieri, 33, 34, 35, 36, 37, 76, 105, 106, 107, 118, 120, 121, 381
Cardoso, Fernando Henrique, 97, 126, 185, 194, 255, 259, 260
Carneiro, Dirceu, 203
Cartel de Cali, 19, 20, 21, 23, 39, 70, 82, 164
Cartel de Medellín, 19, 20
Caruana, Alfonso, 69, 70, 71 76, 81, 82, 91, 92, 100, 101, 107, 228, 256, 283, 284, 286, 287, 288, 289, 300, 301
Caruana, Gerlando, 288, 300
Caruana, Giuseppe, 288
Caruana, Giuseppina (Giuseppina Cuntrera), 69, 288
Caruana, Pasquale, 300
Caruana, Vicenzina (Vicenzina Cuntrera), 298
Carvalho, Leonino Tenório de, 360
Carvalho, Marise Vieira de, 220, 360
Castañeda, Sandra, 83
Castelo Branco, Pedro Paulo, 48, 49, 199, 201, 229, 233
Castro, Manoel Arísio de, 207
Cataldo, Giuseppe, 67, 256
Cavalcante, Dario, 59
Centro de Dados Operacionais da Polícia Federal (CDO), 328
Ceballos, Henry Loaiza (El Alacrán), 80, 81, 82, 83, 85, 101, 105, 256
Cetenco Engenharia, 58
Chase Manhattan Bank, 22
Chelotti, Vicente, 50, 95, 117, 194, 201, 228, 229, 230, 262
Chemical Bank, 122, 123, 142
Chueke, Henrique José, 139, 140, 141, 143, 152, 153, 154, 158

CIA (Central Intelligence Agency), 20, 195, 328
Criminal Intelligence Service Canada (Cisc), 301
Citibank, 123, 295, 305, 306
Clã Casalesi, 27
Clã Cuntrera-Caruana, 287, 288, 289, 298, 300, 302
Clã dos Fidanzati, 40
Clã Nuvoletta, 27
Clinton, Bill, 126
Coimbra, Marcos 59
Colleoni, Fernando, 219, 245, 247, 351, 354, 359
Collor de Mello, Fernando, 11, 29, 31, 32, 42, 43, 44, 47, 48, 49, 50, 54, 55, 56, 57, 59, 61, 62, 109, 115, 116, 117, 121, 124, 128, 129, 137, 138, 139, 140, 142, 159, 160, 161, 164, 165, 181, 182, 187, 191, 195, 197, 198, 200, 203, 204, 205, 206, 207, 208, 209, 210, 211, 212, 213, 216, 239, 253, 271, 272, 275, 306, 307, 310, 327, 333, 337, 339, 343, 344, 345, 346, 347, 348, 353, 354, 363, 364, 373, 374, 377, 378, 379, 382, 383, 384, 385, 386, 387, 389, 390, 391, 392, 393, 394, 395, 398, 399, 406.
Collor de Mello, Rosane, 61
Collor, Leda (Ledinha), 59
Collor, Pedro, 159, 206
Conceição, Jorge Luís, 140
Construtora Norberto Odebrecht, 58, 344, 384
Construtora OAS, 373
Copersucar, 58
Corriere della Sera, 289
Cosa Nostra, 69, 99, 172, 173, 174, 176, 289
Cosandey, Peter, 253
Costa, Sílvio, 305
Court, Richard, 297
CPI do Judiciário, 211
CPI do Narcotráfico, 63, 356, 358, 400, 401
CPI do Orçamento, 258

CPI dos Bancos, 63
CPI dos Precatórios, 63
CR Almeida, 58
Credicard, 58
Credit Suiss, 22
Credito Romagnolo Di Firenze, 21
Crisafulli, Biagio, 123
Cruz, Valdo, 271
Cunha, Eduardo, 138
Cuntrera, Antonina, 288
Cuntrera, Paolo, 288
Cuntrera, Pasquale, 299

D'Alessio, Raymond, 148, 151
D'Ippolito, Nicola, 178, 179, 180, 181
Dantas, Cláudia, 267, 354
Davigo, Piercamilo, 375, 376
DCOIE (Divisão de Combate ao Crime Organizado e Inquéritos Especiais), 193, 194, 229, 386
DEA (Drug Enforcement Agency), 21, 148, 149, 150, 151, 155, 157, 158, 298
10ª Vara da Justiça Federal de Brasília, 53, 54
Delgado, Gustavo, 17, 19, 20, 21, 23, 34, 39, 40, 47, 100, 256
Delta Corporation, 22
Departamento de Polícia Técnica da Bahia, 246-247
Di Mauro, Graciano, 300
Di Vaio, Enrico, 265, 266
Dias, José Carlos, 361
Direção Central para Serviços Antidroga de Roma, 385
Direzione Investigativa Antimafia (DIA), 169, 170, 403
Divisão de Narcotráfico e Crimes Financeiros do IRS (Internal Revenue Service), 125
Divisão de Repressão a Entorpecentes da Polícia Federal (DRE), 180, 227, 284, 385, 386
Dossiê Cayman, 258
Ducry, Jacques, 112, 255

Ecuabingo, 139, 183
Embaixada da Itália em Brasília, 29, 385
Encol, 58

Época, 359
Espírito Santo Bank, 123
Esquema PC, 12, 13, 50, 53, 54, 57, 58, 60, 62, 63, 96, 125, 136, 138, 140, 151, 158, 197, 199, 201, 202, 206, 229, 233, 239, 271, 278, 279, 280, 319, 327, 328, 329, 330, 344, 363, 364, 373, 378, 379, 383, 384, 385, 386, 398, 399, 404
Estevão de Oliveira, Luiz, 211, 212
Eurocapital, 129
Eurocatene, 21
Experta Trustee, 181

Farias, Augusto, 118, 200, 219, 220, 222, 267, 354, 356, 358, 360, 396, 400, 401
Farias, Carlos Gilberto Cavalcante, 185
Farias, Cláudio, 219, 220
Farias, Elma, 29, 217
Farias, Gilberto, 218
Farias, Ingrid, 217
Farias, Luiz Romero, 56, 118, 164
Farias, Paulo (Paulinho), 130, 217 (Paulinho)
Farias, Paulo César, 28, 31, 48, 54, 57, 62, 97, 101, 108, 116, 117, 118, 121, 127, 128, 129, 130, 131, 132, 133, 134, 137, 140, 154, 181, 187, 197, 206, 216, 239, 253, 255, 268, 271, 274, 356, 361, 364, 378, 383, 395, 404.
Farmácia Superbarata, 83
FBI (Federal Bureau of Investigation), 123, 174, 261, 298
Fera, Giuseppe, 95
Fernandes, Jorgina Maria de Freitas, 126
Ferrara, Clemente, 178
Ferrari, Filippo, 113
First Union Bank (Georgia), 306
Flávio Medeiros (Jorge), 327, 328, 329, 330, 331, 332, 333, 334

Florag, 54
Folha de S. Paulo, 105, 116, 166, 209, 238, 271, 272, 273, 277, 279, 291, 292, 295, 304, 314, 321, 323, 324, 325, 326, 327, 331, 340, 351, 359
Fonte Neto, Antônio Cardoso da, 185
França, Genivaldo da Silva, 219, 360
França, Genivaldo Veloso de, 310
Franco, Itamar, 165
Frei Damião de Bozzano, 31

Gaviria, Pablo Emilio Escobar, 19
Gazeta de Alagoas, 213, 339, 340
Gazeta de Alagoas International Corporation, 209
Ge. Fi. Invest Nederland, 181
General Unternehmungs-Anstaltvaduz, 71, 73
Genua, Ignazio, 300
Giglioni, Paolo, 178
Gomes, Abel Fernandes, 189
Gomes, Waldir, 182
Graetz, John, 151
Grifin Import-Export, 178
Grupo Artplan, 182
Grupo Piano, 145, 147, 148, 151, 155, 157
Grupo Votorantim, 58
Guarda de Finanças (Itália), 21, 155, 156
Guimarães, Liliana, 267
Guimarães, Paulo, 305

Hill, John, 297, 298, 301

Ielo, Paolo, 375, 376
Ierino, Giuseppe, 68, 256
Impeachment, 31, 43, 48, 129, 164, 165, 197, 198, 203, 204, 208, 209, 210, 212, 213, 272, 343, 345, 378, 390
Indústria Brasileira de Formulários, 58
INSS (Instituto Nacional de Seguro Social), 97, 125, 210
Instituto Brasileiro Giovanni Falcone (IBGF), 176, 178
Instituto Médico Legal de Maceió, 222, 250
Intermares Marketing International, 74
Interpol, 26, 27, 123, 134, 142, 159, 160, 162, 187, 188, 190, 198
Irmãos Buondonno, 177
Israel Bank, 307

Jaimes, Edwar, 300
Jaimes, Ezequiel, 300
Jet Táxi Aéreo, 60
Jobim, Nelson, 118, 248, 261
Jornal Nacional, 116, 190
José Gerardo, 356
Junqueira, Aristides, 62
Justiça Federal (brasileira), 53, 61, 62, 187, 188, 199, 235, 260, 327, 329, 330, 333, 344, 345, 387, 399
Justiça da Flórida, 125
Justiça italiana, 100
Justiça suíça, 90, 235

Kim, Hyung Kwon, 265

La Salvia, Jorge Osvaldo, 121, 128, 130, 131, 132, 136, 137, 138, 139, 141, 142, 143, 153, 154, 160, 161, 165, 182, 183, 200, 201, 202, 256, 310, 378
Lacerda, Acioly Luiz Tavares de, 267
Lacerda, Paulo, 50, 51, 54, 56, 60, 62, 63, 139, 373
Larosa, Anthony, 300
Larosa, Nunzio, 300
Lavenère, Marcello, 204
Leon, Flávia de, 116
Lessa, Antonio Carlos Azevedo, 352
Lessa, Ronaldo, 348, 352
Lia, Andrea, 68
Liddle, Robin A., 153
Lima Filho, Reinaldo Correia da, 360
Lima, Alberto Jorge Correia de, 310, 349
Lima, Luiz Augusto, 234
Lima, Rinaldo da Silva, 264, 353
Loaiza, José Alcides, 85

London Star Group, 20, 21
Lorenz, Daniel, 196, 199, 201, 202, 229, 234, 236, 255
Lupis, Pasquale, 178
Lynx Marketing Corporation, 338
Lyra, Carlos, 382, 383
Lyra, João, 382, 383

Maciel, Zélia, 216, 223, 243, 266, 316, 350
Maddalena, Marcello, 65, 76, 87108, 234
Magalhães, Mário, 351
Magliulo, Luigi, 26
Magliulo, Vincenzo, 26
Maia, Marcos André Tenório, 357
Maierovitch, Wálter, 7, 175
Malone, Zara, 218
Maluf, Paulo, 55
Mango, Pierluigi, 181, 182
Marcolino da Silva, Suzana, 161, 182, 216, 217, 218, 219, 220, 221, 222, 223, 237, 238, 239, 240, 241, 242, 243, 244, 245, 246, 247, 248, 249 250, 251, 261, 263, 265, 266, 267, 268, 271, 309, 310, 311, 312, 313, 314, 315, 316, 349, 350, 351, 352, 353, 354, 355, 357, 358, 359, 360, 361, 397, 398, 405
Marcolino, Ana Luíza, 315
Marcolino, Jerônimo, 215, 216, 223, 237, 238, 315, 316
Marcolino, Maria Auxiliadora, 219, 223, 315
Marcozzi, Giulio, 123, 131
Maria, Vito de, 300
Marshall Compton S.A., 120, 130, 131, 139
Martins, Jorge Amado, 151
Martucci, Arturo, 90
Massini, Nelson, 238
Matos, Cláudio B., 306
Mattos, Pompeo de, 358
Mazzaferro, Giuseppe, 67, 68, 108, 256
Mazzaferro, Vincenzo, 68, 88

Medeiros, José Jeferson Calheiros de, 243
Melanias, Rosinete, 61, 140
Mello, Arnon de, 44
Mello, Zélia Cardoso de, 59, 61, 239, 240, 373
Mendes, Chico (Francisco Alves Mendes Filho), 97
Mendes, Jesus Murilo, 344
Mendonça, Failde, 316
Mendonça, Stênio, 356
Mercedes-Benz, 58, 210
Met Participações e Negócios, 139
Miami Leasing, 60
Middle Bank, 278
Mello, Milane Valente de, 219, 220
Minelli, Alberto, 300
Ministério da Justiça (Brasil), 50, 95, 97, 100, 126, 175, 260, 379
Ministério das Relações Exteriores (Brasil), 254
Ministério Público (Brasil), 62, 189, 201, 202, 234, 235, 259, 260, 309, 310, 316, 343, 344, 349, 352, 379, 386, 387, 395, 397, 398, 399
Ministério Público (Zurique), 112, 253, 255 (Bellinzona)
Miranda, Edmilson, 361
Mon, María Victoria, 128
Mongardini, Loredana, 178
Monte Dei Paschi Di Siena, 21
Monte Rosa, Ronaldo, 41
Monte Tiberino S.A., 163, 166
Montedison, 181, 182
Morabito, Giuseppe, 67, 68, 178, 256, 404
Moraes, Olacyr de, 344
MTB Banking Corporation, 122
Multi Credit Service, 21-22
Mundial Táxi Aéreo, 136, 384
Muñoz, Daniel, 310
Murdock, Salim, 20

Naddis (rede internacional de processamento de informações da DEA), 157
Nascimento, Marco Antonio do, 140
Nascimento, Nestor do, 195
'Ndrangheta, 65, 66, 67, 73, 76, 99, 108, 156, 157, 172, 404

Nery, Sebastião, 41
Neves, Tancredo, 55
Noriega, Manuel, 20
Noronha, Ricardo, 358-359
Nova Camorra Organizada (NCO), 27

O Estado de S. Paulo, 359
O Globo, 359
Obermaier, Otto G., 148
Octavio, Paulo, 211
Odebrecht, Emílio, 344
Oliveira, Edson de, 188, 189, 190, 191
Oliveira, Ronaldo Simão de, 140
Omena, Marcos Antonio, 263, 264, 265, 266
Operação Cartagena, 34, 90, 100, 105, 107, 108, 121, 124, 132, 148, 177, 178, 180, 181, 187, 193, 194, 197, 200, 201, 228, 234, 236, 283, 301, 377, 386
Operação Lua, 107
Operação Omertà, 284, 286, 287, 289, 298, 300, 301
Operação Unigold, 20
Operação Uruguai, 210, 211, 212, 344
Operação Windshear, 381
Ordem dos Advogados do Brasil, 204
Organizacija, 34
Organizações Arnon de Mello, 210

Pacheco, Maria Tereza, 247
Pacific Marshall, 139
Pagano, Oreste, 300
Paladium Viagens e Turismo, 141, 152, 153
Palhares, Fortunato Badan, 248, 249, 250, 252,, 261, 262, 264, 265, 267, 310, 314, 351, 357, 359, 361
Palmerini, Franco, 178
Pascoal, Hildebrando, 356
Passos, Nicholas Soares, 310
Paulino, Fernando, 209
PDS (Partido Democrático Social), 205
Pellegrini, Angiolo, 169, 178
Pereira, Darcy Alves, 97
Pesce, Giuseppe, 68, 256
Piano International, 145
Piano Money Transfer Corp., 145, 157

Piano New York, 145, 146, 147, 148, 150, 152, 153
Piano Remittance Corp., 145, 153
Piano, Jorge, 146
Piccolella, Gaetano, 95
Pinto, Cláudia, 305
Pinto, Renato P., 305
Planal (Planejamento e Assessoria de Alagoas), 54
PMDB (Partido do Movimento Democrático Brasileiro), 55, 205, 391, 392, 394
Polícia Federal brasileira (PF), 25, 27, 29, 48, 49, 50, 53, 62, 63, 97, 98, 100, 117, 118, 120, 124, 129, 135, 136, 139, 140, 142, 158, 159, 175, 179, 180, 183, 185, 187, 188, 189, 190, 193, 194, 195, 199, 201, 202, 226, 227, 228, 229, 230, 233, 234, 256, 257, 258, 260, 262, 263, 284, 319, 323, 324, 325, 326, 327, 328, 331, 332, 333, 338, 339, 353, 354, 373, 377, 379, 382, 384, 385, 386, 387, 392, 399, 403, 404
Polícia Militar (Alagoas), 242
Pôssas, Pedro Paulo Lana, 267
PPB (Partido Progressista Brasileiro), 354
Price, Keith, 138
PRN (Partido da Reconstrução Nacional), 138, 205, 383
Procuradoria da República (Nápoles), 18, 26
Programa Livre, 208
Programa Raul Gil, 347
PSB (Partido Socialista Brasileiro), 348

Quaresma Filho, Élsio da Silva, 140
Queiroz Galvão, 58

Radi, Luciano, 123, 131
Raggruppamento Operativo Speciale (ROS), 33, 34, 36, 76, 105, 106, 107, 108, 112, 118, 197, 226
Receita Federal (Brasil), 125, 129, 210, 268, 363
Rede Globo, 116, 188, 190

Refe, Paolo, 40
Republic Bank, 278
Rhodia, 58
Ricca, Luis Felipe, 121, 127, 128, 129, 130, 131, 132, 133, 134, 136, 159, 164, 166, 160, 161, 162, 187, 188, 202, 256, 310, 405
Rizzuto, Giuseppe, 170
Rocha, Daniela, 209
Rodonal, 239, 240
Rosen, John, 302
Rossi, Domenic, 299
Royal Canadian Mounted Police, 298

Sá, Xico, 345
Sacra Corona Unità, 173
Salamoni, Antonino, 113, 176
Salinas, Carlos, 200, 378
Salinas, Raúl, 200
Samper, Ernesto, 82
Sanda, Satoshi, 363
Sanguinetti, George, 241, 242
Santos, Josemar Faustino dos, 220, 360, 395, 397
Santos, Adeildo Costa dos, 220, 360, 395, 397
Sarney, José, 206, 394
Scambia, Antonio 65, 66, 67,, 68, 70, 72, 71, 73, 74, 75, 76, 77, 87, 88, 89, 90, 91, 92, 101, 107, 108, 114, 120, 226, 228, 234, 256, 283
Scibilia, Giuseppe, 68, 256
Scotland Yard, 286
SCS Bank Allience de Genebra, 132, 162, 163, 188
Secretaria de Segurança Pública (Alagoas), 247, 264, 310, 313, 317
Seligman, Milton, 50, 95, 96, 98, 126
Sércio, Norma, 227
Sércio, Paulo, 225, 226, 227, 229, 284
Serhan, Ahamad, 157
Serhan, Fouad, 157
Sharp, 58
Sid Informática, 58
Silva, Cláudio Humberto Rosa e, 59
Silva, Darly Alves da, 97
Silva, Gilson Lima da, 264, 353
Silva, José Adolfo da, 242
Silva, Luiz Inacio Lula da, 56, 57, 206, 391, 392, 393, 394
Silva, Manoel Alfredo da, 220, 221, 360
Silva, Ney Cunha e, 49, 50, 51, 95, 96, 97, 100, 117
Silva, José Geraldo da, 220, 360, 395, 397
Simar Joyeros Mayoristas, 21
Sinisi, Giannicola, 95
Soave, Ben, 300, 301
Soledade, Frei Adalberto da, 268
Soriana, Luiz Antonio Albuquerque, 242
Sotan Táxi Aéreo, 382, 383, 384
South America Exchange, 22
Staniscia-Zaino, Anna, 299
Starido Ltda., 163
Sud America Express, 22
Supremo Tribunal Federal, 25, 43, 61, 62, 116, 176, 239, 344, 345, 346, 361, 374, 397

Takahashi, Martinho, 363
Tarso, Paulo de, 255, 256, 257, 258
Terral (Terraplenagem de Alagoas), 55
Tigre Vigilância Patrimonial Ltda., 357
Tintas Coral, 58
Tochetto, Domingos, 310
Torres, Cícero, 221, 222, 239, 240, 241, 243, 245, 246, 248, 250, 252, 263, 264, 266, 267, 309, 310, 312, 314, 316, 352, 361
Torres, Mário, 216
Trade Link Bank, 132, 142
Tratex, 56, 58
Tratoral, 54, 222
Tribuna de Alagoas, 56, 354, 355, 360
Tribunal de Contas da União (TCU), 208
Tribunal de Palermo, 69
Tribunal de Roma, 69
Tribunal de Turim, 65, 71, 76, 87
Tribunal Regional do Trabalho de São Paulo, 212
Trinchillo, Carmine, 178
Tuma, Romeu, 188, 392

TV Record, 347

UGE (Universe Gold Enterprise), 21

Valentin, Augusto, 145, 146, 147, 148, 149, 150, 151, 153, 154, 155
Vanacore, Michele, 177
Varella, Juca, 7, 166
Varig, 188
Vasconcelos, Luiz José Gomes de, 351, 360
Veja, 159, 206, 207, 359
Verax S/A, 363
Verde, Domenico, 25, 26, 28, 31, 32, 387

Viação Itapemirim, 58
Vieira, Cláudio, 59, 211, 212
Violi, Paolo, 285

Werebe, Vitor, 59
White Martins, 58

Yakuza, 34

Zanetti, Angelo, 77, 87, 88, 89, 90, 91, 92, 101, 107, 111, 112, 113, 114, 118, 120, 131, 226, 228, 230, 234, 256, 283, 305, 306, 328, 337

Este livro foi composto na tipologia
Egyptian505 BT, em corpo 11/19, e impresso
em papel off-white no Sistema Cameron
da Divisão Gráfica da Distribuidora Record.